LES CRIMES PASSIONNELS
vol. 1

DU MÊME AUTEUR CHEZ ÉDITIONS N° 1

Les Dossiers d'Interpol (avec Jacques Antoine), 1979
Les Dossiers d'Interpol, vol. I (avec Jacques Antoine), 1995, 2003, 2011
Les Dossiers d'Interpol, vol. II (avec Jacques Antoine), 1995, 2003, 2012
Histoires vraies, vol. I (avec Jacques Antoine, Marie-Thérèse Cuny), 1981, 2004, 2012
Histoires vraies, vol. II (avec Jacques Antoine, Marie-Thérèse Cuny), 1982, 2004, 2013
Suspens (avec Marie-Thérèse Cuny), 1983
Suspens, vol. I (avec Marie-Thérèse Cuny, Jean-François Nahmias, Jean-Paul Rouland), 1994, 2002, 2010
Suspens, vol. II (avec Marie-Thérèse Cuny), 1994, 2011
Dossiers secrets (avec Jacques Antoine, Marie-Thérèse Cuny), 1984, 1989, 1996, 2013
Histoires de mystères (avec Jean-François Nahmias), 1985
Les assassins sont parmi nous (avec Jacques Antoine, Marie-Thérèse Cuny), 1986, 2001, 2010
Marqués par la gloire (avec Marie-Thérèse Cuny), 1986, 1997
La Fourmilière (avec Grégory-Franck), 1987
Histoires choc (avec Marie-Thérèse Cuny, Claude Olivier, Jean-Paul Rouland), 1987
Par tous les moyens (avec Grégory-Franck, Marie Suchet), 1998, 2007
Les Dossiers extraordinaires, vol. I (avec Jacques Antoine, Marie-Thérèse Cuny), 2000, 2008
Les Dossiers extraordinaires, vol. II (avec Jacques Antoine, Marie-Thérèse Cuny), 2000, 2009
Les Dossiers extraordinaires, vol. III (avec Jacques Antoine, Marie-Thérèse Cuny),1990, 2001, 2009
C'est arrivé un jour (avec Marie-Thérèse Cuny), 1979
C'est arrivé un jour, vol. I (avec Marie-Thérèse Cuny, Jean-Pierre Cuny, Jean-Paul Rouland), 2005 , 2014
C'est arrivé un jour, vol. II (avec Marie-Thérèse Cuny, Jean-François Nahmias, Jean-Paul Rouland), 2005, 2014
Au nom de l'amour (avec Marie-Thérèse Cuny), 2006, 2015
Les Tueurs diaboliques (avec Jean-François Nahmias), 2006, 2015
Quand les femmes tuent (avec Jacques Antoine), 2007
Les Grands Crimes de l'histoire (avec Jean-François Nahmias), 2008

Pierre Bellemare
Jean-François Nahmias

LES CRIMES PASSIONNELS
vol. 1

Editions N°1

Première publication : TF1 Éditions, 1989

Couverture
Maquette : Thierry Müller
Photographie : © Eric Fougère / VIP Images / Corbis

ISBN 978-2-84612-287-0

Les dents de l'amour

Hugues Cowley, trente ans, journaliste au *Daily Telegraph*, rentre d'un voyage à Singapour et dans la presqu'île de Malacca, où il vient de terminer une série d'articles sur l'Empire britannique. Un tel voyage n'est pas loin d'être une expédition en cette année 1935, avec la longueur du trajet aller et retour, et, sur place, les routes mal fréquentées, les maladies tropicales et les bêtes sauvages.

Mais Hugues Cowley s'est sorti sans dommages de tous ces périls et il est pour l'instant installé à une table du meilleur night-club de Bombay. Son bateau y fait escale pendant une journée, et les passagers bénéficient de vingt-quatre heures de loisir à terre.

Par tempérament et par déformation professionnelle, Hugues Cowley est observateur et, depuis le départ de Singapour, il y a quelqu'un qui n'a cessé de l'intriguer sur le bateau. Il s'agit d'une passagère anglaise de quarante-cinq ans environ, qui n'a rien d'attirant, au contraire. Elle est longue comme un jour sans pain, avec de grands bras et des mains aux doigts interminables ; tout son corps, tanné par le soleil, est musclé, noueux ; son visage, longiligne comme le reste de sa personne, s'orne d'un nez trop grand et de dents légèrement proéminentes ; ses cheveux blonds, qui pourraient être beaux, sont ramenés en un chignon aussi peu seyant que possible.

Rien donc d'attirant chez cette femme, si ce n'est son regard. Et c'est ce qui a immédiatement fasciné Hugues Cowley. Cet être ingrat et désavantagé par la nature a un regard de vamp de cinéma, des yeux bleus faussement candides qui se posent sur vous, vous détaillent, vous enveloppent, vous caressent ; il y a dans le regard de cette femme une présence, une chaleur, une sensualité inimaginables.

Hugues Cowley regarde la table voisine à quelques mètres de lui. Elle est là, seule comme toujours. Cowley, qui n'avait rien de spécial à faire, l'a suivie. Depuis le début de la soirée, il espère que quelque chose va se passer, mais rien ne se produit. La femme n'a l'air d'attendre personne. Elle boit beaucoup. Pour oublier quoi ? Hugues Cowley aimerait bien le savoir.

Un homme de haute taille traverse le night-club, la voisine se dresse aussitôt et lui fait un signe accompagné d'un de ses regards enflammés habituels. L'homme s'arrête à sa table, la salue avec chaleur et s'entretient un long moment avec elle. Pour Hugues Cowley c'est inespéré, car cet homme, il le connaît : c'est Gary Norman, un médecin qu'il a rencontré à Singapour et avec lequel il a sympathisé. Comme il a l'air d'être un familier de son inconnue, il va pouvoir peut-être satisfaire sa curiosité.

Gary Norman vient de quitter l'Anglaise, après lui avoir baisé la main. Cowley se dresse.

– Gary ! Hé, Gary, par ici !

L'interpellé ne se fait pas prier et vient à sa table. Le jeune journaliste est trop avisé pour aborder tout de suite le sujet qui lui tient à cœur. Il sait comment faire parler les gens ; cela fait partie de son métier. Il attend que la soirée avance. Il laisse venir...

La chaleur de Bombay, le whisky, la musique indienne, finissent par créer le moment favorable : Hugues Cowley désigne sa voisine d'un geste du menton.

– Vous la connaissez, à ce qu'il m'a semblé.

– Barbara O'Brian ?

– Peut-être. Je ne sais pas son nom.

Le docteur Gary Norman considère le journaliste.

– Vous voudriez que je vous parle de Barbara O'Brian ? Comme c'est étrange... Vous avez une raison à cela ?

Hugues Cowley sourit.

– Je suis sûr qu'elle a un secret.

– Quel genre, selon vous ?

– D'après moi, c'est une histoire d'amour et peut-être de mort...

Le docteur Gary Norman se sert un whisky. L'orchestre de la boîte de nuit de Bombay attaque un slow. La voisine d'à côté refuse une invitation à danser et les regarde tous les deux, de son regard qui semble une promesse, mais qu'elle lance à tout le monde, même aux objets. Gary Norman se tourne vers son compagnon.

– Elle n'a pas toujours été comme cela. Avant, elle était plus réservée. C'est depuis la mort de son mari, il y a six mois, qu'elle a changé. Je pense qu'elle n'a plus toute sa tête.

– La mort de son mari ? Elle l'a tué ?

– Non. Une crise cardiaque provoquée en grande partie par l'abus d'alcool et de stupéfiants. Lui aussi avait une chose à oublier. La même, bien entendu.

Le journaliste se tait. Le mieux est de laisser parler son interlocuteur.

Le docteur Norman reprend.

– Je connaissais Barbara et Neil O'Brian, son mari, depuis une dizaine d'années. Je n'étais pas leur médecin de famille, simplement leur ami, mais je les connaissais mieux que quiconque. J'étais l'ami des deux, du mari aussi bien que de la femme. Ce n'était d'ailleurs pas toujours de tout repos.

Hugues Cowley croise le regard de sa voisine, ce regard tendre qui ne veut rien dire. À ses côtés, le docteur poursuit son récit.

– Les O'Brian sont – ou plutôt étaient – une des plus grosses fortunes de Malaisie. Neil O'Brian avait une plantation de caoutchouc de plusieurs millions d'hectares au nord de Singapour. Tout de suite après sa mort, Barbara a vendu et maintenant, elle rentre en Angleterre, puisqu'elle n'a plus rien à faire là-bas.

Le docteur Gary Norman regarde à son tour leur voisine.

– Quand même, Barbara, c'était quelqu'un !

Une musique indienne a maintenant remplacé le slow à l'occidentale. Pris sous le charme, Hugues Cowley, qui ne cesse de regarder Barbara, a l'impression de voir réellement ce que le docteur Norman est en train de lui raconter. Pour cela, il suffit de se reporter deux ans en arrière, au début de 1933, dans une plantation, quelque part au nord de Singapour.

Neil O'Brian, qui est venu en Malaisie à l'âge de vingt ans et qui s'est forgé cet empire à la force des poignets, est une personnalité comme on en voit rarement : dur avec tout le monde, à commencer par lui-même, il obtient tout ce qu'il veut des gens. Mais Barbara est exactement bâtie sur le même moule et elle le seconde en tout.

Tous les coolies, tous les petits cadres blancs de l'immense exploitation, ont l'habitude de voir sa silhouette efflanquée qui parcourt les allées d'hévéas sur un cheval nerveux et ils redoutent sa venue. Car elle voit tout, elle vérifie tout. Et si elle n'est pas satisfaite, ce qui est souvent le cas, elle crie, elle menace, elle sévit. En fait, dans la plantation O'Brian, on craint plus la maîtresse que le maître, et à juste titre, peut-être.

C'est alors, au début du mois de février 1933, précisément, que se produit l'événement qui va tout faire basculer. Neil O'Brian reçoit une lettre de Londres. Elle émane d'un de ses anciens camarades de collège, Arthur Greenlay, et elle dit en substance :

Mon cher Neil,
Je suis très malade. Je confie cette lettre à mon notaire en lui demandant de te la faire parvenir si je viens à mourir.

Puisque tu l'as reçue, tu sais donc que je ne suis plus... Ma femme est morte, elle-même, il y a cinq ans et je laisse derrière moi une orpheline, ma fille Mary. Pourrais-tu la faire venir à Singapour et t'occuper d'elle le temps qu'elle finisse ses études ? Je m'adresse à toi car tu es le seul de mes amis qui soit fortuné. Si tu acceptes, tu n'as qu'à le télégraphier à mon notaire, Mary prendra aussitôt le bateau pour Singapour.

D'hésitation, il n'y en a ni du côté de Neil O'Brian, ni du côté de sa femme. Bien sûr, Neil n'a pas vu son camarade depuis son départ d'Angleterre, il y a un peu plus de vingt ans. Il n'a jamais connu sa femme, à présent disparue, ni, à plus forte raison, sa fille. Mais comment refuser un pareil service quand on a la chance que la fortune vous ait souri ? Et puis, la petite Mary apportera dans leur lointaine colonie le raffinement des bonnes manières anglaises.

C'est ainsi que, trois semaines plus tard, Neil et Barbara O'Brian sont sur un quai du port de Singapour pour accueillir Mary Greenlay. Ils ont en main une photo que leur a envoyée le notaire en leur précisant qu'elle était un peu ancienne : une jolie petite fille blonde avec un regard et un sourire d'ange. Les passagers commencent à descendre du paquebot, ils cherchent dans la foule.

– Monsieur O'Brian ?

Neil réagit enfin.

– Oui, oui, c'est moi.

Dans le night-club de Bombay, le docteur Gary Norman s'arrête un instant dans son récit. Hugues Cowley, qui n'a cessé de regarder le profil ingrat de Barbara O'Brian à quelques mètres d'eux, se tourne enfin vers son interlocuteur. Celui-ci prend un ton pensif.

– C'est drôle comme se présentent les choses ! Ainsi que je vous l'ai dit, je recevais les confidences des deux membres du couple. Eh bien, ils m'ont dit exactement la même chose à propos de la rencontre avec Mary : « À partir de cet instant, j'ai senti que rien ne serait comme avant. »

Et Gary Norman poursuit son récit : ils s'attendaient à accueillir une adolescente et ils découvrent une femme. Mary Greenlay est ravissante, épanouie, avec une opulente chevelure blonde de star de cinéma. De plus, elle n'est pas que belle. Elle est aussi intelligente et cultivée ; bien plus qu'eux-mêmes, qui ne connaissent de culture que celle de l'hévéa. Elle joue admirablement du piano, elle chante, elle récite des poèmes, elle peint, elle coud, elle brode !

Dès lors, la vie change dans la grande et austère demeure des O'Brian, située au cœur de leur plantation. Avec Mary, c'est un souffle nouveau qui y est entré. Pour elle, Neil fait acheter un piano, il constitue à grands frais une bibliothèque, une galerie de peinture, il lui offre des étoffes, des toilettes et même, puisqu'elle adore cela, des petits chiens.

Il change ses propres habitudes, aussi. Plus de grandes tournées dans son exploitation, d'interminables discussions avec ses régisseurs. Il ne quitte pour ainsi dire plus la maison. Il s'émerveille des dons innombrables de sa jeune protégée.

– Mary, rejoue-moi le morceau que tu me jouais hier.

– Cette valse, oncle Neil ?

Car c'est ainsi qu'elle les appelle : « oncle Neil » et « tante Barbara ».

– Oui. C'était une valse, peut-être bien. De qui était-elle déjà ?

– De Chopin, oncle Neil.

Et Barbara se met au piano. Jusqu'au moment où une voix autoritaire la fait s'interrompre.

– Mary !

– Oui, tante Barbara.

– Viens avec moi. C'est l'heure de ta leçon d'équitation.

Car Barbara O'Brian, elle non plus, ne quitte plus la demeure. Elle ne se promène plus à cheval, des heures, des jours entiers au milieu des hévéas. Elle ne lâche pas Mary. Elle a entrepris de la former dans les disciplines sportives. La jeune Anglaise ne semble guère apprécier, mais elle n'ose protester. Neil, de son côté, émet bien une objection de temps en temps, mais n'ose pas insister lui non plus.

– Barbara, je trouve que Mary n'a pas du tout bonne mine depuis quelque temps. Tu ne crois pas que tu devrais y aller plus progressivement ?

– Pas du tout. C'est très bon pour elle. Et j'ai encore beaucoup de choses à lui apprendre. La natation, par exemple. Je n'ai pas encore commencé. Tu te rends compte ?

La natation… C'est le 18 octobre 1933 que Barbara O'Brian a donné sa première leçon à Mary Greenlay. Elles sont parties toutes les deux en voiture vers une plage au nord de la presqu'île de Penang. Neil était en tournée ce jour-là. Il ne pouvait guère faire autrement. Cela faisait un mois qu'il n'avait pas quitté la maison.

Dans la boîte de nuit de Bombay, Gary Norman baisse la voix. Hugues Cowley se rapproche.

– La suite, je la tiens de Barbara elle-même. Elle m'a tout dit une nuit d'ivresse, après la mort de Neil...

Le nord de la presqu'île de Penang est peut-être l'endroit de Malaisie où il y a le plus de requins mangeurs d'hommes. La plage est magnifique, toute blanche et toujours déserte, précisément pour cette raison. Même les pêcheurs indigènes n'osent s'y aventurer, de crainte que leur embarcation ne chavire.

En y arrivant, Mary est éblouie par le spectacle.

– Comme c'est beau, tante Barbara !

– Viens. Je vais t'apprendre à nager. Allez, n'aie pas peur, prends ma main. Viens avec moi... Plus loin... Il faut marcher encore...

Les deux femmes ont de l'eau jusqu'aux genoux, jusqu'à mi-cuisses, jusqu'à la ceinture. C'est alors que Mary pousse un cri.

– Tante Barbara, qu'est-ce que c'est que cela ?

– C'est un aileron de requin, Mary. Il tourne autour de nous.

– Mais il ne faut pas rester là. Il faut nous en aller.

Barbara O'Brian la tient fermement par le bras.

– Non. Ici, ils ne sont pas méchants.

– Qu'est-ce que vous en savez ?

– Voyons, tu crois que s'il y avait du danger je serais avec toi ? Allez, avance encore un peu...

C'est à ce moment qu'il y a eu un remous, un cri et une grande tache rouge. Barbara a lâché le bras de Mary et elle est revenue vers la plage. On n'a rien retrouvé de la jeune fille. En rentrant, Barbara a raconté le drame à Neil. Il a tout de suite compris la vérité, mais que pouvait-il faire ? Il s'est détruit lui-même de chagrin, de dégoût, de haine. Il n'a pas survécu un an à Mary. Et maintenant, Barbara rentre seule à Londres en ayant tout laissé là-bas : ses bons et ses mauvais souvenirs, ses amours et même sa raison.

Le docteur Norman a terminé son récit. Le jeune journaliste demande avidement.

– Mais comment Barbara savait-elle que le requin attaquerait Mary et pas elle ?

– C'est bien entendu la question que je lui ai tout de suite posée. Et vous savez ce qu'elle m'a répondu ?

Gary Norman s'arrête. Barbara O'Brian vient de se lever et passe devant eux. Elle les dévisage tous les deux et le regard qu'elle leur jette n'est plus du tout cet appel faussement langoureux, cette invitation muette et factice. C'est un regard dur, haineux, celui qu'elle avait peut-être sur la plage aux requins.

Mais c'est sa seule réaction. Elle ne dit rien au docteur ni au journaliste, elle ne s'arrête même pas. Elle traverse le night-club d'une démarche de fantôme et disparaît. Gary Norman reprend la parole.

– Quand je lui ai demandé comment elle savait que le requin attaquerait sa rivale et pas elle, Barbara m'a répondu : « Je n'en savais rien mais, dans les deux cas, j'étais délivrée. »

La mante religieuse

Ralph Berger soupire, assis sur le canapé du luxueux living-room d'un non moins luxueux appartement de Miami, en Floride. La nuit est déjà tombée et il fait très chaud, ce 19 mai 1970. La pièce n'est éclairée que par une lampe de prix, posée sur une table basse en laque chinoise. Ralph Berger, vingt-huit ans, est incontestablement un beau garçon. Blond, athlétique, sympathique, avec son visage un peu enfantin respirant la santé, il exerce la profession de dentiste.

En face de lui, Ellen Garland est à peine visible dans la pénombre du salon. C'est dommage, car on ne peut pas dire que son physique soit quelconque. Grande, admirablement faite, brune aux yeux bleus, c'est le genre de beauté à vous couper le souffle. Sans nul doute, si elle l'avait voulu, elle aurait pu faire du cinéma. Mais Ellen Garland n'a pas choisi d'être actrice. Elle a préféré la profession, lucrative, elle aussi, de décoratrice. Elle aménage les villas des milliardaires, en utilisant toutes les ressources d'un goût très sûr qui fait souvent défaut à ses clients.

Depuis quelques minutes, ils sont silencieux tous les deux. Ralph Berger, après plusieurs soupirs, finit par déclarer :

– Ellen, veux-tu m'épouser ?

Ellen Garland a un petit rire de surprise.

– T'épouser ? Quelle idée !

– C'est une idée toute naturelle. Cela fait plus d'un an que nous sommes ensemble ; tu es veuve, je suis célibataire ; pourquoi ne pas fonder un foyer ?

Ellen Garland vient s'installer près de Ralph sur le canapé. Son visage est devenu très sérieux.

– Ce n'est pas possible, Ralph…

– Pourquoi ? Il y a quelqu'un d'autre ?

– Non. Il n'y a personne. Je ne veux pas me marier parce que j'ai peur.

– De moi ?

Ellen a un sourire étrange.

– J'ai peur de mon passé. Que sais-tu de mon passé ? Tu ne m'as jamais posé de questions.

– J'attendais que tu m'en parles…

– Alors, je vais t'en parler. Je t'ai dit que j'étais veuve, mais je ne t'ai pas dit combien de fois.

Ralph Berger regarde intensément sa compagne. Elle ne lui a jamais semblé aussi fascinante.

– J'ai été veuve deux fois, Ralph. Oui, à vingt-huit ans, j'ai déjà perdu deux maris. Le premier est mort du diabète, le second s'est suicidé.

– C'est terrible !

Ellen agite la tête, faisant voler ses longs cheveux noirs.

– C'est plus que terrible, c'est une sorte de malédiction ! Je ne veux pas recommencer une nouvelle fois. J'aurais trop peur pour toi et pour moi.

Ralph Berger prend la jeune femme dans ses bras.

– C'est absurde, voyons ! C'est simplement une affreuse malchance. Avec moi, tout peut changer !

– Tu n'as pas entendu ce que j'ai dit ?

– Si. Mais je ne crois pas aux malédictions, je crois simplement à l'amour.

Ellen Garland ne réplique pas. Elle fixe à son tour Ralph et son regard exprime une sorte d'admiration. Elle murmure :

– Moi aussi…

15 avril 1972. Cela fait un peu moins de deux ans qu'Ellen Garland et Ralph Berger se sont mariés. Au début, le jeune homme semblait avoir eu raison. Les sombres pressentiments d'Ellen étaient vains. On avait rarement vu un couple aussi uni et heureux. Mais depuis trois mois environ, le climat entre eux s'est progressivement dégradé.

C'est d'Ellen que vient le changement. Elle est devenue capricieuse, distante, désagréable. Et en dépit de toutes les attentions, de toutes les gentillesses de Ralph, cela ne s'est pas arrangé, bien au contraire.

Pourtant, ce 15 avril 1972 lorsqu'il rentre à la maison, il la trouve dans un complet abattement. Assise sur le canapé.

Elle se tamponne les yeux avec son mouchoir. Son maquillage est défait, son visage blême. Ralph se précipite.

– Ma chérie, qu'arrive-t-il ?

Ellen reste muette, reniflant bruyamment.

– Que se passe-t-il ? Parle ! Je t'en supplie !

– Je n'en peux plus, Ralph…

– Mais pourquoi ?

– Je ne peux pas te le dire. C'est trop grave.

– Ellen !

Ellen Berger se lève du canapé.

– Non, Ralph, n'insiste pas. J'ai eu tort de me laisser aller. Promets-moi d'oublier tout cela.

Au contraire, Ralph insiste tant et plus, et Ellen finit par céder. Elle a un petit mouvement de tête triste pour désigner l'un des murs.

– Tu te souviens du tableau abstrait qui était là ?

– Oui. Pourquoi ?

– Je t'ai dit que je l'avais vendu parce qu'il ne me plaisait plus. C'est faux.

– Je ne comprends pas.

– Et le vase Ming sur la table chinoise : je t'ai dit que je l'avais cassé. C'est faux aussi.

– Ellen, explique-toi…

Sans répondre, Ellen Berger s'approche de son mari et lui montre sa main droite.

– Regarde… Tu ne remarques rien ?

– Ta bague !

– Oui. La bague en rubis qui me venait de ma mère et à laquelle je tenais plus que tout, je l'ai vendue… Comme le tableau abstrait, comme le vase Ming. Parce que j'avais besoin d'argent !

Désespérée, Ellen Berger s'effondre de nouveau sur le canapé et se remet à sangloter.

– De l'argent ? Mais nous en avons…

– Pas assez, Ralph. Pas assez pour un maître chanteur !

La gorge nouée, Ralph Berger s'assied à côté de sa femme. Il a compris.

– C'est… à propos de ton second mari, celui qui s'est suicidé ?

La jeune femme redresse la tête. Elle a, malgré sa détresse, un air farouche.

– Non. Pas lui. Il s'est bien suicidé. C'est le premier que j'ai tué !

Ralph Berger a un mouvement de recul. Il considère sa femme comme s'il la voyait pour la première fois.

– Tu m'avais dit qu'il était malade, diabétique.

– C'est la vérité. Il était même gravement diabétique. C'est pour cela que personne ne s'est méfié. J'ai remplacé sa dose d'insuline par du glucose.

Ralph est incapable de dire quoi que ce soit. Ellen parle d'une voix précipitée :

– Je sais que je suis un monstre. Mais ne me juge pas trop vite. Lui aussi était un monstre. Dès le lendemain de notre mariage, il s'est métamorphosé. Il est devenu méchant, brutal et surtout jaloux… Mais jaloux, comme tu n'en as pas idée ! Plusieurs fois, il a fait irruption chez mes clients en me traitant de tous les noms. À la fin, j'ai dû cesser de travailler. Il avait engagé un détective privé qui ne me quittait pas d'une semelle. C'était l'enfer ! Ralph l'interrompt froidement :

– Il fallait divorcer !

– Je n'en ai pas eu le temps. Un soir, il m'a menacée avec un rasoir. Il m'en a même donné un coup. J'ai compris qu'il allait me tuer. Alors j'ai agi la première. J'étais terrorisée !

– Et l'autre ? Tu l'as tué aussi parce qu'il te terrorisait ?

– Non. Il s'est vraiment suicidé, je te le jure. Il était déjà mon soupirant avant mon mariage. À mon veuvage, il est revenu vers moi. C'était un très gentil garçon, trop même : hypersensible, hypernerveux. Une fois que nous avons été mariés, j'ai préféré tout lui dire. Mon secret était trop lourd à porter. J'ai eu tort. Il ne l'a pas supporté. Il s'est imaginé que j'avais tué pour lui et il s'est suicidé.

Il y a un long silence... Ralph reprend :

– Et... le chantage ?

Le visage d'Ellen reflète le plus total désarroi.

– Mon second mari avait noté mes aveux dans son journal intime. Après sa mort, je l'ai remis sans l'ouvrir, avec le reste de ses affaires personnelles, à son frère, sa seule famille. Sur le moment, je n'ai pensé à rien. J'aurais dû me méfier. Depuis, il me fait chanter.

Dans le luxueux living-room de l'appartement de Miami, il y a un long silence. Ellen poursuit :

– Chaque semaine, il demande plus. Je vais finir par me tuer. Je ne peux plus supporter cette situation.

– Non, ne dis pas cela ! Je ne veux pas que tu meures !

– Cela vaudrait mieux pour tout le monde. Je suis une criminelle.

– Je ne veux pas que tu meures !

– Qu'est-ce que cela peut te faire puisque, maintenant, après ce que je viens de te dire, tu vas me quitter ?

– Jamais !

Ellen Berger fixe son mari de ses grands yeux bleus. Son regard n'a jamais été aussi intense. C'est quelque chose qui ressemble au pouvoir hypnotique de certains animaux.

– Mais j'ai tué un homme, Ralph. Je l'ai tué d'une manière affreuse.

– Cela ne change rien !

Il y a de nouveau un long silence. Ellen reprend :

– Mais qu'allons-nous faire pour… l'autre, le maître chanteur ?

Ralph Berger crispe les mâchoires.

– Celui-là, je m'en charge !

18 mai 1972. Un peu plus d'un mois a passé depuis la dramatique conversation qu'ont eue Ralph et Ellen Berger. Ellen est assise sur le canapé de leur luxueux living-room. Elle est très pâle. En face d'elle, un homme d'une quarantaine d'années : le lieutenant de police Wade, celui qui a arrêté Ralph.

– Je n'ai pas voulu vous convoquer à mon bureau, madame, étant donné ce que vous subissez. Et puis, j'avais quelques détails à vérifier ici.

Ellen Berger a un sourire triste.

– Je vous en prie, lieutenant.

– Voilà… Votre mari a inventé un système de défense à peine croyable. Au lieu de reconnaître qu'il a tué Lewis Norton parce qu'il était votre amant, il raconte une histoire de chantage compliquée au possible. Bien sûr, tout cela ne tient pas debout, mais je suis obligé de vérifier. C'est mon métier. Vous me comprenez ?

– Je comprends parfaitement.

– Bien. Lewis Norton, la victime, était bien votre amant ?

– Oui. Depuis un an. C'était le neveu d'un de mes clients. J'ai fait sa connaissance en décorant leur villa.

– Comment votre mari a-t-il eu connaissance de votre liaison ?

– Je ne sais pas. Nous n'avons jamais eu la moindre scène. Il n'a jamais laissé paraître de soupçons. Il devait m'épier ou me faire suivre par un détective.

– Le 17 avril dernier, lorsqu'il est parti pour l'abattre avec votre revolver, vous n'avez rien remarqué de spécial ?

– Non. Il était comme tous les jours... Pauvre Ralph ! Pourquoi a-t-il fait cela ? Prendre mon revolver pour aller tuer mon amant. Il n'avait aucune chance de s'en sortir. Le crime était signé.

– La jalousie fait parfois perdre la tête, madame... Maintenant, voici sa version des faits : d'après lui, vous auriez eu une discussion, ici même, l'avant-veille du crime. Vous lui auriez avoué que vous aviez tué votre premier mari, que votre second s'était suicidé en l'apprenant et que vous auriez remis au frère de ce dernier un journal intime prouvant le meurtre. Depuis, le frère vous faisait chanter.

Ellen Berger se lève brusquement.

– C'est absurde ! Mon premier mari est mort de maladie, du diabète.

Le lieutenant Wade la rassure d'un geste.

– Ne vous inquiétez pas, madame. Nous avons vérifié : le permis d'inhumer est parfaitement en règle. Et d'ailleurs, tout cela encore une fois ne tient pas debout. Lewis Norton n'était pas le frère de votre mari.

Ellen Berger hausse les épaules.

– Mon second mari n'avait pas de frère...

– Mais le plus étonnant, voyez-vous, ce sont les précisions que Ralph Berger nous a données. Il nous a dit que, pour satisfaire aux exigences du maître chanteur, vous aviez dû vendre des objets de valeur... Un tableau abstrait... Mais je vois qu'il est bien là. Il correspond parfaitement à la description qu'il nous a fournie. Un vase Ming, qui était sur la table basse... et qui s'y trouve toujours. Et, enfin, une bague en rubis...

Ellen contemple sa main droite avec un air incrédule.

– Je suppose que c'est de celle-ci qu'il veut parler... Comme si j'avais pu me séparer de la bague de maman !

Le lieutenant Wade se lève pour prendre congé.

– Il ne me reste plus qu'à vous remercier, madame.

Ellen Berger pousse un profond soupir.

– Vous savez le plus triste, lieutenant ? C'est que ma liaison avec Lewis allait se terminer. Je ne pouvais plus le supporter. Je me demandais même comment m'en débarrasser. Pourquoi Ralph ne m'a-t-il pas parlé franchement ? Tout se serait arrangé.

– D'autant que, malheureusement, son affaire est délicate. En Floride, les jurés ne sont pas tendres pour les crimes passionnels et s'il leur raconte cette histoire à dormir debout, ils seront moins tendres encore...

C'est effectivement ce qui s'est passé, six mois plus tard, au procès. Le grand moment a été la déposition d'Ellen Berger. Admirable de courage et de dignité, elle a crié son amour à l'accusé et elle lui a juré qu'elle l'aimerait toujours quoi qu'il arrive. Personne n'a compris, en revanche, l'incroyable attitude de Ralph Berger. Il a lancé des injures à sa femme. Puis il l'a implorée de dire que son invraisemblable système de défense était vrai. Ellen a quitté la barre en larmes.

L'avocat de l'accusé, obligé de défendre une thèse à laquelle il ne croyait pas, a été mauvais au possible. Et Ralph Berger a été condamné à mort par des jurés qui n'aimaient pas qu'on se paie leur tête.

Le gouverneur de Floride a sans doute éprouvé les mêmes sentiments. Lorsque la demande de grâce est arrivée sur son bureau, il l'a refusée sans hésitation. Et Ralph Berger a été exécuté sur la chaise électrique le 1er février 1974.

C'est ainsi que se termine cette incroyable histoire. Le malheureux Ralph a-t-il été la victime d'une monstrueuse mante religieuse qui avait imaginé un plan d'un machiavélisme raffiné pour se débarrasser à la fois d'un mari et d'un amant qui avaient cessé de lui plaire, après avoir dévoré ses deux premiers maris ? Peut-être. Mais il ne faut pas oublier que la fameuse scène des aveux, du tableau abstrait, du vase Ming et de la bague en rubis n'est connue que par les dépositions de Ralph Berger devant les policiers et les juges. Alors, pourquoi ne s'agirait-il pas d'un criminel à l'imagination particulièrement inventive ?

Toujours est-il que, après l'exécution de Ralph, Ellen a pris le deuil et ne l'a pas quitté. Elle ne s'est pas remariée et est allée régulièrement fleurir la tombe de son troisième et dernier époux. Ce qui prouve une chose, une seule : qu'elle ait été une mante religieuse ou non, elle l'aimait. À sa manière…

Vacances en enfer

Vivien Alloway est affairée à sa cuisine, ce 12 avril 1965. Elle est en train de préparer un bon petit dîner pour elle-même et son mari Franck. Contrairement à beaucoup d'Américaines, Vivien Alloway ne se contente pas de plats tout faits et de boîtes à ouvrir. Elle aime bien cuisiner et elle aime faire plaisir à Franck, qui est gourmand.

Vivien Alloway chantonne. Elle a tout pour être heureuse. Elle a vingt-quatre ans. Elle est mariée depuis deux ans avec Franck, un de ses camarades de classe, qui exerce à présent le métier d'agent d'assurances. Franck gagne bien sa vie, ce qui permet à Vivien de ne pas travailler, et ils se sont installés depuis peu dans un bel appartement de la périphérie de Chicago. Vivien Alloway est en outre ravissante. Elle est du genre poupée ou femme-enfant, avec ses joues roses et ses cheveux blonds sagement coiffés à la manière des collégiennes.

Vivien Alloway pousse brusquement un cri strident.

– Franck ! Franck ! Au secours !

D'un bond, elle a sauté sur une chaise. Elle est blême, en proie à une terreur indicible. L'horreur se lit sur chacun de ses traits. Elle répète d'une voix étranglée :

– Franck, au secours !

Franck Alloway, qui était en train de lire dans le living, se précipite. C'est un grand gaillard longiligne, aussi brun que sa femme est blonde. Il a l'air affolé.

– Que se passe-t-il ?

Vivien désigne quelque chose sur le carrelage.

– Là !... Devant toi...

Franck Alloway baisse les yeux et finit par voir la raison de la terreur de sa femme : une petite, une minuscule souris qui trottine sur le carrelage. Il éclate de rire.

– Ce n'était que cela !

– Je t'en prie, Franck, fais quelque chose.

– Mais bien sûr, je vais faire quelque chose...

Franck Alloway se baisse, ramasse la souris. Puis, il la prend par la queue et s'approche de Vivien, qui crie.

– Oh, arrête ! Je t'en supplie !

Mais Franck ne l'écoute pas, riant de plus belle. Il s'approche encore d'elle, balançant la souris à quelques centimètres de son visage. C'en est trop pour Vivien Alloway qui s'évanouit.

Lorsqu'elle reprend conscience, elle est assise sur le carrelage. Franck la regarde, riant toujours.

– Franck, pourquoi as-tu fait cela ? J'ai eu si peur.

– Je n'ai pas pu m'en empêcher. C'était trop drôle !

– Et la souris ?

– J'en ai fait de la chair à pâté. Je l'ai écrasée d'un coup de talon.

Vivien Alloway reprend peu à peu ses esprits. Franck est secoué de temps en temps d'un hoquet nerveux. L'espace d'un instant, elle a une pensée fugitive et désagréable : mon mari est fou... Mais Franck retrouve presque aussitôt son calme habituel et Vivien décide de ne plus penser à ce pénible événement.

18 avril 1966. Un an a passé depuis l'incident de la souris, que Vivien a tout à fait oublié. Il faut dire qu'elle a d'autres sujets de préoccupation. La santé de Franck ne cesse de s'aggraver. Il est difficile de préciser de quelle maladie il souffre. Il est sombre, nerveux, irritable. Vivien Alloway lui répète d'aller voir un médecin, mais il refuse, affirmant qu'il n'est pas malade, mais simplement un peu surmené.

Il y a un autre phénomène qui inquiète Vivien Alloway : depuis quelque temps, son mari a tendance à devenir jaloux. Pourtant, elle est loin d'imaginer ce qui va se passer.

Franck Alloway rentre du travail, l'air surexcité. Sans même dire bonjour à sa femme, il se met à inspecter l'appartement. Il ouvre les placards, les tiroirs, écarte les rideaux, examine les meubles. Vivien le suit sans comprendre.

– Qu'est-ce que tu cherches ?

Pas de réponse. Elle tente de plaisanter.

– Il n'y a pas d'amant caché ici, je t'assure.

Elle regrette aussitôt cette boutade. Au mot « amant », Franck s'est retourné, le regard en furie.

– Bien sûr que non ! Il est parti.
Il désigne la fenêtre :
– Les carreaux ont été faits. Par qui ?
– Comme d'habitude, par l'entreprise.
– L'employé, c'est un homme ?
– Bien sûr. Mais tu n'imagines tout de même pas…
– Quand il est venu faire les vitres, tu étais là ?
– Écoute, Franck…
– Réponds à ma question : tu étais là, oui ou non ?
– Oui, mais…

Vivien Alloway n'a pas le temps d'en dire plus. Elle reçoit une gifle qui l'envoie à l'autre bout de la pièce. Franck se précipite sur elle. Elle a juste le temps de s'enfermer à clé dans la salle de bains. Pendant cinq bonnes minutes, Franck tambourine en criant. Et puis brusquement, c'est le silence… Vivien ouvre craintivement la porte. Elle avance. Franck est dans le living, en train de boire un whisky, l'air détendu. Il a un haussement d'épaules en la voyant.

– Excuse-moi. Je ne sais pas ce qui m'a pris. Ce doit être la fatigue.

Vivien Alloway reprend confiance. Comme après l'histoire de la souris, elle décide de ne plus y penser, en espérant que tout va s'arranger. Et de fait, plus jamais Franck ne se montre violent. Au contraire, à partir de ce jour, comme s'il avait eu honte de ses injustes soupçons, il devient tout à fait charmant. Il est gai, enjoué. C'est le plus adorable des maris. Vivien est particulièrement touchée de la façon dont il lui annonce leurs vacances.

C'est un beau jour de juin. En rentrant du travail Franck Alloway affiche une mine rayonnante.

– Chérie, je sais où nous allons passer le mois d'août. J'ai été dans une agence et j'ai trouvé l'endroit idéal.

Il sort des photos de sa poche.

– Regarde : c'est une villa à Canyon City dans le Colorado, avec un parc de dix hectares et une vue imprenable sur les montagnes Rocheuses... Tu te rends compte ? Rien que nous deux pendant un mois au milieu de la nature. Un vrai nid d'amoureux !...

Vivien est trop émue et trop heureuse pour répondre. Elle saute au cou de son mari.

3 août 1966. Les Alloway sont arrivés depuis l'avant-veille dans la maison de Canyon City. Contrairement à ce qui se produit parfois, les photos de l'agence n'étaient pas trompeuses. La propriété est vraiment superbe : une magnifique maison, style début du siècle, dans un site enchanteur. Il n'y a que deux choses qui gâtent le plaisir de Vivien : l'endroit est un peu trop sauvage et isolé à son goût. Et surtout, depuis qu'ils sont là, Franck a retrouvé son air sombre et méchant qu'elle pensait disparu à jamais. Ce matin-là, alors qu'elle vient juste de se réveiller, elle est étonnée de constater que Franck est déjà levé et habillé.

– Ne bouge pas. Je vais dehors et je reviens avec une surprise.

Intriguée, Vivien attend... Qu'est-ce qu'a pu imaginer Franck ? Elle se prend à espérer qu'il a retrouvé sa bonne humeur d'avant les vacances. Elle se lève en chemise de nuit et va ouvrir la fenêtre. La chambre à coucher est une pièce magnifique. Elle est située au premier étage, au bout de la maison. On y accède par une autre pièce de plus petites dimensions, une sorte de boudoir. Elle a un balcon d'où l'on découvre une vue superbe sur la montagne. La chambre à coucher n'a donc que deux issues : la porte-fenêtre du balcon et la porte donnant sur le boudoir. Ce n'est évidemment pas à la disposition des lieux que Vivien Alloway est en train de réfléchir, mais sa vie en dépend pourtant...

La jeune femme entend un bruit de bottes dans la maison : Franck est de retour. Il entre dans la chambre. Instinctivement, Vivien a un mouvement de recul. Sans qu'elle puisse expliquer pourquoi, elle a la sensation d'un danger. Ce sont peut-être les deux sacs de grosse toile que Franck tient dans chaque main, ou plutôt son sourire, un sourire comme elle ne lui en a jamais vu... Vivien lance un cri strident : les deux sacs bougent !

– Qu'est-ce qu'il y a là-dedans ?

Franck Alloway ne répond pas. Posément, sans faire attention à elle, comme si elle n'était pas là, il va ouvrir la porte vitrée du balcon. Vivien, qui reste comme pétrifiée, le voit s'accroupir et se relever. Il referme la fenêtre et s'approche d'elle. L'un de ses deux sacs est maintenant tout plat : il est vide. L'autre est secoué de soubresauts frénétiques.

– Viens voir...

La jeune femme est incapable de bouger ou de prononcer une parole. Franck jette le sac vide et la prend par la main tandis que son sourire s'accentue.

– Viens voir à la fenêtre le joli spectacle.

Comme une mécanique, Vivien suit son mari. Il écarte les rideaux. Elle baisse les yeux... L'horreur est trop grande pour qu'elle puisse crier : là, sur le balcon, il y a un rat énorme, gros comme un chat, au museau pointu, aux yeux rouges et à la queue interminable. Après être resté un moment immobile, furieux sans doute de sa captivité dans le sac et de se retrouver dans cet endroit inhospitalier, il se met à faire des bonds en direction de la fenêtre.

Vivien recule précipitamment et se heurte à Franck, ou plutôt à l'autre sac qu'il tient à la main et dans lequel gigote une deuxième chose innommable. Franck parle d'une voix très douce.

– C'est le même ! Exactement le même...

Sans réfléchir, Vivien s'est ruée vers la porte. Mais son mari a été plus rapide qu'elle. En un bond, il y est arrivé le premier, a ouvert, puis refermé. Il lui parle depuis le boudoir.

– Voilà ! J'ai libéré son petit camarade... Oh, dis donc, il est encore plus gros que l'autre ! Et il a l'air drôlement méchant, celui-là ! Tu devrais venir voir !... Non, tu ne veux vraiment pas venir voir ?

Dans sa chambre, Vivien s'est mise à sangloter.

– Franck, pourquoi ?

– Mais pour te punir, ma chérie... Ah, tu m'as trompé avec le laveur de carreaux et avec d'autres, avec tous les autres ! Maintenant, tu vas payer !

Vivien entend un vacarme épouvantable de l'autre côté de la porte.

– Franck, qu'est-ce que tu fais ?

– Je déménage, ma chérie. J'enlève de la pièce tout ce que le rat pourrait manger. D'ici deux ou trois jours, il deviendra un vrai fauve. Un rat qui meurt de faim, tu ne peux pas savoir ce que c'est !

Vivien sanglote. La voix de plus en plus démente de Franck poursuit :

– Il paraît qu'ils attaquent aux yeux et qu'ils grignotent jusqu'à la cervelle... Qu'est-ce que tu en penses ? C'est une mort intéressante pour une femme qui a peur des petites souris ! Note bien que, dans une semaine, tes deux gardiens seront morts de faim. Tu as la solution d'attendre jusque-là... Seulement, toi aussi, tu vas avoir faim et soif. Il n'y a rien à manger ni à boire dans la chambre. J'ai vérifié... La mort de faim et de soif ou les rats, choisis ! Adieu, chérie, et bonnes vacances !

Vivien Alloway sanglote toujours, effondrée sur le sol.

– Franck, je t'en supplie !

Mais Franck ne répond pas. Elle entend son pas pesant descendre les escaliers, traverser la maison, et le bruit de la voiture qui démarre. Puis c'est le silence... ou plutôt non : de temps en temps, il y a un petit craquement à la fenêtre du balcon ou à la porte du boudoir.

Vingt-quatre heures s'écoulent. Pour la centième, la millième fois, Vivien Alloway appelle dans sa chambre à coucher où elle est prisonnière entre les deux rats, mais personne ne répond et personne ne répondra jamais. Cette maison est trop isolée. Franck avait soigneusement préparé son coup. C'est un crime prémédité et le plus horrible qu'on pouvait imaginer. Franck est fou, bien sûr. Une maladie que tout le monde ignorait a suivi son chemin souterrain et inéluctable jusqu'à ce dernier accès meurtrier. Elle ne lui en veut pas, mais qu'est-ce que cela change ?

Depuis vingt-quatre heures, Vivien Alloway reste figée au même endroit sur son lit. Elle sait bien qu'elle a tort, qu'elle devrait sortir tout de suite. Le rat dans le boudoir ne lui ferait pas de mal. C'est après, lorsqu'il sera suffisamment affamé, qu'il deviendra réellement dangereux. C'est logique, c'est évident, mais c'est au-dessus de ses forces. Réunissant tout son courage, elle a ouvert la porte peu après le départ de Franck. Elle a vu la forme noire se précipiter et elle a refermé. Maintenant, elle ne pourra plus jamais ouvrir.

Toute la journée s'écoule. La nuit vient. Le remue-ménage derrière les deux issues de la pièce se fait plus intense : les rats ont faim… Et c'est alors que Vivien entend un bruit nouveau, qui vient de beaucoup plus loin, du rez-de-chaussée, dirait-on… Prise d'un espoir insensé, elle appelle :

– Franck ! C'est toi ?

Aussitôt, le bruit cesse. Vivien l'a nettement perçu, malgré la sarabande des rats qui se poursuit. Alors elle comprend ! Ce sont des voleurs. Ils croyaient la maison vide et ils viennent d'entendre son cri. Mais si c'est cela, ils vont s'enfuir ! Elle entend des pas précipités dehors. Non, ce serait trop affreux ! Elle prend le premier objet qu'elle a sous la main et brise la vitre à hauteur de son visage ; suffisamment haut pour que le rat du balcon ne puisse pas sauter par l'ouverture. Elle crie de toutes ses forces :

– Sauvez-moi ! Vous n'avez rien à craindre, je suis seule !

Dehors, c'est le noir complet. Elle ne voit pas ce qui se passe. Mais elle entend que les pas ont cessé. Alors, en phrases hachées, elle raconte tout : la folie de Franck, les rats. Il y a un moment de silence interminable et une voix anonyme en bas.

– D'accord. On vous envoie les flics.

Arrivant en pleine nuit, les policiers de Canyon City ont réussi non sans mal à abattre les deux rongeurs. Vivien n'a jamais su le nom des cambrioleurs providentiels auxquels elle devait la vie.

Quant à Franck Alloway, il était déjà mort lorsqu'elle a été sauvée. Rentré d'une seule traite chez eux, à Chicago, il s'était pendu dans la salle de bains. Une autopsie, pratiquée plus tard, a révélé une ancienne syphilis mal soignée, qui était parvenue au dernier stade.

Vivien Alloway s'est remise peu à peu de son épouvantable choc. Mais les médecins ne lui ont pas caché que ses nerfs avaient été gravement ébranlés. Il fallait à tout prix qu'elle ne rencontre plus jamais de sa vie le moindre rat, la moindre souris. Elle a donc vécu, à partir de là, dans des locaux aseptisés, avec des kilos de mort-aux-rats sur le sol. Pour elle, le cauchemar continuait… Il continuera toujours.

Déclaration d'amour au revolver

– Gardes ! Faites entrer les accusés...

Une rumeur prolongée emplit la cour d'assises de Pise, tandis que le président agite sa sonnette pour tenter de calmer les esprits.

– Un peu de silence, je vous prie !

Mais rien n'y fait. La rumeur s'enfle encore et se transforme en véritable ovation quand les deux accusés font leur entrée dans le box. Ils ont tous deux le même âge, c'est-à-dire vingt-cinq ans. Elle, très brune, a le type italien traditionnel, le visage bien dessiné et énergique, le corps admirablement fait ; lui, petite moustache et cheveux ondulés, un léger sourire qui découvre ses dents éclatantes, semble sortir tout droit d'une affiche de cinéma. Il est à noter qu'elle porte un bras en écharpe et qu'il s'appuie sur une canne. À leurs côtés, un jeune avocat, tout sourire lui aussi, et qui semble parfaitement à l'aise. Le président est enfin parvenu à se faire entendre. Il annonce :

– Rosina et Pietro Verga, vous êtes accusés de tentative d'assassinat avec préméditation.

À nouveau, des bravos spontanés fusent dans la salle.

Alors que se passe-t-il, ce 6 août 1956, devant la cour d'assises de Pise ? Le public italien serait-il devenu fou ? Comment une tentative d'assassinat avec préméditation pourrait-elle justifier un tel enthousiasme ?

La réponse tient en un mot : l'amour. Nulle part peut-être plus qu'en Italie on aime les grandes histoires d'amour. Et dans le genre, le public va être servi.

Le président s'adresse d'abord à la jeune femme.

– Vous vous appelez Rosina Verga, née Malfante, vingt-cinq ans, native de Ponteverde.

L'accusée regarde le président bien en face et répond avec une assurance provocante :

– Parfaitement !

Le président ne relève pas l'insolence, soulignée par un murmure approbateur de l'assistance, tout entière composée d'habitants de Ponteverde, et se tourne vers le jeune homme.

– Et vous, vous êtes Pietro Verga, vingt-cinq ans, natif de Ponteverde.

Pietro Verga a une attitude plus réservée que sa femme. Il se contente de répondre :

– Oui, monsieur le président.

Le président plonge quelques instants la tête dans ses papiers avant de reprendre la parole.

– L'origine des événements se situe le 3 octobre 1955. Ce jour-là, vous avez rendez-vous tous les deux sur la place du village de Ponteverde. Vous êtes fiancés depuis un an. C'est vous, Pietro Verga, qui avez pris l'initiative de ce rendez-vous. Vous aviez une intention bien précise ?

– Oui, monsieur le président. Je voulais rompre et je l'ai fait. J'ai dit à Rosina : « Il faut nous séparer. »

– Pour quelle raison ? Il y avait une autre femme dans votre vie ?

– C'est ce que Rosina m'a dit tout de suite : mais ce n'était pas vrai. Je ne me sentais plus sûr de mes sentiments. Je crois que je traversais une période de dépression.

– Et vous, Rosina Verga, qu'avez-vous pensé quand votre fiancé vous a annoncé ses intentions ?

– J'ai d'abord cru à une rivale, comme Pietro vient de vous le dire. Quand j'ai compris qu'il n'y en avait pas, cela a été pire encore. S'il y avait eu une autre femme, je me serais battue contre elle. Puisque c'était comme cela, c'était Pietro qui devait payer !

– C'est à ce moment-là que vous avez décidé de le tuer ?

– Non. Je voulais simplement lui faire le plus de mal possible.

– Et qu'avez-vous fait ?

– J'ai d'abord été trouver un médecin légiste. Je lui ai demandé un certificat prouvant que Pietro m'avait déshonorée. Il m'a répondu qu'il existait des dizaines de garçons à Ponteverde, des millions dans toute l'Italie, et qu'il lui était difficile de dire lequel était responsable.

Rosina Verga s'anime et fait de grands gestes avec son unique bras valide.

– J'ai eu beau lui dire que j'avais eu la folie de donner par amour à Pietro ce qu'une fille honnête doit garder pour le mariage, et que c'était une honte de supposer que j'aurais pu trahir mon fiancé avec un autre garçon, il n'a rien voulu savoir. Pas de certificat ! Alors j'ai été voir maître Scarpiani.

Le président se tourne vers l'avocat qui est seul devant le box des accusés puisqu'ils l'ont choisi tous les deux comme défenseur. Ce dernier a un sourire.

– Je dois dire que c'est le plus extraordinaire souvenir de ma carrière. J'ai vu ma cliente faire irruption dans mon bureau. Elle a parlé du médecin légiste avec des épithètes que je ne tiens pas à rapporter et elle m'a ordonné d'intenter un procès à Pietro Verga. Je lui ai demandé pour quel motif. Elle m'a répondu : « Pour qu'il choisisse entre le mariage et la mort. » J'ai essayé de lui faire comprendre que, sur le plan juridique, les choses ne se présentaient pas exactement de cette manière. Elle n'a pas voulu m'écouter et elle est partie en claquant la porte.

Le président se tourne vers Rosina.

– Et vous avez décidé de tuer votre fiancé ?

La jeune femme a le même air de défi qu'au début de l'interrogatoire.

– Oui, parfaitement, puisqu'il n'y avait pas d'autre moyen de me venger !

– Qu'avez-vous fait alors ?

– J'ai demandé à mon grand-père de me prêter son revolver.

– Comment se fait-il qu'il ait eu cette arme chez lui ?

– Grand-père a été quelqu'un pendant la Résistance. Il a commandé un maquis. Je lui ai dit que j'avais besoin de me servir d'un revolver et que je voulais qu'il m'apprenne.

– Et il n'a fait aucune objection ? Il n'a pas posé de question ?

– Non. Grand-père me connaît. Il savait que c'était pour une raison grave…

Il y a un remous dans le public. Tous les regards se tournent vers un noble vieillard à la magnifique barbe blanche, taillée à la Garibaldi, qui hoche la tête avec gravité. Un murmure de sympathie s'élève dans sa direction. Le président poursuit :

– Donc, votre grand-père vous apprend à tirer.

– Oui. Nous allions dans la prairie, derrière la ferme. Au début, j'ai eu du mal à cause du recul. Mais après une dizaine de séances, j'y arrivais. Au bout de trois mois, je ne manquais plus la cible.

– Vous avez dû user pas mal de cartouches. Combien votre grand-père en avait-il de caisses ?

Rosina Verga hausse les épaules devant ce détail, pour elle sans importance.

– Qu'importe ! Le principal était d'être prête.

Le président s'adresse, à présent, à Pietro Verga.

– Et vous, pendant ce temps-là, que faisiez-vous ?

– Rien, monsieur le président.

– Vous n'étiez pas au courant des projets de votre ex-fiancée ?

– Si, vous pensez bien ! On ne parlait que de cela à Ponteverde. Mais je ne prenais pas les choses au sérieux… Enfin, pas au début. Parce que, à la fin, je me suis tout de même inquiété.

– À quel moment ?

– Au début de cette année. On me répétait que Rosina ne sortait plus qu'avec une arme sur elle. Tout le monde me disait d'en faire autant si je tenais à la vie. Un de mes amis m'a même proposé un revolver. J'ai fini par accepter. À partir de ce moment, il n'a plus été question que de Rosina et de moi à Ponteverde. On se serait cru dans un village de l'Ouest américain. C'était : « Règlement de comptes à Ponteverde » !

Un subit brouhaha dans le public souligne que les habitants de Ponteverde ont exactement pris la chose comme cela. Le président poursuit son interrogatoire.

– Et le règlement de comptes a fini par avoir lieu…

– Oui. Le 4 février dernier. Il faisait beau ce jour-là. Il était deux heures de l'après-midi. J'avais été prendre un expresso au café. Antonio, le patron, m'avait encore une fois mis en garde, mais j'étais devenu fataliste. Je suis sorti sur la place sans trop d'inquiétude. Rosina était là près de la fontaine, à l'endroit précis où je lui avais annoncé notre rupture. J'ai vu quelque chose qui brillait dans sa main. Elle a crié : « Traître ! ». Il y a eu un bruit et j'ai ressenti une brûlure à l'épaule gauche. Ensuite, tout est allé très vite.

L'avocat, maître Scarpiani, se lève.

– Si vous le voulez bien, monsieur le président, je raconterai la suite. Étant donné que je suis le défenseur des deux accusés, on ne pourra me soupçonner de partialité… C'est Rosina qui a tiré la première, à cinq reprises. Ses cinq coups ont porté. Les leçons de son grand-père avaient été bonnes. Pietro Verga a d'abord été touché à l'épaule, comme il l'a dit, puis une fois à la poitrine, deux fois à la jambe droite et une dernière fois dans le dos. Il s'est écroulé, mais il a eu la force de tirer à son tour. Trois de ses balles se sont perdues, mais pas les deux autres, qui ont touché Rosina successivement au bras et à la tête. Ensuite, ils sont restés tous deux évanouis, baignant dans leur sang.

Le président a tout à coup un ton grave en s'adressant aux deux accusés.

– Transportés à l'hôpital de Pise, vous avez été mis hors de danger. Vous rendez-vous compte qu'il s'agit d'un véritable miracle ?

Rosina et Pietro Verga marquent un silence avant de répondre d'une voix émue :

– Oui, monsieur le président…

Le président continue son interrogatoire. Il en vient à l'élément le plus sensationnel : ce qui s'est passé en prison. Car, bien entendu, dès qu'ils ont été sur pied, début mars 1956, Rosina et Pietro ont quitté l'hôpital pour la prison de Pise… Le président s'adresse à Pietro Verga.

– C'est à ce moment que vos sentiments à l'égard de Rosina ont changé…

– Non, monsieur le président, avant, à l'hôpital. Dès que j'ai été en état de penser, je me suis rendu compte que ce qu'avait fait Rosina était formidable…

– Elle avait voulu vous tuer !

– Justement ! Vous vous rendez compte d'une preuve d'amour !

Visiblement, le président ne s'en rend pas exactement compte, mais il n'a pas envie d'entamer une controverse à ce sujet.

– Quoi qu'il en soit, vous vous remettez à aimer votre ex-fiancée.

– Je n'avais jamais cessé de l'aimer, monsieur le président. J'avais seulement traversé une mauvaise période.

– Admettons... En prison, votre premier soin est de faire parvenir à Rosina une lettre d'amour.

– Oui, monsieur le président.

– Entre la section des femmes et celle des hommes, les communications sont interdites. Comment avez-vous fait ?

– Je ne peux pas le dire.

– On prétend même que, par la suite, vous vous êtes rencontrés clandestinement.

– Je refuse de répondre.

Le président n'insiste pas et se tourne vers Rosina.

– Et vous, quelle a été votre réaction en recevant cette lettre ?

– Je le savais ! Je savais que mon Pietro m'aimait toujours !

– Vous n'avez pas été surprise ?

– Non. C'était une chose normale.

– Et qu'avez-vous fait ensuite ?

– J'ai écrit à Pietro de faire les démarches auprès de l'administration pour notre mariage.

– Vous avez tout de suite pensé au mariage ?

– Je n'avais jamais cessé d'y penser.

Maître Scarpiani se lève.

– En tant qu'un des témoins au mariage, je tiens à vous dire, monsieur le président, qu'il ne m'est jamais arrivé d'assister à une cérémonie plus émouvante. Il y avait une foule énorme et la chapelle de la prison était trop petite pour contenir tout le monde. La cérémonie a eu lieu le 5 juillet dernier. Demain cela fera tout juste un mois. Leur premier anniversaire de mariage!

Un bravo nourri éclate dans l'assistance qu'une fois encore le président a le plus grand mal à faire taire. Tout est pratiquement dit. C'est l'heure des plaidoiries et, d'abord, le ministère public.

Avant de prononcer quoi que ce soit, le procureur est salué par un grondement sourd, menaçant, comme celui d'un fauve prêt à mordre. Mais l'assistance a tort de s'inquiéter. Il est difficile d'avoir l'air plus gêné, plus mal à l'aise que le malheureux magistrat. Visiblement, il donnerait cher pour être à la place de la défense au lieu d'être à celle de l'accusation.

Avec conscience, il énumère toutes les charges pesant contre Rosina et Pietro Verga, mais son manque absolu de conviction semble démentir à tout instant ses propos.

– La loi interdit de posséder des armes et plus encore de s'en servir. Est-ce la faute des accusés si l'un ou l'autre n'est pas devenu meurtrier? La préméditation est évidente; d'ailleurs, ils ne s'en cachent pas!

Mais l'homme du ministère public conclut, avec beaucoup plus de chaleur cette fois :

– Il n'en reste pas moins que vous devez leur accorder des circonstances atténuantes. Les plus larges circonstances atténuantes!

Peut-être maître Scarpiani a-t-il beaucoup de talent, mais ce jour-là, il est impossible de s'en rendre compte, tant sa tâche est facile. Le plus novice des stagiaires en aurait fait autant. Chaque fois qu'il prononce le mot « amour », un frisson parcourt l'assistance et, quand il conclut en réclamant l'acquittement, c'est un véritable triomphe. Triomphe qui n'est dépassé que par le président lui-même quand il prononce, après une délibération qui n'a pas duré plus de quelques minutes :

– La cour déclare Rosina et Pietro Verga innocents et prononce leur acquittement…

Rosina et Pietro Verga, qui s'étaient déclaré leur amour à coups de revolver et mariés en prison, sont repartis sous les acclamations de tout leur village. Et, dans un sens, c'était mérité. Ils avaient prouvé, à leur manière, que l'amour fou existe encore et existera toujours.

La Maffia mène l'enquête

Il fait vraiment beau, ce 30 mars 1960 à Agrigente, en Sicile. Le temps est très doux, il fait un soleil resplendissant. Le printemps s'annonce.

Dans la rue principale de la ville, la via della Victoria, un couple se promène bras dessus, bras dessous pour la promenade dominicale. Bien des passants les saluent au passage. Car ce sont des personnalités connues à Agrigente.

Lui, c'est Francesco Minatori, cinquante ans, plutôt bedonnant, le visage empâté, à moitié caché par de grosses lunettes de myope. Elle, c'est Annabella, sa femme, trente-cinq ans, brune, élancée, une des plus belles femmes d'Agrigente. Dans les salons bourgeois de la ville, elle s'est fait depuis longtemps une réputation pour son esprit, sa finesse et son charme.

Mais c'est pourtant pour les fonctions de son mari qu'on les invite : Francesco Minatori est, depuis plus de dix ans, commissaire principal d'Agrigente.

Le couple continue à remonter l'artère animée. Cela fait partie des obligations sociales des notables d'une ville de province. Il faut se montrer, saluer les uns et les autres. D'autant que c'est la dernière fois. Dans quelques jours, ils auront quitté la Sicile, puisque le commissaire Minatori est appelé à d'autres fonctions à Rome.

Les Minatori sont arrivés à Agrigente en 1949. Francesco, l'ancien et brillant officier de l'armée italienne venait d'obtenir son premier poste de commissaire.

Dès le début, Annabella a fait sensation. Dans cette ville sicilienne où, traditionnellement, les femmes se tiennent dans l'ombre de leur mari, elle n'était vraiment pas comme les autres.

Cette Romaine de vingt-cinq ans a amené une petite révolution dans la société fermée de la ville. Ses toilettes, sa conversation, ses réceptions étaient autant de surprises, de nouveautés. Au bout de quelques mois, c'était elle qui donnait le ton. Les autres femmes de la ville essayaient de la copier. On voulait être aussi élégante qu'Annabella, on lisait les mêmes livres, on s'intéressait aux mêmes spectacles.

Mais désormais, la vie d'Agrigente va devoir continuer sans eux. Francesco Minatori vient de passer deux mois, seul dans la capitale, pour trouver un appartement et il est rentré, il y a quinze jours, à Agrigente s'occuper avec sa femme des derniers préparatifs du départ.

Le couple a presque fini de remonter la via della Victoria. Francesco Minatori, malgré son physique peu séduisant, essaie de se composer un air avantageux. À son bras, Annabella, la tête légèrement penchée de côté, sourit, de ce sourire un peu mélancolique qui lui va si bien. Sa robe, aux couleurs printanières, fait ressortir le noir profond de ses cheveux et de ses grands yeux.

Sur leur passage, les chapeaux se soulèvent :

– Mes respects, monsieur le commissaire, mes hommages, madame…

Personne n'a vu l'homme surgir d'une porte cochère, un revolver à la main. Calmement, il vise, dans le dos du couple. Il y a quatre détonations régulièrement espacées, comme les battements d'un métronome. L'instant d'après, il bondit sur un scooter, qui attendait le long du trottoir, et disparaît dans la circulation.

Annabella se met à hurler. Sa robe blanc et rose est éclaboussée de sang. À ses pieds, son mari, qui vient de tomber en avant comme une masse, est allongé, face contre terre. Le commissaire principal d'Agrigente vient d'être assassiné, quelques jours avant son départ de Sicile.

Dans les journaux locaux et même nationaux, l'événement s'étale en gros titres. La presse y voit le début d'une affaire sensationnelle. Pour tuer un commissaire de police en pleine ville et en plein jour, il faut avoir des raisons très graves. Seule une organisation importante pouvait en être capable. D'ailleurs, la veuve de la victime, elle-même, n'a pas hésité à prononcer devant les journalistes le mot fatidique :

– La Maffia. C'est la Maffia, j'en suis sûre.

Quatre jours après le meurtre, ce sont les funérailles du commissaire Minatori suivies par tous les notables d'Agrigente et plus d'un millier d'habitants de la ville.

Annabella Minatori, tout en noir, les yeux dissimulés par d'épaisses lunettes de soleil, attire tous les regards. Il n'y a que peu de gens pour s'apercevoir d'un détail étrange : le nouveau commissaire d'Agrigente, désigné depuis quelques semaines déjà, Salvatore Rocca, ne s'est pas déplacé. Il n'est pas venu à l'enterrement de son collègue.

Au même moment, Salvatore Rocca, assis derrière son bureau, est en train de lire les journaux du matin. Tous parlent d'une bande organisée, d'un crime de la Maffia, exigent à grands cris qu'on mette fin au banditisme qui est une des plaies de la Sicile.

Dans le fond, le commissaire Rocca n'en veut pas aux journalistes. Ils écrivent n'importe quoi parce qu'ils ne savent rien. Lui, il sait. Il est le seul à savoir. Francesco Minatori lui avait tout dit. Francesco était son ami.

Dès qu'il a été nommé comme inspecteur, il a tout de suite eu une sympathie instinctive pour son commissaire. Il a senti que, derrière le masque autoritaire de Francesco Minatori, se cachait un drame.

Le commissaire Minatori l'a vite distingué parmi ses collaborateurs. Il lui a donné sa confiance et bientôt son amitié. C'est ainsi qu'il a appris que le couple qu'il formait avec Annabella, ce couple qui faisait la coqueluche d'Agrigente, n'était qu'une façade.

Annabella et Francesco s'étaient connus pendant la guerre. Ils avaient échangé une correspondance affectueuse puis passionnée. Ils s'étaient vus à chacune de ses permissions et puis il avait été blessé. Il était devenu le héros. Jamais elle n'avait été aussi éprise de lui. Ils s'étaient mariés alors qu'il était encore sur son lit d'hôpital.

Quand la guerre s'est terminée, il est entré dans la police. Vu ses brillants états de service, il a été rapidement nommé commissaire, et c'est ainsi qu'il s'est retrouvé à Agrigente.

Salvatore Rocca revoit son ancien chef, sa grimace douloureuse sur son visage un peu bouffi. Ces confidences, il ne les a sans doute faites qu'à lui. Dieu, comme il a dû souffrir pour lui faire ces révélations.

– Tu sais, Salvatore, j'essaie de rendre Annabella heureuse, mais j'ai du mal. Annabella est une femme pleine de vie, d'entrain. Elle est très exigeante. J'essaie de la satisfaire de mon mieux, mais... mes blessures m'ont beaucoup diminué en tant qu'homme... Tu me comprends ?

Oui, Salvatore a compris. Il a compris le calvaire de cet homme, vieilli avant l'âge, sans doute autrefois séduisant, mais maintenant empâté, un peu bedonnant, alors que sa femme faisait l'admiration de tout Agrigente. Aussi, il n'a pas été surpris quand, un jour, le commissaire Minatori lui a dit :

– Salvatore, je voudrais que tu me rendes un service : est-ce que tu pourrais faire une filature en dehors du travail ? C'est pour moi... Voilà : j'ai des raisons de croire qu'Annabella me trompe avec un officier de la garnison. Alors, je voudrais que tu t'en assures et que tu me dises la vérité.

Salvatore Rocca a fait ce que lui avait demandé son chef. Cela n'a pas été bien long. Annabella Minatori trompait effectivement son mari. De sa propre initiative, il est allé trouver son amant, un jeune officier de cavalerie.

Il lui a fait comprendre que, s'il voulait éviter un scandale nuisible à sa carrière, il avait intérêt à s'éloigner. L'autre a très bien compris. Il a demandé une affectation sur le continent et on n'a plus entendu parler de lui.

Au commissaire Minatori, Salvatore a déclaré qu'il s'était fait des idées. Qu'il s'agissait d'une simple amitié. Le commissaire a fait semblant de le croire.

Mais la seconde fois, les choses ont été beaucoup plus sérieuses. Et là, il n'a pas été possible de dissimuler la vérité.

C'était il y a un peu plus de six mois. Ce soir-là, le commissaire l'a pris à part. Il avait son air des mauvais jours :

– Salvatore, je vais avoir encore besoin de toi. Tu connais Armando Frati ?

Il se souvient avoir marqué un mouvement de surprise. Armando Frati était une personnalité d'Agrigente, le directeur de l'hôpital psychiatrique, un homme extrêmement brillant à qui l'on prêtait une quantité de conquêtes féminines. Le commissaire l'a tiré de ses réflexions.

– Eh bien, vois-tu, je pense que le docteur Frati est l'amant d'Annabella.

Par amitié pour son chef, Salvatore Rocca a mené une nouvelle enquête. Le docteur Frati était un personnage peu ordinaire. Avec sa cinquantaine, ses moustaches noires conquérantes, il avait ce je-ne-sais-quoi qui séduit les femmes. Sa villa, sur les hauteurs d'Agrigente accueillait, plusieurs fois par semaine, des soirées aussi brillantes que peu recommandables. Seulement, à sa stupéfaction, Salvatore a découvert que ce n'était pas le docteur qui avait séduit Annabella, c'était sa femme !

Greta Frati, originaire d'Allemagne de l'Est, avait une personnalité hors du commun, plus forte encore que celle de son mari. C'était une femme laide et fascinante à la fois, grande comme un homme, les épaules carrées, le visage chevalin.

Tous les témoignages qu'il a pu réunir au cours de son enquête ne laissaient aucun doute à ce sujet : c'est de Greta qu'Annabella Minatori était d'abord tombée amoureuse. Le docteur n'était intervenu qu'après pour partager avec sa femme sa si séduisante conquête. Et depuis des mois, ils formaient un couple à trois. Annabella était totalement envoûtée par le docteur et sa femme.

Cette fois, pas question d'intervenir, d'essayer de les impressionner. Les Frati étaient des gens importants, considérables, et Salvatore Rocca les aurait affrontés en pure perte. Alors, il s'est résolu à dire toute la vérité au commissaire.

Celui-ci a tout de suite compris la gravité de la situation :

– Qu'est-ce que tu ferais à ma place, Salvatore ?

– Je partirais. Il n'y a pas d'autre solution.

C'était effectivement la seule manière de soustraire Annabella à cette emprise qui avait quelque chose de diabolique. C'est ainsi que le commissaire Minatori a demandé et obtenu un poste à Rome...

Seul dans son bureau, le commissaire Salvatore Rocca serre les dents. Tout cela est de sa faute. C'est lui qui a conseillé à Minatori de partir. Il ne pensait pas que les autres iraient jusqu'au crime. Mais il vengera son chef. Il ne s'occupera d'aucune autre affaire avant d'avoir résolu celle-ci. Tout le monde se trompe. Les bandes organisées, la Maffia ne sont pour rien dans le meurtre. C'est Annabella qui l'a organisé avec la complicité des Frati.

Seulement, il faut le prouver ! À présent, il se reproche de ne pas avoir assisté aux obsèques. C'était, bien sûr, pour ne pas avoir à serrer la main de cette vipère. Mais depuis, elle est sur ses gardes. Il a beau avoir mis sur table d'écoute sa ligne téléphonique, il n'a enregistré jusqu'ici que des conversations anodines.

30 avril 1960. Un mois exactement s'est écoulé depuis l'assassinat de Francesco Minatori et le commissaire Rocca tourne en rond. Toutes ses recherches pour retrouver le tueur ont été vaines. Car il s'agit évidemment d'un tueur. Seul un professionnel avait le sang-froid et l'adresse nécessaires pour abattre en pleine rue un homme au bras de sa femme.

Plus le temps passe, plus la presse sicilienne devient critique : pourquoi la police ne fait-elle aucune arrestation ? Pourquoi les chefs maffiosi, qui sont bien connus, ne sont-ils pas inquiétés ? On n'hésite pas à parler d'obscures complicités. Même les subordonnés du commissaire Rocca ne comprennent pas.

Mais ce jour-là, le commissaire reçoit un coup de fil qui va tout changer. La personne a insisté pour lui parler personnellement.

– Allô, qui est à l'appareil ?

– Mon nom ne vous dirait rien, commissaire.

Salvatore Rocca s'apprête à raccrocher. Encore un correspondant anonyme. Il y en a déjà eu tant depuis le début de l'affaire. Et, de toute façon, il ne pourrait rien lui apprendre puisqu'il connaît les coupables.

Mais son interlocuteur a dû deviner son intention.

– Ne raccrochez pas, commissaire. Vous ne me connaissez pas, mais vous connaissez très bien mon organisation. Je vous parle au nom de la Maffia...

Le commissaire Rocca est tellement surpris qu'il en a le souffle coupé. La Maffia ose lui téléphoner, cela dépasse tout !... Mais non, il s'agit sûrement d'un plaisantin... Au bout du fil, pourtant, l'homme s'exprime d'une manière grave. Il pèse ses mots.

– Cette affaire Minatori nous préoccupe autant que vous, commissaire. Nous la trouvons très... désagréable. La presse nous met en cause tous les jours, mais nous pouvons vous jurer que ce n'est pas nous.

Le commissaire s'entend répondre, comme malgré lui :

– Je le sais.

La voix se fait brusquement plus chaleureuse.

– Merci, commissaire. Notre organisation a tenu une réunion au plus haut niveau et a pris la décision de collaborer avec vous. Nous avons fait notre enquête.

Nous savons le nom du tueur : il s'agit d'un certain Diamantini. Il a agi pour le compte de la veuve.

Le commissaire se raidit.

– Je ne veux pas vous écouter. Il est hors de question que la police collabore avec la Maffia.

Mais l'homme continue calmement.

– Ce n'est pas tout, commissaire. Diamantini n'est plus en Italie. Il s'est enfui en Amérique, à New York, exactement. Vous n'ignorez pas que nous avons quelques amis là-bas. Lancez donc un mandat d'arrêt international. Nous, de notre côté, nous nous chargeons de le convaincre de se constituer prisonnier.

Dans le silence revenu, le commissaire Rocca réfléchit intensément. L'homme a raccroché. Accepter la collaboration de la Maffia, c'est indigne d'un policier. Il s'était juré de la combattre sans merci et Minatori lui-même l'avait traquée sans relâche.

Mais il sait bien que la Maffia est puissante, efficace, surtout aux États-Unis. Qu'elle a dans le milieu du crime des moyens d'action qu'aucune police du monde ne possède. Dans le fond, ce que la Maffia lui demande, c'est une trêve. Même entre les pires ennemis, on peut toujours conclure une trêve. Et c'est la seule manière de venger son ami, le commissaire Minatori.

Le jour même, la police italienne lance, par l'intermédiaire d'Interpol, un mandat d'arrêt international contre un certain Diamantini Gino, vraisemblablement en fuite à New York.

Deux jours plus tard, les policiers d'un commissariat de Manhattan voient arriver un étrange personnage. C'est un petit homme très brun qui parle avec un fort accent italien. Il gesticule, il a l'air terrorisé.

– Arrêtez-moi, je vous en supplie ! J'ai tué un homme, je suis un criminel ! Je vous dirai tout, le nom de mes employeurs, mais arrêtez-moi !

Les policiers américains pensent avoir affaire à un fou, mais l'homme s'agite de plus en plus.

– Je suis Gino Diamantini. Il y a un mandat d'arrêt international contre moi. Vous n'avez qu'à vérifier. Je veux être extradé, je veux être jugé, je veux payer !

Quand, quelques mois plus tard, le tribunal d'Agrigente l'a condamné à vingt ans de prison, de même qu'Annabella et le couple Frati, il a eu un grand sourire qui en disait long sur les menaces que lui avait faites la Maffia...

La Maffia que la veuve du commissaire et les Frati avaient gravement sous-estimée. Car il est vivement déconseillé de lui faire endosser les crimes qu'elle n'a pas commis.

Derrière les barreaux

– Tu ne te sens pas bien, mon chéri ?

– Non, je ne sais pas ce que c'est. J'ai la tête qui tourne…

Horace Taylor se laisse tomber dans un fauteuil du salon et reste immobile, la bouche entrouverte. Il fait ses soixante-dix ans, mais il les porte bien. Ses cheveux sont tout blancs, mais fournis ; il est grand et sec ; son visage et ses mains sont à peine ridés. À côté de lui, Samantha Taylor, sa femme, qui pourrait être sa fille et presque sa petite-fille ; Samantha vient, en effet, d'atteindre ses trente-cinq ans. Blonde, les yeux bleus, les joues pleines, elle a des airs de gamine espiègle et quelque chose d'un peu dur dans le regard. Le cadre est cossu, et même luxueux, puisqu'il s'agit de la villa des Taylor à Salinas en Californie et qu'Horace Taylor est un milliardaire bien connu dans le milieu de la finance.

Il est huit heures du soir, ce 16 juillet 1974, et il fait encore clair. L'immense living-room, meublé avec ostentation et décoré de trophées de chasse aux murs, est plongé dans une demi-obscurité. Horace Taylor regarde sa femme avec inquiétude.

– Je t'assure que cela ne va pas, Samantha.

La jeune femme ne répond pas. La voix d'Horace se fait plus difficile.

– Enfin, Samantha, tu entends ce que je dis ? Fais quelque chose.

– Il n'y a rien à faire…

– Comment cela ?

– Il n'y a rien à faire, mon chéri ! Tu vas mourir.

Horace Taylor tente de se lever du fauteuil, mais après de vains efforts, il retombe sans force. Samantha, qui était allé dans le bar se servir un whisky, lève son verre.

– À ta santé, mon chéri !

Horace Taylor secoue la tête avec peine. Il articule.

– Pourquoi ? Mais pourquoi ?

– Mais parce que j'aime Douglas, chéri !

– Je le sais. Je suis d'accord. Je lui ai permis de vivre ici.

– Ce n'est pas suffisant.

– Mais qu'est-ce que tu me reproches alors ?

– De vivre, mon chéri ! Douglas et moi, nous te reprochons de vivre. C'est pour cela que j'ai versé tout à l'heure un somnifère dans ton whisky. Car il s'agit d'un somnifère uniquement, pas de poison… T'empoisonner serait trop doux, trop facile. Ce qui t'attend quand tu te réveilleras, tu n'en as même pas idée ! Si tu savais comme tu nous as exaspérés depuis dix ans avec ta gentillesse et tes faiblesses de mari complaisant ! Alors, Douglas et moi, on a décidé qu'avant de mourir, tu souffrirais le plus possible, physiquement et moralement. Oui, c'est cela : physiquement et moralement… Ne t'endors pas tout de suite, je n'ai pas fini.

Un homme de trente-cinq ans environ, très brun, beau garçon et portant une livrée de chauffeur, entre dans la pièce. Samantha s'approche de lui.

– Ça y est, il dort !

Ce dernier la prend dans ses bras et ne prononce qu'un mot :

– Enfin !

La villa *Samantha* qu'habite le couple Taylor est l'une des plus luxueuses de Salinas, ce qui n'est pas peu dire. C'est une grande maison basse, façon hacienda, entourée d'un parc d'une vingtaine d'hectares. Elle comporte une piscine de rêve, un court de tennis et même un golf. Pourtant ils ne sont que trois à occuper pour l'instant ce domaine. En effet, la veille, Samantha Taylor a donné congé à l'ensemble du personnel, jusqu'à la fin août. Son mari a trouvé cela bizarre et a fait des objections. Mais Samantha Taylor lui a dit que c'était comme cela parce que c'était comme cela, et Horace n'a rien répliqué. Il y a longtemps qu'il ne réplique plus à sa femme. Évidemment, s'il s'était douté…

Le drame d'Horace Taylor est celui de son âge. Il y a dix ans, alors qu'il en avait soixante, il s'est épris de la jeune Samantha, qui était mannequin dans une présentation de bijoux. Il lui a tout de suite proposé le mariage. Samantha a eu le mérite d'être franche :

– Je ne peux pas vous aimer. Vous êtes trop vieux. Si je vous épouse, ce sera uniquement pour votre argent.

– Cela ne fait rien.

– J'ai un amant et je veux le garder.
– Je suis d'accord.
– Il vivra avec moi.

Cette fois, Horace Taylor a dit non. Mais Samantha a fini par l'emporter. Douglas Moore, son amant, serait engagé comme chauffeur. Comme cela, les apparences seraient sauves... Et cela a duré ainsi dix ans.

Horace Taylor s'est vite satisfait de cette situation équivoque. Samantha et Douglas ont décidé, de leur côté, de faire preuve de patience. L'avenir n'était-il pas à eux ? Horace Taylor, qui n'avait pas d'enfant, avait fait de Samantha sa légataire universelle. Il suffisait d'attendre et, dans peu de temps, la fortune et le bonheur seraient à eux.

Mais alors qu'Horace paraissait plutôt fatigué à soixante ans, il a semblé par la suite rajeunir d'année en année. Pour le jeune couple, sa présence, pourtant on ne peut plus discrète, a fini par devenir insupportable. Par son existence même, il leur apparaissait comme une provocation, une agression. À l'agacement, à l'impatience, a succédé une haine que, curieusement, la gentillesse, la douceur même d'Horace ne faisaient qu'exaspérer. Et, ce 16 juillet 1974, ils se sont décidés à franchir le pas. Ils ont mis soigneusement au point un plan horrible !

Horace Taylor reprend conscience. Tout est confus dans son esprit. Il n'éprouve d'abord qu'une vague sensation de froid. Il est allongé sur une surface dure. Du ciment... Brutalement, tout lui revient : le whisky drogué, les paroles de Samantha. Il ouvre les yeux. Non, ce n'est pas possible ! Il est enfermé dans le chenil. Il y a en effet, au milieu de la propriété, une grande bâtisse en pierre dans laquelle se trouvent six box fermés de barreaux. Samantha n'aimant pas les chiens, l'endroit est vide depuis longtemps. Il ressemble exactement à une prison. Il est difficile d'imaginer un lieu plus sinistre.

La lumière crue des ampoules électriques éclaire le chenil. Samantha et Douglas sont de l'autre côté de la grille. Ils se tiennent enlacés. Pour l'instant, ils lui tournent le dos. Horace tend vers eux des bras suppliants.

– Je vous en prie, ouvrez-moi…

Le couple se retourne d'un seul coup. Samantha le considère des pieds à la tête avec un sourire mauvais.

– Alors, tu te plais ici, mon chéri ? Je l'espère pour toi, car tu n'en sortiras plus. Plus jamais ! N'est-ce pas, Douglas ?

Douglas Moore part d'un rire tonitruant.

– Qu'est-ce que vous pensez de votre nouvelle villa, monsieur Taylor ? Vous ne voulez vraiment pas retourner dans l'autre ? Non ? Alors Samantha a raison : vous allez rester ici.

– Mais pourquoi ? Qu'est-ce que je vous ai fait à tous les deux ?

– Je te l'ai dit, chéri : tu vis. Puisque tu n'as pas eu l'intelligence de disparaître de toi-même, nous allons aider un peu la nature.

– Écoute-moi. C'est mon argent que tu veux ? C'est bien cela, n'est-ce pas ?

– Évidemment.

– Alors, je te donne tout. Apporte-moi du papier et de quoi écrire et je te signe tout ce que tu veux. Tout est à toi, tout : mon compte en banque, mes actions, la villa…

Douglas Moore ricane.

– Vous nous prenez pour des imbéciles, Taylor ? Vous voudriez qu'on vous croie ?

– Je vous jure que je suis sincère.

– Maintenant, oui. Mais après ? Vous direz qu'une signature arrachée par la violence n'a pas de valeur et vous raconterez ce qui s'est passé. Vous en avez trop vu, vous en savez trop, Taylor. C'est pour cela que vous devez mourir !

Samantha intervient avec un petit rire.

– Et puis aussi parce que cela nous fera plaisir ! Si tu savais depuis le temps qu'on en rêve, Douglas et moi, de te voir mourir !

– Qu'est-ce que vous voulez faire ?

– Rien. Nous n'allons rien te faire du tout. Je viendrai seulement t'apporter à boire tous les jours.

– Je ne comprends pas…

– C'est pourtant clair : tu auras à boire, mais pas à manger. Tu vas mourir de faim et cela passera pour une mort naturelle.

– Ce n'est pas possible…

– Mais si, c'est très possible. Tu vas t'en apercevoir.

Les traits d'Horace se convulsent. La panique apparaît brusquement sur son visage. Il se met à hurler, à appeler au secours. Samantha éclate de rire.

– Vas-y ! Crie plus fort ! Tu sais bien que cela ne sert à rien. C'est toi-même qui m'as dit que tu avais fait construire le chenil au milieu de la propriété pour que personne ne puisse entendre les chiens.

Horace Taylor se tait. Il les regarde tour à tour d'un air implorant. Il semble tout à coup avoir vieilli de dix ans.

– Je vous en supplie. Tuez-moi maintenant !

Il y a un instant de silence et puis, pour toute réponse, un éclat de rire des deux amants.

26 août 1974. Le docteur Palmer arrive à la villa Samantha, la propriété la plus luxueuse de Salinas. Douglas Moore, en livrée de chauffeur, lui ouvre la porte et l'escorte jusqu'au living-room où Samantha Taylor l'accueille, l'air bouleversé.

– Venez, docteur… Mon mari… C'est terminé, hélas ! Il est dans sa chambre.

– Que s'est-il passé ?

– Un cancer. Il y a longtemps que nous n'avions plus d'espoir.

Le docteur Palmer pénètre dans une chambre à coucher meublée avec magnificence. Sur le lit, un homme qui n'a plus d'âge tant il est squelettique. On dirait une momie égyptienne. Le médecin procède à un rapide examen et se redresse.

– Qui l'a soigné ?

– Notre médecin de famille, le docteur Smith.

– Comment se fait-il que vous ne l'ayez pas appelé, lui, pour le permis d'inhumer ?

– Il est parti en vacances hier. Alors, j'ai pris l'annuaire et je vous ai choisi au hasard.

Le docteur Palmer hoche la tête. Comment aurait-il le moindre soupçon ? Tout concorde. Le décès semble on ne peut plus naturel. L'absence des domestiques n'est pas décelable puisque c'est le chauffeur qui lui a ouvert, le reste du personnel doit être ailleurs. Il n'a jamais entendu parler de ce docteur Smith, ou plutôt si : des docteurs Smith, il en connaît des dizaines. Le milliardaire Horace Taylor est mort… de sa belle mort.

15 septembre 1975. Un peu plus d'un an a passé depuis la fin horrible d'Horace Taylor. Samantha Taylor est entrée en possession de la totalité des biens de son mari et, conformément à un accord qu'ils avaient passé depuis longtemps, elle en a restitué la moitié à Douglas Moore. Et ce crime particulièrement odieux aurait eu toute chance de rester impuni si, ce jour-là, un coup de théâtre n'allait se produire.

Samantha Taylor se trouve dans le bureau du lieutenant Norton, responsable de la police de Salinas. Le lieutenant Norton s'adresse à elle avec la plus grande déférence. La veuve Taylor est, en effet, la personne la plus riche de la région et mérite tous les égards.

– Que puis-je faire pour vous, madame ? Il ne fallait pas vous déplacer. Il vous suffisait de m'appeler.

Samantha reste un instant silencieuse, tout en regardant le policier dans les yeux. Elle finit par déclarer d'une voix parfaitement posée :

– Je suis venue vous dire que j'ai tué mon mari.

– Comment ?

– Vous avez parfaitement raison de me poser la question. Je l'ai tué de la manière la plus affreuse : en le laissant mourir de faim. Il a abominablement souffert. Vous ne pouvez pas imaginer à quel point il a souffert !

– Madame, la douleur vous égare…

– Non, je ne suis pas folle. Ma démarche a un sens. Elle est dictée par la vengeance. Nous sommes deux à avoir commis le crime. Je sais ce que je vais subir en m'accusant, mais cela m'est égal pourvu qu'il paie aussi !

– Mais de qui parlez-vous ?

– De Douglas Moore, mon amant.

Et devant le policier sidéré, Samantha Taylor raconte toute l'histoire sans omettre aucun détail, en insistant au contraire sur les aspects les plus horribles du meurtre. À la fin, le lieutenant Norton ne peut que balbutier :

– Mais pourquoi vous dénoncer ?

– Parce qu'il m'a trahie. Moi, c'est par amour que j'ai tué. Lui, c'est uniquement pour l'argent. Ce qui l'intéressait, c'était la moitié de la fortune du vieux, pas moi. Hier, il m'a dit : « Je m'en vais avec ma part. Si tu n'es pas contente, va donc tout raconter aux flics. » Comme il me connaissait mal, ce pauvre Douglas !

Douglas Moore a été arrêté peu après. Samantha et lui ont été condamnés à la prison à vie, le maximum, étant donné que la peine de mort n'existait plus, à cette époque, en Californie.

Aujourd'hui, ils y sont sans doute encore. Mais qui songerait à les plaindre ? Car, à eux, derrière leurs barreaux, on leur apporte tous les jours de la soupe.

Léontine ou Margaret ?

Dimanche 6 août 1899. Il fait un splendide soleil d'été. Même le petit appartement des Mallet, d'habitude si sombre, a un aspect riant. Amédée Mallet et sa femme Léontine habitent un trois-pièces sur cour dans un immeuble populeux de Montmartre. C'est tout ce que peut leur permettre les fonctions d'aide-comptable au mont-de-piété d'Amédée et l'emploi de couturière qu'exerce Léontine dans une maison parisienne.

Le couple termine de déjeuner. Comme chaque semaine à pareille heure, il discute de la promenade dominicale et, comme d'habitude, c'est Léontine qui décide.

– Aujourd'hui, je veux aller sur les Champs-Élysées.

Léontine Mallet a dit cela de sa voix un peu grave. Elle a vingt-cinq ans. Elle est plus que jolie, elle est ravissante : assez grande, brune, potelée, les yeux bleus... Amédée s'empresse de répondre :

– Comme tu voudras, ma Léontine.

Amédée Mallet a la trentaine, un visage propret et régulier et quelque chose de petit dans toute sa personne : il est de petite taille, il porte une petite moustache, son costume des dimanches est un peu étriqué. Il ajoute de sa petite voix :

– Et comme ça, tu pourras regarder les belles robes aux vitrines des magasins.

Amédée Mallet regrette aussitôt sa phrase, car Léontine prend son air qu'il n'aime pas, son air dédaigneux.

– Bien sûr : regarder ! Ce n'est pas toi qui pourrais me les offrir.

Amédée s'excuse et, quelques minutes plus tard, dans sa robe toute simple qu'elle a faite elle-même, mais qui lui va à ravir, Léontine Mallet descend les rues de Montmartre au bras de son mari.

Le couple Mallet débouche boulevard Montmartre. Comme chaque fois qu'il a Léontine à son bras, Amédée rougit de fierté. Il est certain que tous les hommes se retournent sur leur passage et l'envient en secret. Cela fait cinq ans qu'ils sont mariés et il se demande encore comment une femme aussi resplendissante a bien voulu de lui. Sans doute parce qu'elle ne savait pas trop où elle en était quand il a fait sa connaissance et qu'il a depuis toujours été gentil avec elle. Amédée Mallet se promet d'être plus gentil encore avec Léontine. Par exemple, il n'a jamais osé lui dire que ses talons hauts le gênaient. Quand ils sont ensemble dans la rue, elle le dépasse d'une bonne tête. Mais il ne dira rien. Il est prêt à tout pour avoir toute sa vie sa Léontine à son bras.

Le couple est arrivé à l'arrêt de l'omnibus Bastille-Champs-Élysées. Le véhicule à impériale vient sans tarder. Léontine monte la première. Il y a quelques places assises en bas, Amédée veut la suivre, mais elle lui lance :

– Monte sur l'impériale. Comme cela tu pourras fumer.

Amédée Mallet n'avait pas tellement envie de fumer, mais il s'empresse d'obéir à sa femme. Il gravit l'escalier en colimaçon qui mène à l'étage supérieur et s'installe. Le soleil dans les rues de Paris le rend optimiste. Quel dommage qu'il n'ait pas assez d'argent pour combler les rêves de Léontine ! Mais tout cela s'arrangera un jour. S'il est bien noté, dans une douzaine d'années, il pourra passer sous-chef de service, avec presque mille francs de plus par an.

À la station Rond-Point des Champs-Élysées, Amédée se précipite sur la plate-forme, afin d'aider Léontine à descendre les marches. Il y a beaucoup de voyageurs qui quittent l'omnibus. Des dames et des messieurs défilent devant lui, mais le dernier voyageur descend sans qu'il ait vu Léontine. Il regarde à l'intérieur. Les banquettes sont aux trois quarts vides et sa femme n'est pas là. Il revient à la plate-forme : elle doit être sortie sans qu'il s'en aperçoive et doit l'attendre dehors. Mais Léontine n'est ni à l'intérieur ni à l'extérieur de l'omnibus.

Amédée Mallet reste sur la plate-forme sans savoir quelle décision prendre. Le receveur s'approche de lui.

– Alors, bourgeois, vous rêvez ?

Amédée balbutie.

– J'ai… J'ai perdu ma femme…

Et il descend en courant. Il reprend l'omnibus en sens inverse. Léontine a dû rentrer à la maison. Il ne sait pas pourquoi, mais il ne peut y avoir d'autre explication.

Amédée arrive chez lui hors d'haleine. La porte à peine ouverte, il appelle :

– Léontine ! Léontine !

Il parcourt plusieurs fois les trois petites pièces en appelant toujours, comme si Léontine était cachée quelque part, comme si elle allait surgir d'un placard ou de derrière les rideaux. Mais Léontine n'apparaît pas. Amédée Mallet se laisse tomber sur une chaise. Il murmure :

– Elle va revenir…

Le soir, Léontine n'est pas revenue. Et le lendemain matin, après avoir passé une nuit blanche à l'attendre, Amédée se décide à aller au commissariat.

Le commissaire, Aristide Boulard, essaye de s'y retrouver dans le flot de paroles de son interlocuteur.

– Voyons… Vous me dites que Léontine a disparu dans l'omnibus Bastille-Champs-Élysées. Pouvez-vous me dire qui est Léontine ?

Amédée Mallet a un ton indigné :

– Mais ma femme, monsieur le commissaire !

– Bien. Pouvez-vous me donner son signalement ?

– Brune, grande. Elle avait une robe bleue… Elle l'avait faite elle-même.

– Et avait-elle des choses de valeur sur elle ?

– Je ne sais pas. Peut-être dix francs dans son porte-monnaie.

– Des bijoux ?

Amédée a l'air gêné.

– Non. Léontine ne portait pas de bijoux, à part son alliance, une petite alliance… C'est que nous ne sommes pas très riches.

Le commissaire Boulard continue calmement.

– Dans ce cas, une agression semble improbable. Voyons, monsieur Mallet, est-ce que votre épouse et vous… Enfin, est-ce que vous vous entendiez bien ? Est-ce que l'éventualité d'une fugue ?…

Amédée Mallet s'assombrit soudain.

– Léontine n'aurait jamais fait une chose pareille… Pourtant, quelque chose m'a surpris : dans sa chambre, sur sa table de nuit, je n'ai pas trouvé la photo de ses parents. Elle y était encore hier.

Le commissaire Aristide Boulard raccompagne son visiteur. Il lui promet qu'il va faire tout ce qui est en son pouvoir et lui recommande de ne pas s'inquiéter.

Dans les jours qui suivent, le commissaire mène son enquête activement. D'abord parce qu'une disparition est quelque chose de grave et aussi sans doute parce que l'air désespéré et lamentable d'Amédée Mallet l'a ému.

Il ne s'agit pas d'un suicide ou d'un accident : le commissaire Boulard en a rapidement la confirmation. La morgue et les hôpitaux n'ont personne qui réponde au signalement de la disparue. Une agression, qu'il s'agisse d'un vol ou d'un crime, est à exclure. Dans cet omnibus bondé, c'était impossible sans qu'on le remarque. Or, personne n'a rien vu, pas même le receveur.

C'est donc que Léontine Mallet est descendue de son plein gré avant l'arrêt Rond-Point des Champs-Élysées, c'est donc qu'il s'agit d'une fugue. Le fait qu'elle ait emporté ses souvenirs de famille suffit à le confirmer.

Seulement, après ces belles déductions, le commissaire Aristide Boulard tourne en rond. Il surveille les appartements meublés et les hôtels qui peuvent servir de refuge aux couples illégitimes. La photo de Léontine Mallet est diffusée dans toute la France. Sans aucun résultat. La disparue reste introuvable.

Les mois passent. Le commissaire essaie de soutenir le moral du mari chaque fois que celui-ci vient le trouver dans son bureau.

– Vous savez, monsieur Mallet, dans ce genre d'affaire, la personne finit toujours par se manifester... Pas toujours directement, quelquefois par l'intermédiaire d'une tierce personne. Mais d'une manière ou d'une autre, vous aurez des nouvelles de votre femme.

Amédée Mallet ne demande qu'à le croire. Tout est prêt pour le retour de Léontine. Elle n'a qu'à venir et il lui pardonnera.

Malheureusement, le cas Mallet est l'exception qui confirme la règle : Léontine ne donne aucun signe de vie. Un an se passe sans qu'il y ait du nouveau et le malheureux Amédée décline chaque jour. Il passe des soirées entières à se poser cette lancinante question :

– Je ne la reverrai donc jamais ?...

Février 1912. Cela fait treize ans qu'Amédée Mallet attend le retour de Léontine. Il ne s'est pas remarié ; il n'a même pas voulu divorcer. Dans le petit appartement de Montmartre, toutes les affaires de sa femme sont restées religieusement à leur place. Elle n'a qu'à revenir et elle retrouvera tout comme elle l'a laissé.

Si l'appartement n'a pas changé, Amédée, lui, n'est plus le même. Il n'a que quarante-deux ans, mais on lui en donnerait beaucoup plus de cinquante. Il porte maintenant des lorgnons, il est presque chauve.

Amédée Mallet a été nommé sous-chef de service il y a un an déjà, avec une augmentation de mille francs par an. Il en a été affreusement malheureux. Il n'a pu s'empêcher de penser à ce qu'il aurait fait de cet argent si Léontine avait été là.

Son avancement, Amédée le doit à son zèle quotidien. La perspective de retrouver chaque soir son appartement vide le terrifie, alors il rentre le plus tard possible. Il fait des heures supplémentaires.

Son zèle a une conséquence inattendue. Rentrant tard le soir dans son quartier mal famé, fréquenté par des bandes d'apaches, Amédée Mallet est attaqué, une nuit, et délesté du peu qu'il avait sur lui. Il porte plainte au commissariat de son quartier et retrouve à cette occasion le commissaire Boulard. Ce dernier veut faire quelque chose pour ce malheureux dont il a suivi depuis le début le calvaire.

– Écoutez, monsieur Mallet, je comprends pourquoi vous rentrez tard chez vous. Je ne peux pas vous en vouloir. Mais ce n'est pas prudent avec tous ces mauvais garçons. Alors, je vais vous faire un permis de port d'arme, comme cela, vous serez tranquille.

Et depuis ce jour, Amédée Mallet a pris l'habitude d'avoir un revolver dans sa poche.

Amédée a son revolver, ce dimanche 11 février 1912. Il fait froid mais le soleil est éclatant. Pour sa promenade dominicale, il a décidé de se rendre aux Champs-Élysées. Malgré le mal que cela lui fait, il s'y rend souvent, poussé par un espoir incontrôlable, comme s'il allait retrouver Léontine sur les lieux où il l'avait perdue ; comme si tout cela n'allait être qu'une parenthèse, un mauvais rêve.

Mais il n'y a personne à l'arrêt Rond-Point des Champs-Élysées et Amédée remonte l'avenue lugubrement, quand tout à coup un cri le fait sursauter :

– Cocher ! Hep, cocher !

Cette voix, il la reconnaîtrait entre mille : c'est celle de Léontine ! Amédée Mallet se retourne. Il aperçoit une femme de dos, vêtue d'un élégant manteau gris et d'un chapeau à fleurs à la dernière mode. Il n'appelle pas, il hurle :

– Léontine !

En l'entendant, la femme se retourne, à son tour... Mais oui, c'est bien elle ! Elle est blonde au lieu d'être brune, mais c'est elle ! Amédée se précipite. La femme se met à courir vers le fiacre qui attend. Mais avant qu'elle ne soit montée, il la rattrape et la saisit par le poignet.

– Ma Léontine... Enfin, je te retrouve !

La femme se dégage brutalement.

– Monsieur, vous êtes fou. Lâchez-moi !

Et elle se remet à courir. Amédée sort son revolver. Il a retrouvé Léontine. Il ne faut pas qu'elle s'en aille. Cette fois, il le sait, ce serait pour toujours. Alors il tire, il vide tout son chargeur !

La femme s'effondre sur le trottoir dans un flot de sang. Elle balbutie quelques mots en anglais :

– C'est affreux, je vais mourir…

Et elle meurt, effectivement, quelques instants plus tard, la tête dans le caniveau. Amédée, que des passants ont entouré et maîtrisé, est emmené par deux agents. Il est hébété. Il dit, comme une mécanique :

– Léontine ne m'a pas reconnu ! Elle n'a pas voulu me reconnaître…

Amédée Mallet reprend véritablement ses esprits trois jours plus tard, dans le bureau du juge d'instruction Chambol, quand il entend le magistrat prononcer cette phrase stupéfiante :

– Vous êtes inculpé de meurtre sur la personne de Lady Margaret Samson, femme de Sir Herbert Samson, sujette britannique.

Amédée bondit de son siège.

– Quelle Margaret ? C'est Léontine que j'ai tuée. Ma femme Léontine. Et pourtant, je l'aimais… Je l'ai tuée parce que je l'aimais.

Les explications du meurtrier n'ayant pas paru suffisamment claires au juge Chambol, celui-ci ordonne un examen psychiatrique. Pourtant le rapport des médecins, qui arrive quelques jours plus tard, est formel : l'homme n'est pas fou.

Alors, le juge Chambol décide de voir les choses de plus près. Les papiers trouvés sur la victime sont sans équivoque : il s'agissait de Lady Margaret Samson, née Margaret Mailer, à Londres, en 1873. Elle a épousé Sir Herbert Samson en 1893. Son mari, qui ne voyageait pas avec elle, est venu reconnaître le corps.

Pourtant, le juge a aussi sur son bureau le dossier ouvert par la police en 1899, celui de la disparition de Léontine Mallet. Décidément, cette affaire mérite d'être approfondie.

Avec tous les ménagements possibles, le juge interroge le mari de la victime.

– Dites-moi, Sir Herbert, votre femme était-elle blonde ou se faisait-elle décolorer ?

L'aristocrate anglais répond avec réticence à cette question qui lui paraît choquante et déplacée. Pourtant, il confirme :

– Ma femme était brune. C'était elle qui avait choisi de se décolorer. Elle se trouvait plus jolie en blonde.

Le juge d'instruction, malgré tous ses efforts, ne découvre aucun élément décisif et c'est dans ces conditions que s'ouvre le procès, le 1er octobre 1913.

Il passionne l'opinion, car l'énigme sur l'identité de la victime est sans précédent. Amédée Mallet a maintenu obstinément sa version : Léontine l'a quitté en 1899 pour s'enfuir avec un amant en Grande-Bretagne. Elle s'est décolorée et s'est procuré de faux papiers au nom de Margaret Mailer. Par la suite, elle a quitté son premier amant et a épousé, sous son faux nom, Sir Herbert.

De son côté, Herbert Samson défend farouchement dans la presse la mémoire de sa femme, accusée d'abandon de foyer et de bigamie. Margaret était bien anglaise. Et il met en avant un argument majeur : elle parlait anglais sans accent.

Devant les assises de Paris, Sir Herbert Samson répète cette affirmation.

– Margaret ne parlait pas anglais couramment, elle parlait anglais comme une Anglaise.

Le défenseur d'Amédée Mallet l'interrompt :

– Et le français ? Comment le parlait-elle ?

Sir Herbert a l'air gêné :

– Elle parlait... français...

– Comme une Française ?

– Oui. Comme une Française...

Mais la défense n'a pas terminé. L'avocat brandit un papier.

– Léontine Mallet parlait anglais couramment. Elle a même enseigné cette langue, avant son mariage, dans un pensionnat religieux. Voici un certificat signé de la directrice. Léontine Mallet avait appris l'anglais à Londres où elle avait été servante pendant un an. Son mari l'ignorait.

Dans la salle, c'est la sensation. Le public est haletant. Tout cela ne touche pas le fond du problème : qu'il s'agisse de Margaret ou de Léontine, Amédée est tout aussi coupable. Mais le mystère de la victime passionne tout le monde. Est-ce qu'un coup de théâtre de dernière minute ne va pas se produire ? Est-ce que Léontine Mallet, si ce n'est pas elle qui a été tuée, ne va pas se présenter aux débats ?

Rien de tel n'arrive. Avant de se retirer, les jurés se passent de main en main deux photos : celle de la brune Léontine et de la blonde Margaret. À première vue, elles ne se ressemblent pas. Mais en y regardant de plus près, il y a quelque chose de commun dans le dessin de la bouche et du nez. Jusqu'au bout, rien n'est concluant.

Après une délibération interminable, le jury revient avec un verdict mesuré. Amédée Mallet est reconnu coupable, avec circonstances atténuantes. Il est condamné à dix ans de prison. Le public applaudit cette décision de clémence. Tout le monde avait pitié de ce personnage meurtri par la vie.

Amédée Mallet est mort trois ans plus tard, dans sa prison, de tuberculose et sans doute aussi de chagrin. Quant à l'identité de la victime blonde des Champs-Élysées, elle n'a jamais été éclaircie.

Officiellement, elle a été enterrée dans un cimetière londonien, sous le nom de Margaret Samson. Mais Léontine Mallet, elle, n'a pas été enterrée. Jamais on ne l'a revue. Alors pourquoi Amédée se serait-il trompé ? N'avait-il pas, pour la reconnaître, le plus infaillible des moyens : son instinct de bête blessée ?

Une coutume si pittoresque !

Chaque pays, chaque région, a ses coutumes, qui font partie du folklore et que tout le monde trouve charmantes avec leur côté un peu désuet.

Prenez par exemple cette pittoresque tradition sicilienne : l'enlèvement amoureux. Quand le prétendant d'une jeune fille est éconduit par celle-ci ou par ses parents, il lui reste encore une solution : l'enlever. Avec quelques amis, il s'arrange pour organiser le rapt. Il emmène l'élue de son cœur dans une retraite secrète et il consomme le mariage avant la cérémonie.

Ensuite, il n'a plus qu'à se présenter au domicile de sa belle pour faire sa demande en mariage. Et il ne viendrait à l'idée d'aucun père, d'aucune mère de refuser.

Minerbio est un petit village de Sicile, pas très loin de l'Etna. Nous sommes en 1962, et si le modernisme a imposé son progrès, les structures, elles, sont toujours les mêmes depuis des siècles. La vie économique est exclusivement agricole et, surtout, les mentalités n'ont pas évolué. À Minerbio on a le respect, le culte des traditions.

La famille Alcamo possède une des plus belles exploitations de la région. Les Alcamo ont une fille à marier. Elle s'appelle Vera, elle a dix-huit ans, elle est charmante, elle est même très belle, avec ses longs cheveux noirs et son air distingué, qui tranche avec l'allure des autres filles du village.

Aussi, Giuseppe Alcamo, son père, n'a-t-il que l'embarras du choix pour ses prétendants. Mais depuis quelque temps déjà, il s'est décidé. Adolfo Sallustri semble particulièrement épris de Vera. Sa famille est aussi importante que celle des Alcamo. Elle possède une exploitation agricole ancienne et prospère. On murmure même que les Sallustri ont des liens avec la Maffia.

Aussi, au printemps 1962, l'affaire se conclut. On célèbre les fiançailles de Vera Alcamo avec Adolfo Sallustri. Giuseppe, qui est un bon père, a tout de même demandé auparavant l'avis de sa fille. Vera n'a répondu ni oui ni non. Elle ne connaît pas Adolfo et, de toute manière, les fiançailles ne sont pas le mariage...

Les fiançailles durent six mois. Selon la coutume, les jeunes gens ne sont à aucun moment laissés seuls. La jeune sœur de Vera ou l'une de ses amies est toujours là pour leur servir de chaperon. Mais pour la jeune fille, c'est une précaution inutile.

Vera se rend rapidement compte qu'Adolfo n'est pas du tout le genre d'homme qui lui convient. C'est le type même du mâle sicilien, sûr de lui, beau parleur et méprisant les femmes. Il n'hésite pas à se vanter auprès d'elle de ses conquêtes passées et il lui promet, une fois qu'ils seront mariés, de lui faire bénéficier de son expérience.

Or, Vera ne ressemble pas à ses compagnes du village, passives et soumises. Elle est indépendante, elle est curieuse de tout, même si elle n'a pas pu faire d'études. On l'a retirée de l'école à seize ans. En Sicile, une jeune fille ne doit pas être trop cultivée, sinon, elle risquerait de l'être plus que son futur mari, ce qui serait, bien entendu, inacceptable.

Alors, depuis deux ans qu'elle a cessé ses études, Vera Alcamo lit énormément. Elle a appris beaucoup et elle n'a que mépris pour cet Adolfo, avec son visage de brute, ses manières grossières et son ignorance crasse.

Un jour d'octobre, elle va trouver son père. Elle lui dit :

– Je ne veux pas épouser Adolfo. Je ne l'aime pas.

Giuseppe Alcamo est contrarié dans ses projets. Mais il a toujours adoré Vera et, même en Sicile, une jeune fille a le droit de rompre ses fiançailles. On signifie donc la rupture à Adolfo Sallustri et les deux familles reprennent leur engagement.

Les années passent : deux ans et demi, exactement. Nous sommes à présent au début 1965. Vera Alcamo, malgré les nombreux prétendants qui tournent autour d'elle, n'a jamais songé à se marier ni même à se fiancer. Elle veut épouser un homme qui lui plaise vraiment et aucun de ceux qu'elle approche ne lui a inspiré quoi que ce soit. Tant pis ! Elle est résolue, s'il le faut, à rester vieille fille. Elle aidera ses parents à exploiter le domaine. Après tout, c'est une vie comme une autre. C'est mieux, en tout cas, que de devenir la servante, l'esclave d'un Adolfo Sallustri !

Adolfo, de son côté, ne s'est pas marié non plus. C'est qu'il était tombé réellement amoureux de Vera et que, après deux ans et demi, il en est toujours épris. Il a même tenté plusieurs démarches auprès de Giuseppe Alcamo pour essayer de le faire revenir sur sa décision. Mais le père de Vera ne s'est pas laissé fléchir : il ne fera rien contre l'avis de sa fille.

C'est alors qu'un petit événement se produit à Minerbio : un nouvel instituteur vient d'être nommé. Il est jeune mais il ne ressemble pas du tout aux autres garçons du village. Il est plutôt chétif, il a l'air perdu derrière ses énormes lunettes de myope. Et sans doute l'est-il réellement un peu, lui le citadin, au milieu de ces gens rudes qui parlent avec leur fort accent.

C'est en partie par compassion que Vera vient le trouver, un soir, après la sortie de la classe. Et aussi parce qu'elle veut lui demander s'il a des livres à lui prêter. La lecture est, pour Vera, quelque chose d'indispensable ; c'est l'affirmation de son indépendance dans un pays où seuls les hommes ont le droit de se cultiver.

L'instituteur l'accueille avec empressement. C'est la première fois que quelqu'un de Minerbio lui rend une visite amicale. Vera, de son côté, est surprise. Bien sûr, le petit enseignant n'est pas beau, avec ses cheveux crépus et ses épaules étroites. Mais il parle calmement, avec mesure. Ce qu'il dit est intéressant. Pour la première fois, elle rencontre un garçon qui ne se vante pas et qui ne se croit pas obligé de lui faire la cour.

L'instituteur lui prête plusieurs livres. Elle les lit rapidement et, la semaine suivante, elle vient lui en demander d'autres. Encore une fois, ils discutent ensemble, tranquillement, sans arrière-pensée. Et Vera lui emprunte d'autres livres...

C'est quelques mois plus tard, en sortant de chez l'instituteur, qu'elle rencontre Adolfo Sallustri. Il devait l'attendre. Il a l'air mauvais.

– Alors, tu étais encore chez l'instituteur ! Qu'est-ce que tu fais chez cet étranger ?

Vera le considère d'un air glacial.

– Cela ne te regarde pas. Je fais ce que je veux. Je suis libre.

Adolfo essaye de se faire tendre.

– Vera, je t'aime toujours, tu sais... Si je ne me suis pas marié, c'est à cause de toi. Mais je t'attendrai le temps qu'il faudra.

Vera repousse brutalement la main du garçon posée sur son bras.

– Va-t'en ! Tu me dégoûtes ! Marie-toi avec qui tu voudras, mais moi, tu ne m'auras jamais ! Tu m'entends ?

Et, tandis qu'elle s'enfuit, elle entend dans son dos la voix d'Adolfo, une voix menaçante :

– Tu as eu tort de me repousser, Vera...

C'est un peu par provocation, que, dès le lendemain, Vera revient trouver l'instituteur. Cette fois, elle reste un peu plus tard, dans son petit appartement, au-dessus de l'école communale. Et elle est là encore les jours suivants.

Dans le village, on commence à murmurer. On désapprouve, bien sûr, cette amitié entre une fille de Minerbio et un étranger et on commente en soupirant :

– Le malheureux Adolfo, on n'aimerait pas être à sa place !

Vera se moque bien de ces réactions. Entre l'instituteur et elle, les choses ont changé insensiblement : à l'amitié intellectuelle du début a succédé un sentiment plus profond et plus tendre. L'instituteur est timide ; il n'a pas encore osé se déclarer. Mais Vera espère qu'il se décidera bientôt. Et ce jour-là, elle lui dira oui. Ils iront vivre ailleurs, sur le continent, car elle ne veut pas rester en Sicile.

26 décembre 1965. Le grand domaine des Alcamo est presque vide. Giuseppe et sa femme sont en visite chez des amis. Les garçons de ferme sont absents eux aussi. Ils ont congé en ce lendemain de Noël. Il ne reste que Vera, sa plus jeune sœur et la bonne.

Un peu avant minuit, deux voitures s'arrêtent dans la cour avec un crissement de freins. Leurs phares sont éteints, leurs plaques, barbouillées de boue, sont illisibles. Une douzaine d'hommes en sortent. Chacun d'eux est armé d'un fusil. Ils portent tous des foulards ou des passe-montagnes sur le visage, sauf un qui n'est pas masqué : Adolfo Sallustri.

Sous sa direction, ils vont directement dans la chambre de Vera. Celle-ci, surprise dans son sommeil, est emmenée par plusieurs paires de bras vigoureux, malgré ses hurlements, ses coups de poing et de pied.

Sa jeune sœur et la bonne sont impuissantes et tremblent de peur. Quelques secondes plus tard, les deux voitures repartent en faisant hurler leur moteur et disparaissent dans la nuit.

Sur le siège arrière, Vera Alcamo crie, implore... Adolfo, qui est au volant, se met à ricaner.

– Eh bien, demande à ton petit instituteur de venir à ton secours !

Après quelques minutes de route dans la montagne, on stoppe devant une maison de berger perdue dans les bois. Vera sait ce qui l'attend. Adolfo va la violer, pour qu'elle ne puisse plus appartenir qu'à lui. Ensuite, il n'aura qu'à descendre au village faire à son père sa demande en mariage.

Mais s'agit-il vraiment d'un viol ? Au fond de lui-même, Adolfo Sallustri ne se sent nullement coupable. Il ne fait qu'agir comme l'ont fait des générations de Siciliens avant lui. C'est une tradition. Une pittoresque et charmante tradition...

La nuit a passé. C'est le matin. Dans la cabane au milieu des bois, Vera Alcamo grelotte de froid, de rage et de honte. Adolfo Sallustri vient de repartir avec ses complices. Il ne s'est même pas donné la peine de l'enfermer à clé.

À quoi bon ? Adolfo connaît les coutumes. Il sait bien qu'il ne servirait à rien à Vera de s'enfuir. Pour aller où ? Pour faire quoi ? Maintenant, tout le village est au courant. Maintenant, elle est déshonorée, flétrie. Adolfo sait bien qu'il n'y a pas un homme à Minerbio et même dans toute la Sicile qui voudrait d'elle. Désormais, Vera ne peut plus qu'être sa femme. De mémoire de Sicilien, il n'y a jamais eu une exception à cette règle.

À l'annonce de l'enlèvement, Giuseppe Alcamo est rentré en toute hâte. Il a tout de suite compris. Sa plus jeune fille et la bonne ont parfaitement reconnu Adolfo Sallustri. C'est un enlèvement amoureux. Giuseppe n'est pas inquiet sur le sort de sa fille. Il est seulement triste pour elle. Il aurait préféré qu'elle fasse un mariage moins riche, moins brillant, avec l'instituteur, par exemple, mais qu'elle soit heureuse.

Maintenant, hélas, il est trop tard. Dans quelques heures, Adolfo va lui faire sa demande en mariage. Et il acceptera. Il le fera pour le bien de sa fille. Sinon, elle resterait toute sa vie une réprouvée.

Au village, on commente l'événement avec excitation. Enfin Minerbio a eu son enlèvement ! Les vieux se souviennent du précédent, qui remonte à plus de cinquante ans. D'une manière générale, on est fier du comportement d'Adolfo Sallustri. Lui, au moins, c'est un homme, un vrai !

Il est aux environs de midi, quand Giuseppe voit arriver Vera. Sa robe de chambre est déchirée. Elle porte des traces de coups et de griffures de ronces. D'une voix précipitée, elle déclare :

– Je vais aller chez les gendarmes !

Comme il reste abasourdi, elle explose :

– Adolfo m'a enlevée, m'a séquestrée, m'a violée. Je porte plainte !

Giuseppe Alcamo pousse un soupir. Sa fille est sans doute sous le coup d'un choc nerveux. Il s'approche d'elle et lui parle calmement.

– Voyons, Vera, tu dois épouser Adolfo après ce qu'il a fait…

Mais Vera secoue la tête, butée, farouche.

– Non, je ne l'épouserai pas ! Tu peux me traîner à la cérémonie, mais devant le maire, je répondrai « non », devant le curé, en plein milieu de l'église, je répondrai « non » !

Et, sous les yeux de son père ahuri, elle monte en courant dans sa chambre pour s'habiller. Giuseppe est tenté d'employer les grands moyens pour se faire obéir. Mais après tout, il décide de ne rien faire. Vera est sa préférée. Quand, tout à l'heure, Adolfo viendra lui faire sa demande, il lui refusera la main de sa fille et lui apprendra qu'une plainte pour viol a été déposée contre lui.

Aussi, quand, quelques minutes plus tard, Vera redescend de sa chambre, l'air décidé, il se contente de l'embrasser et de lui souhaiter bonne chance.

Vera va immédiatement à la gendarmerie. Elle entre dans le bureau de l'officier qui la considère avec un profond étonnement. Mais elle ne lui laisse pas le temps de parler.

– Je viens porter plainte contre Adolfo Sallustri.

Après avoir marqué un moment de stupeur, l'officier prend le partie d'en rire.

– Allons, *signorina*, c'est sûrement l'effet de l'émotion ! Vous n'allez tout de même pas porter plainte contre votre futur mari. D'ailleurs, à ce propos, je me permets de vous adresser toutes mes félicitations.

Mais Vera ignore la main tendue.

– Je n'épouserai pas Sallustri. Je porte plainte contre lui pour viol. Je suis majeure. Vous devez enregistrer ma plainte et faire votre enquête.

L'officier se fige.

– Très bien, *signorina*. Je vais enregistrer votre plainte. Mais permettez-moi de vous dire que vous avez tort. À présent, aucun Sicilien ne voudra plus de vous.

La réplique est immédiate et cinglante.

– Et moi, je ne veux plus d'aucun Sicilien !

Vera Alcamo sait qu'elle a choisi une voie difficile. Elle a décidé de braver seule un village et des siècles de tradition. Elle sait parfaitement qu'on ne le lui pardonnera pas...

Elle continue, par la suite, à voir ostensiblement l'instituteur. Elle se rend chez lui tous les jours après la classe et n'en sort que tard le soir. Désormais, dans la rue, on l'évite. Les commerçants refusent de la servir. Pour tout Minerbio, c'est elle la coupable. En n'acceptant pas d'épouser Adolfo, elle est devenue une menace pour toute la communauté.

Les braves gens discutent dans son dos.

– Ah, c'est vraiment une pas-grand-chose, celle-là ! Et d'abord pourquoi reste-t-elle chez nous ? Elle devrait aller à Palerme, dans le quartier fait pour les filles de son genre...

Bientôt, les réactions se font plus violentes. Les garnements courent derrière elle en lui lançant des injures. Un soir, on jette des pierres sur les volets de l'instituteur. Le lendemain, c'est sa voiture qui est lapidée.

Pendant ce temps, l'enquête sur le viol commis par Adolfo Sallustri s'est terminée par un non-lieu. Car il n'y a jamais eu qu'un seul témoignage contre lui : celui de Vera. Adolfo a juré qu'il n'avait rien fait et tout Minerbio a fait corps avec lui. Pendant la nuit du drame, tout le monde l'a vu au village. Il a dix, vingt alibis !

Pour Vera et l'instituteur, la vie devient rapidement impossible. Ils ont décidé de se marier. Le garçon a demandé un nouveau poste sur le continent mais l'administration est lente et il doit, pour l'instant, rester à Minerbio.

Le 25 juin 1966, le village est en ébullition. Pensez donc : après un enlèvement, un meurtre ! On vient de retrouver, sur la route, le corps de Vera Alcamo, abattue de trois coups de revolver.

Pour tout le monde, l'identité du meurtrier ne fait aucun doute. On l'avait tellement plaint, ce malheureux Adolfo ! Et maintenant, il vient de se faire justice. Ça, c'est quelqu'un qui a gardé le sens de l'honneur, ça, c'est un homme ! Quant à Vera, personne ne s'attendrit sur son sort. Elle a eu la fin que pouvait attendre une fille perdue, une putain…

Cette fois, l'enquête officielle est menée sérieusement. Mais Adolfo Sallustri, qu'on interroge sans relâche, a un alibi inattaquable. On ne peut rien prouver contre lui. Il est vraisemblable, d'ailleurs, qu'il a fait agir un complice, peut-être un tueur professionnel.

On reparle des liens de sa famille avec la Maffia. On enquête dans toute la Sicile et même sur le continent. Peine perdue ! Cette fois plus que jamais, la loi du silence joue. L'enquête se termine de nouveau par un non-lieu. Le meurtre de Vera Alcamo ne sera jamais éclairci.

Pourtant, son courage et son sacrifice n'auront peut-être pas été inutiles. À l'époque, l'affaire a fait grand bruit dans toute la Sicile. Une partie de l'opinion – les femmes en particulier – s'est révoltée contre ces mœurs barbares qui dataient du Moyen Âge.

Aujourd'hui, en Sicile, l'enlèvement amoureux, cette si pittoresque et romanesque tradition, n'est plus qu'un souvenir.

Un cas unique

– Messieurs, la cour !

Tout le monde, dans l'immense salle d'Old Bailey, la chambre criminelle de Londres, s'est levé en même temps. C'est, comme au début de chaque procès, un moment solennel. Il faut dire que dans ce cadre chargé d'histoire, écrasant avec ces boiseries sombres, on ne peut s'empêcher d'être impressionné.

Dans l'assistance, chacun se hausse pour apervevoir l'accusé, qu'on distingue mal à cause de sa petite taille. Il se tient un peu raide dans ce box d'où tant d'hommes et de femmes ont été envoyés vers la potence. Joseph Bielski est bien tel que l'ont montré ses photos parues dans les journaux. Il est vêtu avec soin mais modestement. Avec son crâne dégarni, on lui donnerait un peu plus que ses cinquante-six ans, facilement la soixantaine. Derrière ses lunettes rondes en écaille, il a un regard triste. D'ailleurs, tout dans son maintien a quelque chose de résigné, de fataliste.

Car Joseph Bielski sait bien, au moment où s'ouvre son procès, ce 26 septembre 1958, le sort qui l'attend. Il sait bien que sa conduite héroïque pendant la dernière guerre, toutes les décorations qu'il a gagnées et même les centaines de témoignages de sympathie qu'il a reçus dans sa prison ne le sauveront pas de la corde.

Joseph Bielski a assassiné, le 9 juillet 1957, de quatre coups de revolver, l'amant de sa femme. Or, il n'y a pas d'exemple dans toute l'histoire judiciaire anglaise qu'un auteur de crime passionnel ait échappé à l'exécution. Pour cela, de l'autre côté de la Manche, on est impitoyable. S'il en fallait encore une preuve, il y a eu, deux ans auparavant, le cas de Ruth Ellis. Elle avait tué son amant infidèle ; un être odieux qui l'avait fait affreusement souffrir. Eh bien, malgré les circonstances atténuantes, malgré une campagne de presse en sa faveur, Ruth Ellis a été condamnée à mort et pendue.

Tout le monde s'est rassis dans la grande salle solennelle. Joseph Bielski regarde ses juges bien en face, sans crainte apparente ni passion. Visiblement, il a accepté son sort. Alors, il se contente d'écouter en silence l'exposé de son dossier.

C'est au début de l'année 1939 que s'est noué le destin de Joseph Bielski. Comme pour des millions d'autres personnes, ce destin se nommait Hitler. Quand les troupes allemandes envahissent la Tchécoslovaquie, Joseph est pilote dans la petite aviation de son pays. C'est aussi un antinazi farouche. Il n'ignore pas que, quand les combats se seront terminés, il n'aura aucune indulgence à attendre des vainqueurs.

Aux commandes de son avion, il livre un combat qu'il sait sans espoir. Quand les troupes allemandes sont maîtresses du pays, il effectue plusieurs missions pour transporter à l'étranger d'autres patriotes. Et il part, le dernier, pour l'Angleterre.

Il arrive à temps pour prendre part dans la RAF à la bataille d'Angleterre. Ses parents, qu'il avait réussi à faire venir avec lui, sont tués dans les bombardements de Londres. Joseph Bielski n'en continue la guerre qu'avec plus d'acharnement. Il est volontaire pour les missions les plus périlleuses au-dessus de la France et de l'Allemagne. Il devient l'un des officiers étrangers les plus décorés de la RAF.

C'est en 1943 qu'il rencontre Sandra, qui fait partie des auxiliaires féminines de l'aviation. Elle est belle, elle est blonde. Même dans son uniforme, elle est éblouissante. Elle a vingt-deux ans, il en a quarante et un. Elle, c'est la plus jolie fille de la base, lui, le héros que tout le monde admire.

Au bal organisé pour la fête de Noël 1943, ils dansent ensemble pour la première fois. Ils se marient six mois plus tard. Joseph termine la guerre couvert de gloire. Il est élevé par le roi au titre de membre de l'Empire britannique. En 1945, Sandra et lui ont un fils, Paul, un magnifique garçon, aussi blond que sa maman.

Mais la fin de la guerre, c'est aussi, pour Joseph Bielski, le début des désillusions. C'est très bien d'être un héros, mais que peut faire un héros dans le civil ? Il essaie d'être pilote de ligne, mais on ne le prend pas, il est trop vieux. Alors, c'est le chômage pendant de longs mois. Joseph connaît encore mal l'anglais : pas question pour lui de songer à un poste de responsabilité. Il est tout heureux de trouver, en fin de compte, un emploi de représentant pour une firme de machines à écrire.

Joseph et Sandra Bielski s'installent dans un tout petit appartement d'un quartier, il est vrai, résidentiel de Londres. Pour son travail, Joseph doit partir des journées entières, quelquefois une semaine d'affilée.

Pour Sandra également, c'est le temps des désillusions. Pendant qu'elle reste seule à retourner les cols des chemises de son mari et à repriser ses chaussettes, elle a des pensées moroses. Et au bout d'un moment, elle est bien obligée de reconnaître qu'elle s'est trompée.

Quand elle a rencontré Joseph, elle a été éblouie. C'était le brillant aviateur, le héros auréolé de gloire. Toutes les femmes n'avaient d'yeux que pour lui et c'est peut-être pour cette raison qu'elle l'a voulu à elle. Elle se souvient des regards d'envie des autres auxiliaires féminines quand elle l'a épousé devant toute la garnison.

Seulement, le beau héros est devenu un petit représentant de commerce qui essaie de placer ses machines à écrire aux quatre coins de l'Angleterre et, avec ce qu'il rapporte, ils ont tout juste de quoi se nourrir et payer le loyer.

Sandra regarde souvent par la fenêtre en soupirant, pendant ses longues journées solitaires. Pourquoi faut-il que leur misérable appartement soit situé dans un quartier chic de Londres ? Car, en face, de l'autre côté de la rue, il y a de belles villas, avec des jardins qui la font rêver. Souvent, de luxueuses voitures s'arrêtent et des femmes en sortent ou y montent, en robe de cocktail, en robe du soir…

Les années passent, monotones. La situation de Joseph ne s'améliore guère. Si ce n'est plus la misère, c'est toujours la gêne. Et voici qu'au début 1956, le destin se manifeste une seconde fois.

Un nouveau propriétaire emménage dans la villa en face, celle dont la pelouse est si grande et dont les roses sont si belles. Sandra ne tarde pas à connaître son nom : Andrew Simson, le milliardaire, le nouveau couturier qui fait fureur et que la presse surnomme le « Dior anglais ».

Maintenant, tous les jours, Sandra peut le voir monter dans sa voiture, une Bentley blanche, interminable et étincelante. Mais c'est lui qu'elle regarde. Il est incroyablement jeune pour une telle réussite : il a la trentaine, pas plus, et surtout, il est beau. Avec ses cheveux impeccablement coiffés et plaqués, ses yeux gris et sa fine moustache blonde, il a tout du séducteur du cinéma d'avant-guerre. Un don juan, il n'y a pas d'autre mot. Andrew Simson est vraiment irrésistible quand il sort, le matin, dans un de ses costumes impeccablement coupés, une fleur à la boutonnière, l'air désinvolte et conquérant à la fois.

Pendant ses longues journées d'inaction, Sandra ne cesse de penser à lui. Et d'abord, elle se renseigne auprès de ses voisines. Pourquoi est-il toujours seul ? N'est-il pas marié ? Elle finit par avoir la réponse. Si, il est marié, mais il a congédié sa femme parce qu'elle l'ennuyait à lui demander un enfant. Maintenant, elle vit seule, dans la misère, à l'autre bout de l'Angleterre, mais elle se refuse obstinément à demander le divorce ; elle l'aime toujours.

Pourtant, Sandra ne croit pas à la méchanceté d'Andrew Simson. Deux fois déjà, elle l'a croisé dans la rue. Et, bien loin de faire le fier, il l'a aimablement saluée en lui adressant un sourire.

Noël 1956. Pour Sandra, c'est un jour particulièrement sinistre. Joseph est bloqué depuis deux jours en Écosse par une tempête de neige. Il lui a adressé un télégramme dans l'après-midi : il est désespéré, mais il n'y a rien à faire, il ne pourra pas passer le réveillon en famille.

Sandra se prépare donc à rester seule avec son fils, lorsque l'on sonne. Elle manque de se trouver mal : c'est lui ! Costume gris perle, œillet à la boutonnière, il se tient dans l'encadrement de la porte, un nuage discret de lavande l'environne. Il lui sourit…

– J'espère que vous pardonnerez cette visite de bon voisinage, chère madame. J'ai appris que vous étiez seule pour Noël. Voudriez-vous vous joindre à nous ? J'ai invité quelques amis. Je vous assure que vous ne vous ennuierez pas.

Inutile de dire que Sandra accepte avec joie. Et elle est touchée, flattée, transportée quand, la soirée avançant, le bel Andrew commence à lui faire la cour. Elle tombe dans les bras du milliardaire, comme autrefois dans les bras du héros.

Quand, deux jours plus tard, Joseph Bielski rentre enfin d'Écosse, la première chose qu'il voit c'est la robe de Sandra : une robe comme seul un grand couturier peut en faire, une robe de chez Simson ! Il tend, un peu désorienté, son cadeau à sa femme : c'est un chemisier, plutôt ordinaire. Il a aussi rapporté un livre de contes de Noël pour Paul.

Mais Sandra éclate brusquement. Elle envoie promener le chemisier au milieu de la pièce.

– Qu'est-ce que tu veux que je fasse de ça ? J'en ai assez d'être habillée comme une chiffonnière ! Regarde ma robe. C'est ça que tu m'offrirais si tu m'aimais vraiment… Oui, tu ne te trompes pas, c'est Andrew Simson qui me l'a offerte. Oh, pour lui, ce n'est pas un cadeau somptueux. Lui, il gagne en un mois ce que tu ne gagneras pas pendant toute ta vie !

Les jours suivants, le climat ne fait que s'aggraver chez les Bielski. Sandra est de plus en plus agressive, méprisante. Et Joseph, comme pour chercher un refuge, se met à tenir son journal intime.

18 janvier 1957. Elle a eu des mots très durs. Elle m'a dit : J'en ai assez d'un mari qui fait durer ses chemises cinq ans, alors qu'il y a des hommes qui changent de costume tous les jours. Je n'ai rien répondu. Depuis, elle ne me parle plus. Elle ne m'a pas fait à déjeuner. J'ai été manger tout seul au café. Je l'aime plus que jamais… Au café, j'ai eu la tentation de disparaître pour ne plus être une entrave à son bonheur. Mais j'y ai renoncé. Je n'ai pas le droit à cause de Paul. Je dois vivre pour lui.

Le 25 juin suivant, Sandra annonce à son mari ce qu'il savait déjà : qu'elle est la maîtresse d'Andrew Simson. Et elle ajoute :

– Nous allons nous marier. Il a engagé un avocat pour divorcer et moi aussi je vais divorcer.

Joseph ne trouve qu'une chose à répondre :

– Et Paul, y as-tu pensé ?

Oui, Sandra y a pensé, car elle lui réplique immédiatement :

– Mon fils sera bien plus heureux avec Andrew et moi. Au moins, avec nous, il sera correctement habillé, il aura des études dignes de lui et un avenir.

Les jours suivants, Joseph Bielski, qui a dû repartir sur les routes anglaises pour vendre ses machines à écrire, note dans son journal :

> *Le 25 juin a été le jour le plus noir de ma vie. J'ai cinquante-cinq ans et plus de foyer. Je sais que désormais elle ne fait qu'un avec lui. Les Allemands ont été moins cruels avec moi que cet homme.*

Le journal s'arrête au 1er juillet 1957. La suite a lieu huit jours plus tard. Joseph Bielski est rentré d'une de ses tournées plus longues que les autres. Il a pris sa décision : il veut aller voir Andrew Simson pour lui parler de son fils, pour lui dire comment il devrait l'élever, se comporter avec lui, puisque désormais, c'est lui qui va en avoir la responsabilité.

Le 9 juillet au matin, alors que sa femme est partie faire des courses, il franchit la chaussée qui sépare son petit appartement de la luxueuse villa à la pelouse couverte de roses. Il fait longtemps le tour de la propriété. Il n'ose pas entrer. Pour se rassurer, il serre dans sa poche son revolver. Il l'a emporté parce qu'il a peur, parce que cet homme est un monstre et qu'il le croit capable de tout.

Enfin, il se décide. Il pousse la grille, traverse la pelouse, franchit le perron de marbre, sonne à la porte. Un serviteur lui ouvre, et, au bout de quelques minutes, l'introduit dans un salon spacieux.

L'homme est là, arrogant, sûr de lui, dans une somptueuse robe de chambre de soie mauve. Il fume une cigarette. En voyant entrer son visiteur, il ne se lève pas du canapé où il est allongé, il ne lui propose pas de s'asseoir.

Intimidé malgré tout par ce luxe dont il n'a pas l'habitude, Joseph Bielski commence le discours qu'il avait préparé.

– Monsieur Simson, je ne vous fais aucun reproche au sujet de ma femme; après tout, c'est sans doute mieux pour elle. Je suis venu seulement vous parler de mon fils.

Le couturier chasse la fumée de sa cigarette d'un geste agacé.

– Ne m'ennuyez pas avec ces détails, je vous en prie.

Joseph insiste.

– Pourtant, c'est très important…

Mais l'autre l'interrompt sèchement.

– Écoutez, mon vieux, votre femme est folle de moi et elle me plaît. Alors, que voulez-vous que nous y fassions l'un et l'autre?

C'est à ce moment précis que Joseph Bielski sort son revolver de sa poche et tire quatre fois.

Quand, quelques instants plus tard, les serviteurs se précipitent, Joseph pose son revolver sur un guéridon et leur déclare calmement :

– N'ayez pas peur. Allez chercher une ambulance et prévenez la police. Je ne m'enfuirai pas.

Voilà comment un héros de la guerre est devenu l'auteur d'un crime passionnel et tels sont les faits qui sont relatés, en ce premier jour d'audience, devant Old Bailey, la chambre criminelle de Londres.

Dans la salle du tribunal, les juges, les jurés et le public ont écouté, dans le plus grand silence, le récit du drame. Maintenant, c'est le défilé des témoins. Ils sont pratiquement tous en faveur de l'accusé. Voici ses anciens camarades de la RAF recouverts de leurs décorations et dont certains occupent des fonctions officielles importantes. Tous viennent dire les qualités de courage et la droiture morale de Joseph Bielski.

Voici maintenant la femme de la victime elle-même, qui a tenu à témoigner en faveur de l'accusé. Sa déposition fait sensation.

– Oui, dit-elle fermement, je suis de tout cœur avec ce pauvre homme; je comprends son geste. Andrew était un être odieux. Toute sa vie, il s'est moqué de ce que pouvaient devenir les autres, pourvu que lui seul surnage.

Il n'y a qu'un témoin qui ne paraît pas à la barre, c'est la femme de l'accusé, Sandra Bielski. Car, après le meurtre, non seulement elle n'est jamais venue voir son mari dans sa prison, mais elle a disparu. Elle n'a donné aucun signe de vie. Elle se cache.

Quand l'huissier appelle : « Madame Sandra Bielski » et que son nom est suivi d'un long silence, Joseph se tasse sur son banc et hoche la tête sans mot dire. Dans l'assistance, il y a un long brouhaha d'indignation envers cette femme et de sympathie envers l'accusé.

Pourtant, celui-ci ne se fait pas d'illusions, pas plus d'ailleurs que ses avocats, même s'ils lui lancent de temps en temps des sourires encourageants. Le crime passionnel est puni de mort en Angleterre, quelles que soient les circonstances. Il n'y a pas d'exception à la règle.

28 septembre 1958. Le jury se retire pour délibérer. Au bout de treize minutes seulement, il revient donner lecture du verdict. Joseph Bielski n'a pas bougé, mais son avocat n'a pu s'empêcher d'avoir une grimace de contrariété. Quand c'est si court, c'est évidemment très mauvais signe. Bien sûr, il savait que c'était perdu d'avance, mais dans ce cas précis, il avait un infime espoir.

Le président du tribunal lit les attendus. Et, à mesure qu'il parle, les visages changent, car ce qu'il dit est proprement incroyable :

– En regardant la vie de cet homme jusqu'au 9 juillet, tous ceux qui sont ici ne peuvent avoir que le plus grand respect pour le caractère dont il a fait preuve. Quel que soit le délit qu'il a commis, aucun d'entre nous ne peut sous-estimer l'abjecte provocation à laquelle il a été soumis. En conséquence, nous l'avons trouvé coupable, non de meurtre, mais d'attentat à la vie humaine.

Il y a un instant de silence total et le président conclut :

– Joseph Bielski, la cour vous condamne à trois ans de prison.

Dans la salle, une ovation retentit. Les Anglais mesurent à sa juste valeur l'importance historique du moment.

Pourtant, la suite est plus extraordinaire encore.

En arrivant à la maison d'arrêt pour purger sa peine, Joseph Bielski se soumet, comme tout condamné anglais, à la visite médicale. Un examen de pure routine : pourtant le médecin, après l'avoir ausculté, se redresse, perplexe. Il appelle un confrère et discute longuement avec lui. Il n'y a pas de doute possible : Joseph Bielski est atteint d'une maladie cardiaque extrêmement rare dont l'issue est fatale à court terme. Et le malade, qui n'avait jamais ressenti la moindre douleur, n'aurait pas eu l'idée de consulter de lui-même un médecin.

Il a été opéré sans attendre, s'est parfaitement remis, et il est sorti guéri à l'expiration de sa peine.

Ainsi se termine l'histoire de Joseph Bielski, à qui son crime n'avait pas valu la potence, mais lui avait, au contraire, sauvé la vie. Et qui oserait dire que ce n'était pas justice ?

L'ablation du cœur

24 septembre 1979, sept heures du soir. Greg Allison, quarante-trois ans, est assis dans son bureau de la clinique San Gregorio, qui fait l'angle entre la 2e Rue et la 36e Avenue à New York.

De haute stature, les cheveux grisonnants sur les tempes, les yeux bleus, Greg Allison a tout pour plaire. Et si l'on ajoute qu'il est le propriétaire richissime d'un des établissements hospitaliers des plus en vogue de New York, on admettra qu'il ait toutes les raisons de prendre la vie du bon côté.

Pourtant, ce n'est pas le cas. Depuis quelque temps, Greg Allison est sombre, morose. Un pli amer apparaît souvent au coin de sa bouche et son regard bleu a parfois un éclat dur. D'ailleurs, il reste beaucoup plus souvent que par le passé à la clinique. Il a toujours énormément travaillé, mais à présent il semble vouloir se tuer à la tâche. Pourquoi ? Nul parmi son personnel ne se hasarderait à lui poser la question.

Une des infirmières entre dans son bureau.

– Docteur, une urgence. Un accident de la circulation tout près d'ici, dans la 36e Rue. C'est la police qui nous a amené le blessé.

Greg Allison se lève.

– J'arrive…

L'infirmière considère avec un air soucieux le teint pâle et les traits tirés du docteur.

– Monsieur, vous ne préféreriez pas que ce soit un de vos assistants qui s'en charge ?

Greg Allison la bouscule presque pour passer la porte.

– Je vous dispense de vos commentaires. Suivez-moi aux urgences.

Une minute plus tard, le docteur Allison est dans la salle des urgences. Sur une table roulante est allongé un homme de trente-cinq ans environ. Ses cheveux très bruns et son collier de barbe ressortent sur son teint livide. De grosses gouttes de sueur coulent sur son front et ses joues. Il a les yeux clos ; il est sans connaissance.

Greg Allison, en quelques gestes précis, palpe la tête et le ventre du blessé. Il se redresse et annonce d'une voix brève :

– Traumatisme crânien, fracture du bassin et hémorragie interne. J'opère tout de suite, préparez la salle…

Il se tourne vers un des policiers présents.

– Comment cela est-il arrivé ?

– À la hauteur du 204, 36e Rue. Il sortait de l'immeuble ; il a traversé sans regarder et il a été renversé par un taxi.

Greg Allison reste un instant silencieux et puis il prononce à voix si basse que personne ne peut l'entendre :

– Je m'en doutais.

Les policiers se retirent. L'infirmière s'approche pour emmener le chariot. Le docteur la repousse :

– Laissez, je m'en charge ! Allez-vous-en !

Après un mouvement de surprise, elle obéit et Greg Allison se retrouve seul avec le blessé. Il se penche sur lui et se met à lui parler :

– Cher ami ! Quelle bonne idée d'avoir choisi mon établissement ! Vous voulez vraiment que je vous opère ? Comment ? Je n'ai pas tout à fait saisi la réponse… Ah, vous n'avez rien dit ! Qui ne dit mot consent, paraît-il… Parfait : venez avec moi.

Greg Allison se met à pousser le chariot sur lequel repose le blessé inconscient.

– Tout cela n'est pas trop grave. Surtout pour un chirurgien comme moi. J'en ai opéré de bien plus mal en point que vous. Mais dans votre cas, j'ai envie de me surpasser. Que diriez-vous d'un petit supplément sans augmentation de prix ? L'ablation du cœur, par exemple. C'est très facile. Un petit coup de bistouri et hop ! plus de cœur ! Cela fait si mal le cœur ! Faites-moi confiance, le hasard vous a mis en bonnes mains. Bientôt vous ne souffrirez plus…

Contrairement aux apparences, le docteur Greg Allison n'est pas fou. L'incroyable situation qui est en train de se produire est à la fois le résultat du hasard et d'une longue histoire.

L'histoire se confond avec les dix dernières années du docteur. En 1969, il avait trente-trois ans ; il était un jeune et brillant praticien en vogue et il venait juste de fonder sa clinique. Au cours d'une soirée mondaine, il a rencontré Maggy, juste âgée de vingt ans. Elle suivait des cours d'histoire de l'art, ce genre d'études pour jeunes filles de bonne famille qui ne veulent pas avoir l'air trop désœuvrées en attendant le futur mari. Et Maggy n'était pas de celles qui doivent attendre longtemps : grande, brune, les yeux verts et immenses, elle attirait tous les regards. Greg a été fou d'elle tout de suite et Maggy aussi.

Leur mariage, qui a eu lieu peu après, a été un des plus réussis de la bonne société new-yorkaise. Il était séduisant, elle était belle ; il était riche, elle n'était pas sans fortune, ils s'aimaient. Que demander de plus ? Leur vie commençait comme un conte de fées. C'est tout juste s'il y avait besoin de leur souhaiter d'être heureux.

Ils ont été heureux neuf ans. Leurs deux enfants, Carrol et Peter étaient charmants et bien élevés ; la clinique de Greg était de plus en plus cotée et, à l'aisance, a succédé l'opulence. Tout s'est pourtant détraqué rapidement. Greg Allison aurait dû s'y attendre, mais quand il s'agit de soi, on n'imagine pas le pire ; on croit que cela n'arrive qu'aux autres.

Tout a commencé par des reproches de Maggy au sujet de son travail. Surtout quand il a décidé d'installer un lit dans son bureau pour pouvoir opérer de nuit.

Elle a secoué sa longue chevelure brune avec un air indigné :

– Alors tu ne rentreras plus le soir ! Tu me délaisses, tu me dédaignes !

– Écoute, je t'assure que ce n'est pas ce que tu imagines. Je compte réellement dormir à l'hôpital.

– Oh, je le sais bien ! Je ne pense pas à une autre femme. Je sais que c'est pour ton travail. Et c'est peut-être pire.

Il n'y a que ton travail qui compte. Ta vraie maîtresse, c'est ton travail !

Greg a été indigné de telles paroles.

– Comment peux-tu dire cela ? C'est pour toi que je travaille, pour tes robes, tes bijoux.

Mais Maggy a tourné les talons.

– J'aimerais mieux un peu moins de bijoux et un peu plus de présence…

C'est à la suite de cette conversation que Greg Allison a pris sa décision et, sans le savoir, a commis l'erreur de sa vie. Pour calmer sa femme, il a voulu lui faire un cadeau plus beau que tous les autres : une villa à Hyannis Port, la station balnéaire proche de New York où se retrouvent les plus grandes fortunes. En même temps, il promettait à Maggy de venir avec elle tous les week-ends.

Howard Kinderly, directeur d'une agence immobilière de Hyannis Port, lui a tout de suite fait bonne impression. Il inspirait confiance avec son visage ouvert encadré d'un collier de barbe, et il avait l'air très compétent.

Sur ce point, pas de problème. Howard Kinderly lui a trouvé une habitation de dix pièces au bord de la mer. Seulement, le jour où il aurait dû aller la visiter avec Maggy, il n'a pas pu. Il a été retenu à la dernière minute par une opération. C'est Howard Kinderly qui a fait à Maggy les honneurs de la maison. Et les autres week-ends non plus, il n'a pas pu venir, toujours pour des opérations urgentes.

Il y a trois mois, Maggy lui a dit calmement, sans élever la voix :

– Greg, je divorce.

– Ce n'est pas sérieux ?

– Très sérieux, au contraire. Je suis amoureuse. Tu te souviens d'Howard Kinderly, le directeur de l'agence immobilière de Hyannis Port ? C'est vrai que tu l'as si peu vu. Tu es venu si peu à Hyannis Port…

Rien n'a pu faire changer Maggy Allison de sa décision. Greg a préféré s'en aller. Depuis, il couche dans son bureau ou chez des amis. Il n'a pas voulu remettre les pieds dans le luxueux appartement qu'il habitait, tout près de la clinique, au 204, 36e Rue. Il se doutait bien qu'Howard venait y retrouver Maggy, mais il préférait l'ignorer.

Et voilà qu'après cette histoire, somme toute banale, le hasard vient d'entrer en scène. En sortant du 204, 36e Rue, Howard Kinderly a été renversé par un taxi. Et, tout naturellement, la police l'a conduit vers l'établissement hospitalier le plus proche, c'est-à-dire sa clinique.

Poussant le chariot vers la table d'opération, le docteur Greg Allison regarde le visage livide, le collier de barbe noire où coule la sueur, les yeux clos, les traits pincés. Jamais il n'aurait pensé devenir un assassin. Mais le moyen de faire autrement quand le hasard vous fait un tel cadeau ? C'est tellement tentant que c'en est provocant. À la limite, il n'est même pas responsable de la suite des événements.

Une forme en blouse blanche passe dans le couloir. Greg Allison arrête le chariot.

– Ah, docteur Mosley!… Il faut que vous alliez tout de suite chez votre mère. Il vient d'y avoir un coup de téléphone.

Le docteur Mosley devient tout pâle.

– Elle a eu une rechute?

– Je ne sais pas. Ce n'est pas moi qui ai eu la communication. En tout cas, faites vite!

Mosley désigne le blessé sur la chariot.

– Mais pour l'anesthésie?

– Je m'en charge, ne vous inquiétez pas!

Le docteur Mosley s'en va précipitamment et Greg Allison sourit. Le docteur Mosley, dont la vieille mère cardiaque est, depuis plusieurs jours, entre la vie et la mort, ne le dérangera plus. Le docteur Mosley devait faire l'anesthésie d'Howard Kinderly. Allison se penche sur le chariot.

– C'est moi qui vais faire la piqûre, Howard… Vous êtes d'accord, n'est-ce pas?

Et il franchit les portes vitrées de la salle d'opération.

Dix-neuf heures trente. On sonne à la porte d'un appartement du 28e étage au 204, 36e Rue. Une femme brune magnifique ouvre la porte. Devant elle une petite bonne femme tout à fait insignifiante.

– Pardonnez-moi de vous déranger, madame, je suis votre voisine. Il s'agit du monsieur que j'ai déjà vu avec vous : un jeune homme brun avec un collier de barbe.

– Oui, et alors?

– Eh bien, je venais d'arriver en bas quand j'ai vu un attroupement. Il a été renversé par un taxi.

Maggy Allison est devenue toute blanche.

– C'est grave ?

– Je ne sais pas, mais les policiers l'ont tout de suite emmené à la clinique.

De blanche, Maggy devient livide.

– Quelle clinique ?

– Elle devait être tout près. Ils n'ont même pas pris leur voiture. Ils l'ont emmené en brancard.

Maggy Allison bouscule sa voisine et se rue devant l'ascenseur.

– Mais, mon Dieu, il va le tuer ! Il y a combien de temps qu'a eu lieu l'accident ?

– Un quart d'heure, peut-être une demi-heure. Mais je ne comprends pas ; qui va tuer qui ?

La voisine n'a pas le temps d'en dire plus. L'ascenseur est là. Maggy s'y engouffre et les portes se referment sur elle.

Au même moment, dans la salle d'opération, Greg Allison vient de faire lui-même la piqûre qui aurait dû être pratiquée par l'anesthésiste. Il a un sourire mauvais. Mais lui seul le sait. Qui pourrait voir quoi que ce soit sous son masque blanc ?

– Bistouri…

Une infirmière lui tend l'instrument demandé. Il incise la cage thoracique avec sûreté. Il a toujours été un excellent chirurgien.

– Scalpel… Compresses…

Les gestes précis continuent. Soudain une des infirmières pousse un cri :

– Docteur, l'électrocardiogramme !

Effectivement, le tracé vert sur l'écran à côté de la table d'opération s'est mis à décrire des courbes désordonnées. La voix de Greg Allison est parfaitement maîtresse d'elle-même.

– Piqûre intracardiaque.

L'assistant tend la seringue toujours prête pour une telle éventualité. Mais la piqûre ne produit aucun effet. Au contraire, les battements désordonnés s'accélèrent puis se mettent à faiblir.

– Masque à oxygène.

Le masque, appliqué sur le visage d'Howard Kinderly ne change pas le dramatique processus qui s'est mis en marche. Sur l'écran, le tracé vert commence à devenir plat.

– Écartez-vous, je vais tenter un massage cardiaque.

Sur la table d'opération, le docteur Allison pratique les gestes de réanimation, mais il n'y a plus d'espoir. Les « bip bip » ont cessé. L'électrocardiogramme n'émet plus qu'une ligne verte toute droite et un sifflement continu. Greg Allison baisse les bras, arrache son masque et ses gants, tandis qu'il jette un drap sur le cadavre.

– C'est fini !...

C'est alors que la porte s'ouvre. Maggy Allison arrive en trombe, hors d'elle, et s'arrête, pétrifiée. Une infirmière entre juste derrière elle et s'adresse au docteur.

– J'ai voulu l'empêcher de passer, mais il n'y a rien eu à faire...

Maggy Allison regarde encore un instant le drap qui recouvre la table d'opération et pousse un cri :

– Assassin !

Greg tente de s'approcher d'elle mais ses hurlements redoublent.

– Assassin ! Tu l'as tué ! Assassin !

Il y avait des policiers qui passaient là, amenant un autre blessé. Devant eux, le docteur Allison s'est défendu avec hauteur et énergie. Mais l'arrivée du docteur Mosley, l'anesthésiste, a tout changé.

– Je reviens de chez ma mère. Elle n'a rien et personne ne m'a appelé. Pourquoi avez-vous voulu m'éloigner ? Expliquez-vous, docteur !

Alors, Greg Allison s'est effondré et il a fait des aveux complets. Il a été arrêté, mais n'a pas été jugé. Il s'est ouvert les veines en prison, de deux coups de rasoir nets, impeccables. Le docteur Allison avait toujours été un remarquable chirurgien.

La trop belle-mère

Paul Vannier remonte sur sa bicyclette le boulevard de Sébastopol, pratiquement désert à cinq heures du matin. Le pavé est luisant. Il a plu toute la nuit. À cinquante et un ans, Paul Vannier en paraît soixante. Son visage a des traits anguleux : un long nez, des pommettes saillantes, des yeux marron profondément enfoncés dans leurs orbites. Il est visible que c'est un homme que la vie a marqué.

Paul Vannier double un camion de laitier tiré par deux chevaux poussifs. Il force sur les pédales. Il s'agit de ne pas être en retard. Il imagine déjà la réaction du vieux :

– J'étais là avant toi. Les jeunes, ça n'a rien dans les jarrets !

Pas question de lui procurer cette satisfaction-là, même si ce doit être la dernière. Car le vieux mourra peut-être tout à l'heure, devant le vélodrome de Vincennes.

Jules Vannier se courbe un peu plus sur son guidon. Bien calé sur les pédales, serre-tête baissé, il a trouvé le rythme. Les rares passants qu'il croise dans les rues de Paris en cette heure matinale n'imagineraient certainement pas qu'il a quatre-vingts ans sonnés.

Jules Vannier est un petit homme maigre, sec, aux jambes et aux bras noueux. Il aurait l'air chétif si l'on ne sentait en lui une énergie farouche, féroce même. Une énergie qu'exprime bien son regard aigu.

Malgré son âge, Jules Vannier a bien l'air d'un coureur cycliste qui s'entraîne. C'est d'ailleurs ce qu'il était autrefois. Il a été professionnel. Il a fait le Tour de France. Depuis, il tient un magasin de cycles et cela fait près de soixante ans qu'été comme hiver, à part quelques grandes occasions, il s'habille en tenue de coureur.

Jules Vannier serre les mâchoires, une lueur passe dans ses petits yeux marron. S'il les tue tous les deux, il commencera par lui : le gamin d'abord.

Ce 16 avril 1953, chacun sur sa bicyclette, Paul et Jules Vannier, venant de deux endroits différents de Paris, se rapprochent inexorablement l'un de l'autre. Ils se connaissent bien, puisque Jules est le père et Paul, le fils.

Tout à l'heure, l'un d'eux va peut-être mourir. Jules et Paul le savent. Dans le fond, c'est la seule solution. À quoi bon s'opposer au destin ?

Paul Vannier a l'air rêveur. Il revoit ses premières années, sa petite enfance auprès de Martine, sa mère. Elle l'a élevé seule. Son père, il l'a vu pour la première fois lorsqu'il avait quatre ans. Il se souvient d'un petit homme à l'air gêné, tenant sa casquette à la main, et de phrases qu'il ne comprenait pas bien.

– Je vais me marier… Une fille comme je n'en ai jamais rencontré… Tu comprends ?

Paul entend encore la réplique de sa mère :

– Jusqu'ici, j'ai élevé le petit toute seule, alors je peux continuer.

Le petit homme à l'air gêné a remis sa casquette et a disparu.

Le bambin qu'était alors Paul Vannier n'a pas été autrement ému par cette scène. Il faut dire que, tout de suite après, ce fut la période la plus heureuse de sa vie. Sa mère s'est mariée avec un ouvrier du bâtiment : René Manuel. Entre Paul et René, une affection réciproque s'est installée rapidement. Martine et René Manuel n'ayant pas eu d'enfant, René l'a considéré comme son fils et lui comme son père.

Le bonheur du petit Paul a duré un peu plus de dix ans. Il a été brisé d'une manière aussi banale que possible : en 1916, René Manuel a été tué à Verdun et, l'année d'après, sa mère mourait de la grippe espagnole. À quinze ans, Paul Vannier s'est retrouvé orphelin et comme, par une malchance supplémentaire, sa mère n'avait aucune famille, il a été confié à des voisins. À ce moment-là, pourtant, il ne se doutait pas que ce n'était rien en comparaison de la suite.

En 1919, la guerre était terminée et il avait dix-sept ans. Il a reçu une lettre avec une photo, celle du petit homme gêné à la casquette. Son père avait appris qu'il était orphelin. Il lui expliquait que, depuis des années, il était rongé par le remords. Il demandait pardon et il proposait de le prendre avec lui.

Paul Vannier se met à parler tout seul sur sa machine :

– Mais qu'est-ce qui lui a pris ? Quel besoin avait-il de se racheter ?

Jules Vannier pédale toujours avec régularité. Lui aussi est plongé dans ses souvenirs : il sent que, tout à l'heure, il va se passer quelque chose, que ce 16 avril 1953 ne sera pas un jour comme les autres.

L'entrevue avec Martine n'a pas été facile, mais il ne s'en est pas trop mal sorti. C'est la pensée d'Élise qui lui a donné la force et le courage nécessaires. Pour Élise, il aurait tout fait, même le pire.

Quand Jules l'a épousée, Élise avait dix-sept ans et lui trente-trois. Il était célèbre à l'époque. Il était un champion de la « petite reine ». Il avait son nom et sa photo dans les journaux. Il était beau garçon. Élise n'était pas la première à être séduite. La seule différence avec celles qui l'avaient précédée, c'est que lui en est tombé aussitôt amoureux.

Ils s'étaient rencontrés après une course. Elle était mannequin publicitaire pour une marque de cycles. C'était une beauté, avec ses cheveux noirs coiffés en chignon, ses yeux pétillants et son sourire éclatant. Élise riait tout le temps. Elle était gaie, gaie !

Le regard de Jules Vannier devient soudain très triste. Pourquoi tout cela a-t-il disparu ? Pourquoi a-t-il eu ces stupides remords d'avoir abandonné Martine et son enfant ? Il avait reconnu Paul à sa naissance, c'était bien suffisant. Alors pourquoi aller le rechercher et lui proposer de vivre avec eux ? Et le pire, c'est qu'il voulait bien faire ! Mais qu'est-ce qui lui a pris ?

Jules Vannier pousse un soupir. Il n'y a aucune réponse à cette question. Ou plutôt il n'y en a qu'une : tout a été organisé depuis le début par une force supérieure, comme ce qui va se passer dans quelques minutes devant le vélodrome de Vincennes.

Paul Vannier ralentit. La rue est pourtant déserte et parfaitement plate, mais la vision qui vient de surgir devant lui lui coupe les jambes. C'était le 14 juillet 1919, le jour du défilé de la victoire. Son père était venu le chercher en tandem pour le conduire chez lui, près de la gare de Lyon. Jules était heureux. Cela se voyait. Et lui aussi était heureux. Il le trouvait sympathique : il ne lui en voulait plus. C'était son père, dans le fond, et il était content de l'avoir retrouvé. À l'avant du tandem, Jules Vannier parlait sans cesse :

– Je suis sûr qu'on va devenir une vraie paire de copains. Pas vrai, fiston ?

– Oui, papa.

– On passe prendre Élise et puis on va au défilé. Je parie que vous allez bien vous entendre tous les deux.

– J'en suis sûr, papa.

Bien qu'il l'ait adoré, Paul Vannier n'avait jamais appelé René Manuel : « papa ». C'était la première fois qu'il pouvait le faire. Il faisait beau. Il y avait des drapeaux et des militaires partout. Il était heureux !

Et puis il a vu Élise… Le temps s'est arrêté. Ce qu'il a ressenti était tellement violent qu'il est resté paralysé sur le seuil de l'appartement. Son père parlait avec volubilité :

– Eh bien, ne restez pas comme deux empotés ! Paul, va embrasser ta belle-mère. Et tu l'appelleras

Élise, pas « belle-maman ». Pas de chichis entre vous deux…

Élise était immobile devant lui. En un instant, Paul a su qu'elle était la femme de sa vie, et pire, il a compris qu'Élise ressentait exactement la même chose, que malgré tous leurs efforts, il n'y aurait rien à faire.

Peu après, c'était le défilé. Les maréchaux qui passaient à cheval sous l'Arc de triomphe. Des millions et des millions de personnes qui acclamaient les armées alliées.

Paul se souvient qu'il n'a pas poussé un seul cri d'enthousiasme ni applaudi une seule fois… Élise non plus.

Jules Vannier accélère rageusement. Et dire qu'il ne s'est douté de rien, qu'il a été le dernier au courant, comme tous les cocus ! Mais comment pouvait-il imaginer une chose pareille ? C'était sa femme ! C'était son fils ! Il aimait sincèrement Paul. Il a tout fait pour l'empêcher de partir se battre au Maroc ; il a tremblé pour lui quand il était là-bas. Il l'a accueilli à bras ouverts quand il est rentré cinq ans plus tard. Imbécile !

Par la suite, Élise est devenue plus bizarre, plus distante, de mois en mois. Il s'imaginait qu'elle était malade… Tu parles ! Elle a fini par lui dire :

– J'aime Paul.

Il lui a demandé :

– Tu couches avec lui ?

Et Élise a répondu d'un air de défi :

– Oui !

Il a retardé le divorce tant qu'il a pu ; mais elle a fini par l'obtenir. Et elle s'est mariée avec Paul en 1940. Oui, elle a osé faire cela ! Elle est devenue pour la seconde fois Mme Vannier. Elle a épousé le fils après le père !

Se dressant sur les pédales, Jules Vannier se met à crier :

– Sale garce ! Sale voleur !

L'aube commence à éclairer les rues de Paris. Paul Vannier revoit des montagnes sous un soleil éclatant : le Maroc, la guerre du Rif. Il avait trouvé ce moyen désespéré d'échapper à l'amour d'Élise et à son destin. Mais dans le fond, il savait que cela ne servirait à rien, sauf s'il se faisait tuer. Sinon, même si la guerre devait durer vingt ans, il n'oublierait pas Élise et Élise l'attendrait.

Paul Vannier secoue la tête négativement : ils n'ont rien à se reprocher ni l'un ni l'autre. Ils ont tout fait pour ne pas succomber. Mais depuis le jour où l'inévitable est arrivé, ils ont choisi de ne pas être hypocrites et de s'aimer à visage découvert.

En 1940, quand ils se sont mariés, Paul Vannier a cru qu'ils avaient gagné. Quelle erreur ! Il a été fait prisonnier à Dunkerque quelques semaines seulement après avoir épousé Élise. Il est rentré cinq ans plus tard, et c'est là qu'il a découvert toute l'étendue du drame. Élise n'était plus que l'ombre d'elle-même. Malgré la détention qu'il avait subie, c'était elle la plus éprouvée des deux. Elle s'est effondrée en le voyant :

– C'est infernal ! Ton père n'a pas arrêté de me torturer. Il a fait des scandales dans tout le quartier. C'était tous les jours des coups de téléphone, des lettres d'injures.

Paul Vannier a espéré un moment que son retour mettrait fin aux agissements de son père. Mais c'est le contraire qui s'est produit : sa présence l'a rendu complètement enragé. Pendant des années, il n'a cessé de rôder autour d'eux en provoquant des scènes publiques d'une rare violence. Une phrase revenait dans sa bouche comme un refrain :

– Je vous tuerai tous les deux !

Cela fait huit ans que Paul est rentré de captivité et cela ne peut plus durer. Lors de la dernière algarade, il a proposé à son père ce rendez-vous devant le vélodrome pour régler la question une fois pour toutes. Cette fois, les dés sont jetés.

Jules Vannier a un ricanement : qu'est-ce qu'ils s'imaginaient, cette garce et ce voleur ? Qu'il allait les laisser tranquilles tous les deux ? Ça, il leur en a fait baver ! Et ce n'est pas fini !

Jules Vannier arrive dans les premières allées du bois de Vincennes. Il décide de faire une petite pointe de vitesse. Ses jambes répondent parfaitement. La machine file comme une flèche. Ils avaient cru qu'ils pourraient se débarrasser de lui comme cela, qu'il n'était plus qu'un vieux, qu'une ruine. Mais il est toujours là. Et pas qu'un peu ! On va voir ce qu'on va voir !

En arrivant devant le vélodrome, Paul Vannier aperçoit la bicyclette et la petite silhouette au serre-tête de cuir. Son père est arrivé en avance. Le contraire l'aurait étonné.

Paul ne prend même pas le temps de poser pied à terre. Il apostrophe son père.

– Quand vas-tu nous laisser tranquilles ?

La voix du vieil homme est grêle mais tranchante.

– Jamais !

Paul s'approche de lui.

– Mais enfin, qu'espères-tu ? Tu te rends la vie impossible à toi aussi.

Jules Vannier ricane.

– Je le sais bien, mais cela m'est égal. Je veux gâcher votre vie comme vous avez gâché la mienne !

Paul Vannier met la main à son blouson et en sort un revolver.

– Pour la dernière fois, va-t'en !

– Jamais !

Il y a deux coups de feu et le petit homme en tenue de coureur cycliste fait un bond à la renverse. Il s'immobilise dans la poussière.

– C'est ainsi que les choses se sont passées, a conclu, quelques heures plus tard, Paul Vannier dans le bureau du commissaire. S'il avait accepté de nous laisser tranquilles, je ne lui aurais rien fait. Mais dans le fond, je savais qu'il refuserait. Cela devait se terminer comme cela. C'était le destin.

D'ailleurs, avant de se rendre à son rendez-vous, Paul Vannier avait déjà écrit un mot d'adieu à Élise.

À son procès, Paul Vannier a été condamné à dix ans de prison. Un verdict relativement indulgent pour un parricide. Mais nul parmi le public, les juges et les jurés ne se faisait d'illusions. C'était un homme brisé qu'ils avaient devant eux. Pour lui, tout était terminé. Le dernier acte de son extraordinaire destin s'était joué au petit matin devant le vélodrome de Vincennes. Le reste de son existence ne serait plus qu'une survie.

L'homme-singe

Wilhelm Gesell avance en sifflotant dans l'allée centrale du zoo de Berlin, traînant un lourd chariot. Il est de bonne humeur, ce 6 juin 1963. Peut-être parce qu'il fait particulièrement beau : la matinée est radieuse, la journée s'annonce splendide ; peut-être aussi, tout simplement, parce qu'il aime son métier. Wilhelm Gesell, chargé de nourrir les fauves, a depuis toujours une passion pour les bêtes, même et surtout pour celles qu'on dit féroces. En fait, elles ne sont pas féroces, elles sont carnivores ; il n'y a pas plus de férocité à déchiqueter de la viande qu'à brouter de l'herbe.

Wilhelm Gesell est arrivé devant la ménagerie. Il va commencer sa distribution. Il en a pour plus d'une heure. Le zoo de Berlin, l'un des plus grands et des plus beaux du monde, abrite en effet un grand nombre de lions et de tigres magnifiques. Wilhelm Gesell les connaît tous. Il les appelle par leur nom et il ne pourrait en aucun cas les confondre.

Wilhelm Gesell ouvre la porte d'entrée. L'odeur des fauves ne lui a jamais été désagréable. Il aime, au contraire, cette senteur animale qui évoque des pays lointains, des forêts gigantesques. La première cage à droite, celle par laquelle il commence toujours sa tournée, est celle de Brutus, un lion du Kenya, un magnifique mâle de cinq ans. Il pique avec sa fourche un gros quartier de bœuf, le passe entre les barreaux et appelle :

– Brutus !

Que se passe-t-il ? Brutus, d'habitude si alerte, est couché sur le devant de la cage et daigne à peine soulever une paupière. Wilhelm Gesell appelle encore :

– Ho ! Brutus ! Qu'est-ce que tu as, mon vieux ? Réveille-toi !

Sans se lever, le fauve jette un regard indifférent vers la viande et détourne la tête. Il est sûrement malade. Il va falloir prévenir le vétérinaire.

– Ah ! Enfin, tu te décides...

Le lion vient en effet de se lever pesamment, découvrant le fond de la cage, et Wilhelm Gesell pousse un cri, tandis que sa fourche tombe sur le sol avec un bruit métallique. Non, Brutus n'est pas malade. S'il n'a pas voulu de la viande, c'est qu'il n'a plus faim. Il a déjà mangé. Les restes de son repas précédent sont là, bien en évidence. Il s'agit d'un être humain et, plus précisément, d'une femme. Le fauve l'a à moitié dévorée. Les jambes ont presque entièrement disparu ; il ne reste que les tibias à nu. Le tronc laisse apparaître les côtes sanguinolentes. Dans la tête, l'animal a prélevé les joues, le nez et les lèvres ; mais la chevelure est intacte : une longue et belle chevelure dorée.

Wilhelm Gesell surmonte un haut-le-cœur et se met à courir dans l'allée centrale en appelant au secours. L'affaire de la femme dévorée de Berlin commence.

Le commissaire Hans Fischer, du quartier de Tiergarten, dont dépend le zoo, a beau être à deux ans de la retraite et avoir vu pas mal de choses affreuses pendant la guerre, il n'avait jamais contemplé un pareil spectacle. L'interrogatoire du témoin a lieu dans la ménagerie même. Le gardien est livide, mais s'il se voyait, le commissaire constaterait qu'il l'est tout autant.

– La porte d'entrée de la ménagerie était fermée à clé ?

– Oui.

– Et la cage du lion ?

– Elle s'ouvre par cette porte à droite des barreaux et elle était fermée.

Le commissaire Fischer se penche sur l'une et l'autre serrures. Aucune d'entre elles n'a été forcée.

– À part vous, qui a la clé ?

– Il y en a deux dans le local des gardiens, plus une que possède le directeur.

Le commissaire pose encore quelques questions au gardien et au reste du personnel, puis il rentre dans son bureau. La première chose est d'identifier la morte. C'est fait en moins d'une heure et la réponse donne une dimension plus sensationnelle encore à l'affaire : il s'agissait de Minna Schumann, jeune actrice de théâtre, qui commençait à être connue et qui était justement en train de jouer dans l'une des plus grandes salles de la ville. Le commissaire Hans Fischer a sous les yeux une coupure de presse datant de trois mois. L'article est accompagné d'une photo de la jeune femme. La vision de cet être rayonnant qui se croyait au début d'une brillante carrière a quelque chose de difficilement supportable quand on la rapproche de la… chose qui gisait au fond de la cage.

Le premier soin du commissaire Fischer est de se rendre au théâtre pour interroger dans sa loge Inge Staub, l'habilleuse de l'actrice. Il aurait pu la convoquer dans son bureau, mais il a préféré venir sur place, dans l'espoir de surprendre un détail, ou, tout simplement, parce qu'il est toujours utile de voir le cadre dans lequel ont vécu les victimes.

Inge Staub est une femme fluette d'une soixantaine d'années, aux cheveux presque blancs. Elle a l'air complètement bouleversé, ce qui n'a rien de surprenant, compte tenu des circonstances. Lorsqu'il lui pose sa question :

– Soupçonnez-vous quelqu'un en particulier ?

Le commissaire Fischer n'espérait pas une réponse affirmative, mais la cadériste hoche la tête.

– Oui. Je l'ai dit hier à mademoiselle : « Faites attention au comte. Ne sortez pas comme ça toute seule. » Mais mademoiselle n'avait peur de rien… La malheureuse ! Si elle m'avait écoutée…

Le commissaire laisse passer une crise de larmes. Il demande enfin :

– Quel comte ?

– Helmut von Kruger, l'industriel…

Le commissaire Hans Fischer a entendu parler d'Helmut von Kruger, une des plus importantes fortunes de Berlin ; il s'occupe notamment de banque et d'assurances.

– Il connaissait Minna Schumann ?

– Ils avaient une liaison. Il y avait plus d'un an que ça durait.

– Et alors ?

– Ils avaient rompu hier. Ils ont eu une dispute terrible. M. le comte l'a poursuivie jusque dans sa loge et il l'a menacée de mort. J'étais là. C'était affreux !

Le bureau du comte von Kruger, au siège de la banque qu'il dirige, est aussi imposant qu'on peut l'imaginer pour un tel personnage. Helmut von Kruger lui-même a la trentaine, mais cet âge relativement jeune ne l'empêche pas d'avoir toutes les marques d'une forte personnalité. On sent l'homme habitué à commander et qui doit très difficilement supporter qu'on lui résiste, qu'il s'agisse de ses subordonnés ou de ses conquêtes féminines.

– Vous avez fait vite, monsieur le commissaire. Je suppose qu'on vous a déjà parlé de ma rupture avec Minna.

– C'est exact. Vous la niez ?

– Absolument pas. Nous nous sommes disputés hier et nous avons rompu dans les termes les plus excessifs. Je reconnais même que j'ai prononcé des menaces de mort contre Minna. Je dois vous dire en outre que, sous le coup de l'émotion, j'ai passé seul la soirée d'hier. Je me suis enivré…

– C'est fâcheux !

– Enfin, commissaire, pensez-vous qu'un homme de ma situation aurait commis une… abomination pareille ?

Le commissaire Fischer décide de jouer franc-jeu avec son interlocuteur.

– Je le crois d'autant moins que ce crime ressemble à tout sauf à une vengeance tout de suite après une rupture. Il a été au contraire soigneusement prémédité. Il a fallu repérer les lieux, se procurer des doubles des clés, tout cela à une époque où Mlle Schumann et vous aviez les meilleures relations… Non, quand je disais : « C'est fâcheux ! » J'entendais par là que, bien qu'innocent, vous allez forcément devenir suspect et que la presse va s'emparer de l'affaire.

Helmut von Kruger, malgré son visible chagrin, a un léger sourire :

– Je vous remercie de ces paroles, monsieur le commissaire. Mais à la réflexion, il me vient une idée : je pense que l'assassinat de Minna et notre rupture ne sont pas une coïncidence.

– Comment cela ?

– Eh bien, nous nous sommes disputés en public. Notamment, après la représentation, dans le couloir qui mène à sa loge. C'est là que je l'ai menacée de mort. Or, comme tous les soirs, il y avait pas mal de monde : des admirateurs, des quémandeurs d'autographe. Supposez que le meurtrier ait été parmi eux, et qu'en m'entendant, il se soit dit que c'était le moment ou jamais de passer à l'action.

– C'est une piste à considérer… Me permettez-vous de téléphoner ?

Le banquier passe au policier un récepteur ultra-moderne avec lequel il compose le numéro que lui a laissé Inge Staub. La cameriste décroche immédiatement.

– Madame Staub ! J'aimerais que vous me parliez des admirateurs de votre patronne. Les amoureux éconduits, principalement, même s'il s'agit d'une histoire ancienne.

À l'autre bout du fil, Inge Staub réfléchit quelques instants et puis elle pousse un cri.

– Mon Dieu ! Le singe !

– Qu'est-ce que vous dites ?

– « Le singe » : c'était ainsi que nous l'appelions, Minna et moi, à cause de son physique. C'était un jeune homme très laid, qui avait vraiment l'air d'un singe. Il était tombé amoureux de Minna et il lui faisait la cour jusque dans sa loge. Minna l'a laissé faire quelque temps car il l'amusait... Il faut dire qu'il était très intelligent. Il lui écrivait des poèmes, il était spirituel. Mais à la fin, elle en a eu assez : il était vraiment trop laid. Elle lui a fait comprendre qu'elle ne voulait plus le voir. Il s'est fâché. Alors, elle l'a injurié. Elle lui a dit...

La camériste se tait, comme terrorisée. Elle est prise de sanglots nerveux.

– Qu'est-ce qu'elle lui a dit, madame Staub ?

– Elle lui a dit : « Avec la tête de singe que vous avez, votre place n'est pas ici, mais dans un zoo ! »

C'est au tour du commissaire de garder le silence. Il vient de comprendre la cause de ce crime abominable. Il finit par demander :

– Et après, il est revenu ?

– Oui, mais il n'a plus approché Minna. Il s'est contenté de rester à distance, dans les couloirs...

Le commissaire Fischer raccroche. Maintenant, il ne lui reste plus qu'à retrouver l'homme à la tête de singe, ce qui, compte tenu de son physique particulier, ne doit pas lui poser trop de difficultés.

Effectivement, le 8 juin, Thomas Dietrich, étudiant en philosophie à l'université de Berlin, est arrêté à Francfort, où il se cachait. Et le 9, reconduit dans sa ville d'origine, il se trouve, menottes aux poignets, dans le bureau du commissaire.

Thomas Dietrich est plus que laid ; il n'est pas loin d'être monstrueux. Ses cheveux plantés irrégulièrement, sa peau rugueuse, ses oreilles énormes et décollées lui donnent effectivement l'air d'un singe. Mais, passée cette première impression, on ne peut s'empêcher de lui trouver quelque chose d'intéressant, voire d'attachant. Ses yeux expriment une vive intelligence, et plus que cela même. Une sorte de flamme. On dirait que son être tout entier s'est concentré dans son regard.

– Comment cela s'est-il passé, monsieur Dietrich ?

Malgré l'horreur du crime, le commissaire Fischer parle calmement, presque courtoisement, à l'assassin. C'est qu'il se rend compte que, dans toute cette affaire, les schémas ordinaires ne s'appliquent pas. Sans doute, d'ailleurs, Thomas Dietrich relève-t-il plus de la psychiatrie que de la police. Le jeune homme parle d'une voix distinguée mais quelque peu maniérée.

– Si vous me demandez comment, cela veut dire que vous savez pourquoi.

– Je sais pourquoi…

– Le singe a fait ce que lui avait conseillé la belle dame : il est allé au zoo. Il est allé trouver ses amis les lions…

– Comment vous y êtes-vous pris ?

– Toujours des « comment » ! C'est vrai que c'est un mot de policier, ça : « comment »… Je suis donc allé au zoo. On ne s'imagine pas comme c'est simple d'entrer dans un zoo. Pour entrer dans la ménagerie, puis pour ouvrir une cage, ce n'est pas compliqué non plus : il suffit de venir la nuit, de faire une empreinte des serrures et voilà. Maintenant que vous savez comment, voulez-vous que je vous dise la suite ?…

Le commissaire Fischer regarde avec une sorte de fascination ce visage où se mêlent la laideur et l'intelligence, la bestialité et la passion avec, comme dernière et visible composante, la folie. Il répond lentement :

– Oui. Je veux la suite.

– Comme vous avez dû le comprendre, j'ai profité de la rupture publique de cet imbécile de von Kruger pour passer à l'action. J'étais dans le couloir lorsqu'ils se sont disputés. À cause de la violence de la scène, tout le monde est parti. Ce n'était pas le jour pour les compliments ou les autographes. Je me suis retrouvé seul. Minna est sortie au bout d'une demi-heure. Dans l'état où elle se trouvait, elle ne s'est même pas aperçue que je la suivais. Ma voiture était garée juste devant le théâtre. C'est au moment où elle passait devant que je l'ai assommée d'un coup de matraque.

– Vous aviez une matraque sur vous ?

– Toujours, depuis que j'avais décidé ma vengeance. Je savais que l'occasion pouvait se produire à tout moment. J'ai donc été au zoo, comme elle me l'avait conseillé, mais pas tout seul, avec elle, pour elle. Personne ne nous a vus. Nous sommes arrivés sans problème à la ménagerie. J'ai ouvert la porte et là, j'ai attendu…

– Quoi ?

Les yeux de Thomas Dietrich se mettent à briller d'une manière inimaginable. Il est maintenant tout à fait évident pour le commissaire qu'il est fou.

– Qu'elle reprenne conscience… Vous comprenez, je ne voulais pas seulement la tuer. Je voulais qu'elle se rende compte, qu'elle hurle de terreur et de douleur quand elle sentirait les griffes et les crocs commencer à la déchirer ! C'est exactement ce qui s'est passé. Cela a même été mieux que prévu. Le lion, quand je l'ai jetée dans la cage, à l'instant précis où elle se réveillait, a été surpris. Pendant cinq bonnes minutes, il a tourné autour d'elle en la reniflant. Elle criait, elle suppliait ! Vous n'avez pas idée ! Ensuite, il lui a donné un premier coup de patte. Mais il ne l'a pas tuée tout de suite. Il s'est encore amusé avec elle longtemps avant de l'égorger d'un seul coup de dents.

– C'est inhumain !

– Bien sûr que c'est inhumain ! Ce n'est pas une idée d'homme, c'est une idée de singe ! Ce n'est pas un crime d'homme, c'est un crime de singe ! Je ne suis pas un homme, monsieur le commissaire, je suis un singe ! Un singe !

Les médecins ont, d'une certaine manière, été du même avis. Ils ont jugé qu'il n'était pas un homme normal du point de vue pénal. Ils l'ont déclaré irresponsable et l'ont envoyé à l'hôpital psychiatrique. Il y a trouvé la mort deux ans plus tard, en se pendant avec ses draps aux barreaux de sa chambre-prison… Comme sa victime, Thomas Dietrich était mort en cage.

Un mort assassin

Il y a foule dans le cimetière de Kitburg, un village suisse non loin de Zurich, ce 25 octobre 1970. Les amis de Friedrich Haffen, enlevé prématurément par une crise cardiaque à l'âge de quarante-trois ans, sont venus lui rendre un dernier adieu. Oui, les amis de Friedrich Haffen, car le disparu n'avait pas de famille. C'est même un des traits les plus remarquables de son existence : cet enfant de l'Assistance publique était parvenu à une situation exceptionnelle : il avait fondé à Zurich une agence de publicité qui était devenue rapidement l'une des plus importantes du pays.

Les villageois de Kitburg sont tous là, bourgmestre en tête. Ils doivent le regretter sincèrement, Friedrich Haffen, qui y possédait sa maison de campagne, était le bienfaiteur, le mécène de la commune.

Au premier rang du cortège, une jeune femme blonde, la tête dissimulée sous un voile noir. Malgré la douleur, Hilda Brenner est restée ravissante. C'était la fiancée du disparu. Elle devait l'épouser à Noël. À ses côtés, un homme d'une trentaine d'années en costume gris sombre, Wilfrid Ganz, associé et homme de confiance de Friedrich Haffen, qui va avoir maintenant tout le poids de la société de publicité sur les épaules.

Derrière les énormes couronnes, la longue procession serpente dans le petit cimetière rural. À mesure que l'on s'éloigne des premiers rangs, l'atmosphère est moins recueillie. Il y a des conversations discrètes à voix basse sur des sujets qui n'ont rien à voir avec le triste événement.

Personne, en tout cas, ne fait attention à un homme qui se tient immobile, deux allées plus loin. Il est vêtu d'un pardessus sombre, d'un grand foulard qui lui cache le bas du visage ; son chapeau est rabattu sur ses yeux. Il regarde avec fixité la tête du cortège, derrière le cercueil. Et si l'on pouvait connaître ses pensées, on serait pour le moins surpris.

« Hilda n'a pas l'air très émue, pense l'homme. Elle marche comme si elle faisait une promenade de santé. Je ne dis pas qu'elle devrait défaillir, mais tout de même, elle aurait pu trébucher, s'arrêter au moins une fois ! Et Wilfrid, qui s'est placé à côté d'elle. Ils ont vraiment tout d'un couple. C'est vrai qu'ils ont le même âge, tandis que moi… »

Quelques gouttes commencent à tomber. L'homme continue son observation et ses commentaires intérieurs.

« Elle vient d'ouvrir son parapluie. Elle ne risquerait pas un rhume pour assister à mon enterrement ! Et lui, le voilà qui essuie son veston. C'est vraiment cela qui compte pour monsieur : ne pas abîmer son veston ! Et, bien sûr, il va s'abriter sous le parapluie d'Hilda. Il est minuscule en plus, ce parapluie ! Et vas-y que je me serre, et vas-y que je te prends le bras ! C'est indécent ! »

L'homme au foulard et au chapeau sur les yeux fait brusquement demi-tour, laissant la cérémonie se poursuivre. Il n'est même pas triste. Il voulait savoir, eh bien, il sait à présent ! S'il a mis en scène sa propre mort et son propre enterrement, c'était dans ce but. Maintenant, il est plus décidé que jamais à aller jusqu'au bout.

C'est deux mois plus tôt, dans son luxueux bureau ultra-moderne à Zurich que Friedrich Haffen a reçu la première lettre anonyme, tapée à la machine, avec la mention « personnelle » sur l'enveloppe.

Ce petit ange d'Hilda est une jolie garce. Devinez donc pourquoi elle veut vous épouser ?

Sur le coup, Friedrich Haffen a haussé les épaules et a brûlé le billet. Mais le lendemain, il y a eu une seconde lettre toujours à son bureau et tapée avec la même machine.

Votre adjoint si dévoué, Wilfrid Ganz, est un vulgaire escroc. Jetez donc un coup d'œil sur la comptabilité.

Cette fois, le P-DG a été irrité. En d'autres temps, il aurait envoyé promener ces sornettes avec le haussement d'épaules qu'elles méritaient ; mais là, il n'a pu s'empêcher de se sentir touché et blessé. La fatigue, trop de travail accumulé, l'âge critique peut-être, peut-être aussi la perspective d'épouser Hilda, de quinze ans plus jeune que lui. Pour la première fois, Friedrich Haffen ne se sentait pas absolument sûr de lui.

La troisième lettre anonyme était plus directe et plus brève que les précédentes :

Hilda et Wilfrid couchent ensemble.

Friedrich Haffen était persuadé que ce n'était pas vrai et, pourtant, c'était plus fort que lui : il fallait qu'il sache. Pendant quinze jours, il les a suivis, épiés. Il n'a rien trouvé. Entre-temps, les lettres anonymes continuaient, avec leurs accusations ridicules. Un fou ? La vengeance d'un concurrent ou d'un employé licencié ?

C'est alors qu'est arrivée une nouvelle lettre anonyme ; une après tant d'autres, une qui n'a, d'ailleurs, pas été la dernière. Mais celle-là, Friedrich a reçu un choc en la lisant :

Si vous n'avez rien trouvé, c'est qu'ils se méfient tous les deux. Arrangez-vous pour disparaître et vous connaîtrez la vérité.

Immédiatement, il a appelé Wilfrid Ganz dans son bureau. Il l'a regardé d'un air étrange :

– Dis-moi, Wilfrid, qu'est-ce que tu ferais si je n'étais plus là ?

– Comment cela, « plus là » ?

– Eh bien, si je disparaissais.

– Tu ne te sens pas bien, Friedrich ? Je te trouve déprimé depuis quelque temps. Tu devrais prendre du repos, des vacances.

Friedrich n'a rien répliqué. Des vacances ? Bien entendu ! Wilfrid n'attendait que cela.

Avec Hilda, la scène n'a guère été différente :

– Chérie, qu'est-ce que tu penserais si je prenais du repos?

Hilda a eu l'air soulagé :

– Je suis heureuse de te voir raisonnable. Tu étais en train de te rendre malade à force de travailler. Quand pars-tu?

Friedrich Haffen s'est contenté de répondre :

– Bientôt.

Dans son esprit la décision était prise : il allait simuler sa propre mort. C'était la seule manière d'observer les agissements du couple et, s'ils étaient coupables, il les tuerait tous les deux.

Aussitôt, il est passé à l'action, il est allé trouver le bourgmestre de Kitburg. En raison des largesses qu'il avait eues pour la commune, il savait qu'il pouvait tout lui demander et que, s'il refusait, du moins, il ne le dénoncerait pas. Le bourgmestre a longtemps hésité avant d'accepter; il a tenté de le convaincre :

– Voyons, monsieur Haffen, soyez raisonnable! Si vous doutez d'eux, engagez un détective. Ce que vous voulez faire est un délit. Et vous me demandez d'être complice. Pour moi, c'est très grave.

Friedrich Haffen a mis fin aux scrupules du bourgmestre en tirant son carnet de chèques. Il a ainsi été décidé qu'il annoncerait à ses proches son intention de passer quelques jours dans sa propriété de Kitburg. Là, il serait victime d'un arrêt du cœur. Le bourgmestre se chargerait de tout. Lorsque Hilda et les autres arriveraient, le cercueil serait déjà fermé.

Voilà comment Friedrich Haffen a combiné sa propre mort et son propre enterrement. Maintenant, il va pouvoir passer à la seconde partie de son plan.

Friedrich a loué depuis quelque temps une chambre en face de son ancien appartement zurichois où habite toujours Hilda. C'est un poste d'observation idéal pour surveiller ses allées et venues. La première fois, lorsqu'il avait espionné sa fiancée, il n'avait rien découvert de suspect. Elle sortait pour faire des courses ou se rendre chez des amis. Est-ce que, maintenant qu'elle le croit mort et qu'elle n'a plus de raison de se cacher, elle va agir de même ?

27 octobre 1970. Il y a deux jours que Friedrich Haffen a été officiellement enterré. Armé de jumelles, il observe, depuis l'immeuble d'en face, son ancien appartement. Il est neuf heures du matin. Hilda sort. Elle n'a pas, comme la veille et l'avant-veille, ses vêtements de deuil. Elle est habillée d'une robe de lainage aux couleurs agressives. Elle se dirige vers le garage où elle a son box personnel. Friedrich Haffen court chercher dans la rue la voiture qu'il a louée. Il a juste le temps de s'y engouffrer et de démarrer sur les traces d'Hilda.

Une longue filature s'engage dans les rues de Zurich. Maintenant, elle quitte la ville. Elle entre dans les faubourgs. L'ancien P-DG sent une impression désagréable l'envahir. Jamais, lorsqu'il l'avait surveillée, sa fiancée ne s'était rendue par là. Hilda s'arrête devant un immeuble ancien. Elle y entre et disparaît.

Dans la rue, au volant de sa voiture, Friedrich Haffen fume nerveusement pour tromper son angoisse. Deux jours ! Elle n'a pas attendu plus de deux jours. Visiblement, elle n'est pas la maîtresse de Wilfrid, car son adjoint n'a certainement jamais mis les pieds dans ce quartier; c'est donc un autre, mais qu'est-ce que cela change? Hilda ne l'aimait pas. Elle voulait l'épouser pour son argent.

La jeune femme sort vers midi. Friedrich ne la suit pas. Pris d'un dernier espoir, il pénètre dans le hall de l'immeuble. Après tout, elle est peut-être allée trouver un dentiste, un médecin, un avocat. Mais non. Il n'y a pas la moindre plaque professionnelle, rien que les noms d'honnêtes bourgeois.

Et le lendemain, c'est la même chose. À un détail près cependant : Hilda s'arrête devant une luxueuse boutique de cadeaux et en ressort avec un paquet sous le bras. Ensuite, c'est l'attente qui commence toute la matinée.

Seulement, cette fois, Friedrich Haffen a son revolver dans la boîte à gants. Va-t-elle sortir seule ou avec lui? De toute manière, Friedrich a décidé de ne pas attendre davantage. Cette machination lui pèse trop. Cette vie de mort-vivant lui est devenue insupportable. Autant exécuter sa vengeance tout de suite. Si Hilda sort seule, eh bien, elle paiera pour les deux!

Il est midi. Friedrich Haffen enlève le cran de sûreté de son revolver. Il a un ricanement lugubre.

– *Un mort assassin*. Quel mauvais titre pour un roman policier!

Pendant le même temps, au troisième étage de l'immeuble, Hilda Brenner se penche pour embrasser un garçon de six ans :

– Sois bien sage avec Nounou, Gunter ! Bientôt, tu pourras habiter chez maman.

Une femme d'une cinquantaine d'années regarde la scène avec un air attendri :

– Je suis heureuse pour vous, mademoiselle Brenner. Au moins, vous aurez cette compensation dans votre malheur.

À l'évocation de la récente disparition de Friedrich, la jeune femme a un regard triste :

– Dire que nous allions nous marier à Noël ! J'aurais peut-être dû lui parler du petit. Je regrette à présent. Mais comment aurait-il réagi ? J'avais tellement peur qu'en l'apprenant il ne refuse de m'épouser.

La nourrice pousse un soupir :

– Cela lui aurait peut-être fait plaisir, au contraire. Il ne pouvait rien vous reprocher. À cette époque, il ne vous connaissait pas.

Hilda essuie une larme :

– Peut-être… Le pauvre, il n'est plus là pour le dire.

Et, après avoir embrassé la nourrice, Hilda Brenner prend congé.

Friedrich Haffen a un tressaillement. Derrière la glace dépolie de la porte d'entrée, il a aperçu la couleur vive de la robe d'Hilda. La porte s'ouvre. Elle est seule. Elle se dirige d'un pas lent vers sa voiture, formant une cible idéale. Elle se baisse pour ouvrir sa portière. C'est le moment ! Quand elle sera entrée dans sa voiture, il sera trop tard. Hilda Brenner s'installe au volant…

Friedrich regarde le canon de son arme. Ce n'est pas si facile de tuer un être humain. Enfin, pour lui en tout cas !

Il se sent tout à coup terriblement las. Que peut-il reprocher à Hilda ? Elle n'était même pas sa femme. Elle avait parfaitement le droit d'avoir un amant. Alors ? Le mieux est qu'ils soient heureux ensemble. Quant à lui, son sort est tout tracé. Officiellement, n'est-il pas déjà mort ? Il n'y a qu'un geste à faire pour qu'il le soit tout à fait.

Hilda Brenner, qui venait de démarrer, écrase brusquement le frein. Cette détonation derrière elle. Est-ce qu'un de ses pneus aurait éclaté ? Elle descend. Plusieurs personnes sont en train de courir vers une Volkswagen blanche, garée devant l'immeuble de la nourrice. Intriguée, elle s'approche à son tour et recule, épouvantée : une tête d'homme sanglante passe à travers la portière. Hilda croit devenir folle. Elle fend les badauds et se force à regarder le mort.

Devant les curieux surpris, elle balbutie :

– Ce n'est pas possible !

C'est quand elle aperçoit à la main de l'homme, crispée sur le revolver, la chevalière qu'elle avait offerte à Friedrich, qu'Hilda s'évanouit.

Un peu plus tard, le commissaire Schwartz se fait répéter, incrédule, la déposition qu'Hilda Brenner lui fait depuis son lit d'hôpital.

– Vous dites que Friedrich Haffen, qui a été enterré il y a trois jours, s'est suicidé aujourd'hui presque sous vos yeux ? C'est cela ?

La jeune femme a de la peine à parler :

– Oui. C'est affreux ! Mais je vous supplie de me croire : c'est lui.

Le commissaire Schwartz garde un instant le silence.

– Mais, dans ce cas, qui a été enterré ?

C'est le bourgmestre de Kitburg qui a répondu à la question et la réponse était : personne ! Il a immédiatement été trouver la police en apprenant le suicide. Avec la complicité d'un médecin de ses amis, qui avait établi un faux certificat de décès, il s'était chargé des formalités administratives. Quant au cercueil, il ne contenait que des sacs de sable. Et c'est bien ce que la police y trouva lorsqu'elle l'ouvrit.

Le 1er novembre 1970, une semaine après le premier, a eu lieu le second enterrement de Friedrich Haffen dans le petit cimetière du village de Kitburg. Les gens étaient les mêmes que lors de la première cérémonie. Mais, cette fois, ils étaient comme frappés de stupeur.

En tête, Hilda, au bras de Wilfrid, avançait dans un état second. À plusieurs reprises, elle s'était trouvée mal et il fallait presque la porter. Mais il n'y avait plus d'inconnu, foulard autour du cou et chapeau sur les yeux, pour voir sa douleur.

Pour la seconde fois en une semaine, le cercueil a été descendu sous la pierre où était gravé : *Friedrich Haffen 1927-1970*. Il n'avait pas été nécessaire de changer les dates.

L'amant-gibier

– Lieutenant, il y a une dame qui veut vous voir à propos de l'écrasé du bois de Lakewood.

Le lieutenant de police Brian Humber, qui vient de prendre son service, ce 2 juin 1976, dans son bureau de Nashville, Tennessee, lève un sourcil interrogateur en direction de l'agent Taylor.

– Un témoin ?

– Ça, je ne sais pas, lieutenant. La dame m'a seulement dit…

– Eh bien, faites patienter.

L'agent Taylor a l'air embarrassé. Il considère le lieutenant sans se décider à ouvrir la bouche. Il a toujours été intimidé par son supérieur, et non sans raison. Le lieutenant Brian Humber n'a pas encore la trentaine et, avec ses cheveux blonds bouclés, il a gardé quelque chose d'un peu enfantin. Mais ce n'est qu'une apparence : il possède une forte autorité qui, par moments, n'est pas exempte de dureté. Le lieutenant Humber, qui s'est replongé dans ses dossiers, redresse vivement la tête.

– Qu'est-ce que vous faites, Taylor ? Vous êtes sourd ou quoi ?

L'agent Taylor s'éclaircit la gorge.

– C'est que, lieutenant... La dame en question est Mme Serena Hamilton.

– Hamilton ? Vous ne voulez pas dire Hamilton des supermarchés Hamilton ?

– Si, justement ! Elle m'a précisé : « Dites bien à votre chef que je suis Mme Hamilton des supermarchés Hamilton... »

Le lieutenant Humber se met à rugir.

– Et vous ne me le disiez pas tout de suite, espèce d'imbécile ! Vous laissez poireauter une Mme Hamilton comme une vulgaire Mme Smith ! Allez la chercher tout de suite !

Tandis que l'agent s'exécute, Brian Humber se remémore rapidement l'affaire du bois de Lakewood. Le drame s'est produit il y a dix jours, le 23 mai, un dimanche, dans le bois qui sert de promenade aux habitants de Nashville. La victime, Gilbert Price, un médecin de trente-cinq ans, faisait son jogging en survêtement. C'est alors qu'une Pontiac noire a surgi à vive allure. Le conducteur ayant perdu, pour une raison inconnue, le contrôle de son véhicule, a fauché le malheureux et a disparu. L'unique témoignage dont on dispose jusqu'à présent, celui d'un automobiliste, est malheureusement très vague. Les recherches pour découvrir une Pontiac noire accidentée dans l'état du Tennessee et le reste des États-Unis n'ont, pour l'instant, rien donné.

Le jeune lieutenant se lève avec empressement à l'arrivée de Mme Hamilton.

– Il ne fallait pas vous déplacer, chère madame. Il vous suffisait de m'appeler : je me serais rendu à votre domicile.

Serena Hamilton ne répond pas tout de suite. Elle s'assied dans un fauteuil sans y avoir été invitée et croise les jambes. Le lieutenant Humber ne l'avait vue, jusqu'à présent, qu'en photographie dans les échos de la presse locale, mais l'original est beaucoup mieux que la reproduction. Serena Hamilton est ce qu'il est convenu d'appeler une créature superbe : blonde aux yeux bleus, plutôt grande. Toujours par les journaux, le lieutenant connaît quelques bribes de sa biographie : elle était mannequin de mode lorsque Greg Hamilton l'a épousée. Ce devait être sa troisième ou quatrième femme. Mais depuis, malgré leur différence d'âge – il doit avoir soixante ans et elle n'en a pas encore trente –, c'est un des couples les plus en vue de Nashville.

– Vous voulez me parler de cet accident du bois de Lakewood, madame Hamilton ?

Serena Hamilton envoie au policier un regard aigu.

– Ce n'est pas un accident, lieutenant, c'est un meurtre !

Brian Humber sursaute.

– Un meurtre ! Vous en êtes sûre ? Vous l'avez vu ?

– Je n'ai rien vu du tout, mais je connais le meurtrier.

– Et... qui est-ce ?

– Mon mari ! Vous comprenez maintenant pourquoi j'ai préféré venir vous voir. Ici, il n'y a pas de danger qu'il puisse nous entendre.

Devant les yeux du lieutenant Humber, le décor se met à danser quelque peu. Voyons... Greg Hamilton doit peser cinquante millions de dollars ou quelque chose comme cela. Et son épouse légitime, Serena Hamilton est en train de l'accuser de meurtre ! Le lieutenant essaie de revenir à une vision plus raisonnable des choses, mais il a le désagréable pressentiment qu'elles vont au contraire s'aggraver.

– Enfin, madame, pourquoi votre mari aurait-il assassiné ce paisible médecin qui faisait son jogging dominical ?

La réponse est immédiate, prononcée sur un ton tranchant :

– Parce que le docteur Gilbert Price était mon amant !

Le lieutenant Brian Humber considère sa visiteuse d'un air effaré. Jusqu'à ce jour, il était sûr de réussir dans la police. Ses collègues et même ses supérieurs lui prédisaient un brillant avenir, et voilà qu'il hérite d'une affaire qui briserait la carrière du policier le plus chevronné ! Mais soudain, son visage s'éclaire. Il vient d'avoir une idée, ou plutôt une vision.

– Attendez ! L'accident... enfin, les faits, se sont produits le dimanche 23 mai. Or, je suis sûr d'avoir vu le lendemain une photo de votre mari dans le journal : le dimanche, il était à Atlanta. Il donnait une réception pour l'inauguration d'un supermarché. Il ne pouvait être au même moment à Nashville à cent cinquante miles de là. Je suis désolé, mais vous faites erreur, madame Hamilton.

Serena Hamilton a un sourire de commisération.

– C'est justement une preuve supplémentaire, lieutenant ! Bien sûr que Greg était à Atlanta au moment du meurtre. Il a même convoqué le ban et l'arrière-ban des journalistes pour se montrer sur toutes les coutures, chose qu'il n'avait jamais faite pour une inauguration. Pauvre Greg ! C'est son côté homme d'affaires organisé : il commet un meurtre, donc il lui faut un alibi. Et comme toujours, il voit grand. Quand on est Greg Hamilton, on ne fait pas les choses à moitié !

Le lieutenant Brian Humber regarde la femme superbe qui est en face de lui et qui est malheureusement la messagère des pires soucis. L'espoir qu'il avait eu un instant plus tôt se dissipe à mesure qu'elle continue de parler.

– Enfin, lieutenant ! Est-ce que vous voyez sérieusement Greg Hamilton commettant lui-même un meurtre ? C'est aussi ridicule que de l'imaginer installé derrière un tiroir-caisse, rendant la monnaie aux clients ! Quand Greg veut quelque chose, il paie, tout simplement : le conducteur de la Pontiac noire était un professionnel, un tueur à gages, si vous préférez.

Le lieutenant Humber pousse un soupir. Il n'y a plus moyen d'empêcher l'inévitable.

– Je vois... Je vais faire une enquête.

Mme Hamilton remercie d'un signe de tête, se lève vivement et disparaît.

Après son départ, Brian Humber commence son enquête. Elle est discrète et même confidentielle. Quelques vagues coups de fil donnés ici ou là, quelques avis de recherche sans citer de nom et sans parler de meurtre ; c'est à peu près tout. Le mois de juin tout entier s'écoule à ce semblant d'investigation, sans apporter, évidemment, quelque résultat que ce soit.

Le lieutenant est satisfait. Il a évité le traquenard. Bien sûr, c'était peut-être un meurtre ; c'était même sans doute un meurtre, mais des crimes impunis, il y en a des centaines par an aux États-Unis. Et puis, ce n'est pas la première fois ni la dernière qu'un policier ferme les yeux en face d'une affaire un peu trop… délicate.

Pourtant, contrairement à ce qu'il pense, il n'est pas au bout de ses soucis. Il a oublié un peu vite un des éléments du problème : Serena Hamilton… Serena Hamilton qui vient se rappeler à son souvenir un mois après sa première visite, le 1er juillet.

Elle fait irruption dans son bureau sans s'être annoncée, semblable à elle-même, c'est-à-dire superbe et tranchante.

– Alors, lieutenant, où en êtes-vous ?

Le lieutenant Humber se compose une contenance.

– Au point mort, malheureusement.

– Vous voulez dire que vous n'avez aucune piste ?

– Le cas est difficile. Il y a très peu d'éléments. Dans ces conditions…

Serena Hamilton se met à s'agiter.

– « Très peu d'éléments » ! Qu'est-ce que cela veut dire : « Très peu d'éléments » ? C'est très précis au contraire : un tueur, cela se retrouve. Ils sont fichés, ces gens-là. Ils appartiennent à la Maffia ou à quelque chose ; il y a des listes, à la police locale, au FBI.

– Nous les avons consultées...

Mme Hamilton s'anime de plus en plus.

– C'est faux ! Je suis sûre que vous n'avez rien fait ! Et vous n'avez rien fait parce que vous avez peur.

Le policier essaie de placer un mot, mais Mme Hamilton ne lui en laisse pas le temps.

– Vous avez peur de Greg, bien sûr ! Il fait peur à tout le monde. Vous êtes comme tous les autres, vous ne valez pas mieux que les autres ! Mais rassurez-vous : j'avais prévu le cas. Puisque vous n'avez pas voulu agir de vous-même, vous allez le faire contraint et forcé.

Malgré la personnalité de sa visiteuse, le lieutenant Humber a une réaction de colère. Personne n'a le droit de lui parler sur ce ton, pas même une Mme Hamilton !

– Qu'est-ce que cela signifie ? Ce sont des menaces ?

Comme lors de sa première visite, Serena Hamilton a une moue de commisération. Pauvre lieutenant Humber ! S'il imaginait un chantage aux relations ou quelque chose de ce genre, il va tomber de haut.

– J'ai un moyen imparable pour que vous enquêtiez sur mon mari, lieutenant... Greg est d'une jalousie féroce, maladive, et c'est bien lui qui a tué Gilbert Price, mon amant. Pour vous le prouver, je vais en prendre un second !

– Qu'est-ce que vous dites ?

– Vous avez parfaitement entendu : je vais prendre un second amant. Si mon mari le tue lui aussi, vous serez obligé d'admettre qu'il est l'auteur, non seulement de ce meurtre, mais également du précédent. D'accord ?

– Mais c'est... fou !

– Non, c'est logique et c'est la seule solution qui me reste. J'aimais profondément Gilbert et Greg doit payer son assassinat... Voilà, lieutenant : mon futur amant s'appelle Eroll Moore. C'est notre décorateur, un charmant garçon. Cela fait des années qu'il me tourne autour et je l'ai toujours envoyé promener. Il suffira que je dise « oui » pour que cela se fasse. Ensuite, je n'aurai qu'à laisser traîner une preuve de notre liaison à l'attention de Greg. Je compte le faire... voyons... à la mi-juillet. Oui, c'est cela... Eroll Moore sera en danger de mort dans quinze jours.

– Mais vous n'avez pas le droit !

– Pas le droit de quoi ? De prendre un amant ? C'est contraire à la morale, je vous l'accorde, mais pas à la loi. Je vous ai tout dit, lieutenant. Le gentil décorateur servira d'appât. Faites-le surveiller et vous prendrez le tueur la main dans le sac. Sinon, vous aurez sa mort sur la conscience et je raconterai tout aux journalistes.

Et Serena Hamilton disparaît une nouvelle fois sans dire au revoir.

4 août 1976 : cela fait un peu plus de quinze jours qu'Eroll Moore, sur lequel Serena a jeté son dévolu, est, sans le savoir, en danger de mort. Bien entendu, le lieutenant Humber n'a pas eu d'autre solution que de le protéger de loin. Au bout d'un peu plus de deux semaines de surveillance, il connaît à peu près tout de la vie, assez régulière, d'Eroll Moore. Étant décorateur, il se rend à domicile chez ses clients et y passe ses journées. Il y va en voiture.

D'une manière générale, il semble assez difficile de le tuer en imitant un accident, sauf à un moment : tous les dimanches, il va seul à la pêche. Et pas n'importe où : au bord du lac Kentucky, à une cinquantaine de kilomètres de Nashville. L'endroit où il pose ses cannes doit être particulièrement poissonneux, car il n'en change pas. Il s'agit d'un promontoire rocheux qui domine le lac de plusieurs mètres. En-dessous, il y a d'autres rochers assez acérés. Lorsque Eroll Moore est absorbé dans sa pêche, il suffirait d'une légère poussée pour qu'il soit tué sur le coup…

Il fait beau, ce 4 août 1976. Il n'est encore que six heures du matin, mais la journée s'annonce splendide. Arrêté dans un bosquet à bord de sa voiture banalisée, le lieutenant Humber observe de loin le pêcheur. Il a le dos tourné et fixe sa canne, immobile. À cette heure matinale, les lieux sont déserts. Si Mme Hamilton n'est pas une mythomane et si le tueur existe bien, c'est maintenant qu'il devrait agir.

Derrière lui, le lieutenant Humber perçoit un bruit discret. Une voiture s'arrête un peu plus loin sur la route et, chose étonnante, on n'entend pas de moteur : le conducteur a dû couper le contact. Le lieutenant se retourne : un homme de corpulence assez forte est en train de sortir d'une Pontiac noire.

La suite n'est que de la routine. Il suffit de suivre l'homme et de l'arrêter au dernier moment. L'individu, un certain Bugs Chapman, recherché pour assassinat, ne fait aucune difficulté pour passer aux aveux. Il reconnaît que c'est lui qui a assassiné Gilbert Price tandis qu'il faisait son jogging un dimanche de mai. Pour cela, M. Hamilton lui avait versé dix mille dollars, de même qu'il a touché dix mille autres dollars pour le meurtre d'Eroll Moore.

L'arrestation de Greg Hamilton a eu lieu une heure plus tard. Elle a été un peu plus mouvementée, en raison de la personnalité de l'accusé. Greg Hamilton a tenté de le prendre de haut. Mais Brian Humber l'a vite remis à sa place.

– L'intimidation, avec moi, cela ne marche pas, monsieur Hamilton ! Jamais je ne me suis laissé impressionner par la personnalité d'un assassin. Pour moi, clochards ou milliardaires, ils ne sont rien d'autre que des assassins !

Serena Hamilton, qui était présente, a regardé le policier avec un rien d'ironie, mais n'a fait aucun commentaire.

La marchande de frivolités

Martin Vallet, vingt-huit ans, redingote impeccable, petite moustache finement relevée, entre avec sa clé dans le magasin Noémie, rue du Faubourg-Saint-Honoré. En cette année 1903, Noémie est une des boutiques de frivolités les plus en vogue à Paris. Les dames de la bonne société s'y bousculent pour trouver les froufrous à la dernière mode.

Il est neuf heures du matin ce 11 septembre. Martin Vallet, premier vendeur de la maison Noémie, est quelque peu surpris. C'est bien la première fois que le magasin est fermé. D'habitude, Noémie Delaunay, la patronne, est déjà là. Joseph Dumas, le patron, enfin celui qui vit avec madame, lui, il n'est jamais là avant dix heures et demie.

Neuf heures et demie et toujours personne. Cette fois, le premier vendeur de chez Noémie est franchement inquiet. Il décide de faire une chose qu'il n'a jamais osée. Il ferme le magasin, sort dans la rue, traverse le porche attenant à la boutique et va sonner au luxueux appartement du premier étage qu'habitent Mme Noémie et M. Joseph. Mais il a beau tirer frénétiquement le cordon, la sonnette s'agite en vain derrière la porte.

Martin Vallet pressent quelque chose de grave. Il court trouver le concierge et le convainc d'entrer avec son passe-partout. Peu après, les deux hommes parcourent les pièces somptueusement meublées. Devant la porte de la chambre à coucher, Martin Vallet marque une hésitation. Mais, après avoir frappé sans réponse, il entre.

Ce qu'il aperçoit d'abord, malgré les rideaux tirés, c'est le désordre effrayant qui règne dans la pièce. Il va à la fenêtre pour faire le jour et pousse un cri. Son patron et sa patronne baignent dans leur sang. Joseph Dumas gît, à moitié hors du lit, la poitrine dans le vide. Il porte une horrible blessure au cou. Ses yeux ouverts expriment quelque chose comme de la surprise. Martin Vallet regarde avec stupeur ce beau garçon de vingt-huit ans à la carrure athlétique. Comment a-t-il pu se laisser égorger ainsi ?

Un léger soupir l'arrache de cette contemplation. Il se précipite de l'autre côté du lit... Noémie Delaunay est couverte de sang dans son déshabillé à rubans et dentelles. Elle est inconsciente, mais elle respire faiblement. Malgré le tragique de la scène, on ne peut qu'être frappé par la beauté peu commune de cette femme. C'est une créature superbe, d'un gabarit exceptionnel pour une femme. Elle est grande et forte, mais son visage très régulier et son opulente chevelure blonde lui gardent toute sa féminité.

D'un même mouvement, Martin Vallet et le concierge retraversent l'appartement et dégringolent l'escalier. L'un va prévenir le médecin, l'autre la police...

Le commissaire François Guesnot, qui est peu après sur les lieux, porte la même petite moustache à la mode que le premier vendeur de la maison Noémie. Il est d'une élégance raffinée, un peu trop même pour ses cinquante-cinq ans. Il est visible qu'il consacre chaque jour de longs moments à sa toilette. Mais après tout, cela est peut-être nécessaire lorsqu'on est le responsable d'un quartier chic comme le faubourg Saint-Honoré et qu'on est amené à fréquenter le beau monde.

Aussi le commissaire François Guesnot n'est-il nullement impressionné par le cadre majestueux du salon Louis XVI de Noémie Delaunay. Il s'assied sans façon sur une bergère et désigne un fauteuil à Martin Vallet qui tortille nerveusement son mouchoir.

– Je peux vous demander ce qu'a dit le médecin, monsieur le commissaire ?

– L'homme est mort. La femme survivra.

Le commissaire attend beaucoup de l'interrogatoire du jeune homme. Car les premières constatations qu'il a faites sont troublantes. Il n'y a pas eu d'effraction. Un tiroir du bureau de Noémie Delaunay a été ouvert et vidé, de même que son coffre à bijoux, dans la chambre. Rien d'autre n'a été touché dans l'appartement. De plus, il se souvient vaguement d'une histoire pas très claire à propos de Noémie Delaunay et il compte sur le premier vendeur pour lui rafraîchir la mémoire.

– Parlez-moi du passé de votre patronne.

Martin Vallet a parfaitement saisi.

– Vous voulez dire son premier mari, M. Armand...

Armand Delaunay : maintenant le commissaire Guesnot se souvient. C'était il y a cinq ans environ. Le mari de Noémie avait disparu, paraît-il, en emportant les bijoux de sa femme. Des bruits avaient couru pendant quelque temps à ce sujet. Il y avait eu une enquête discrète dont le commissaire Guesnot ne s'était pas personnellement occupé, et l'affaire avait été classée.

– Qu'est-ce qu'on a pensé, au magasin, quand Armand Delaunay est parti ?

Martin Vallet semble hésiter un instant. Après avoir baissé les yeux, il regarde le commissaire.

– Autant vous dire la vérité. Cela n'allait pas bien entre M. Armand et Mme Noémie. Ils se disputaient souvent, même en présence du personnel. À plusieurs reprises, elle a menacé de le tuer. Mme Noémie est une femme très virulente. Il faut dire que M. Armand s'intéressait beaucoup à… la clientèle. Et Mme Noémie de son côté, avec Joseph Dumas, qui était alors premier vendeur… Enfin, vous me comprenez.

– Bref, vous accusiez tous Noémie Delaunay d'avoir tué son mari avec la complicité de Joseph Dumas ?

Martin Vallet hésite encore avant de répondre en fin de compte :

– Oui.

– Est-ce que, depuis son « départ », Armand Delaunay a donné de ses nouvelles ?

– Jamais.

– Mme Delaunay n'était pas surprise ?

– Non. Elle disait qu'il était parti faire fortune en Amérique avec l'argent qu'il lui avait volé.

– Parlez-moi d'elle et de ce Joseph Dumas. Ils avaient une grande différence d'âge.

Martin Vallet a malgré lui une pointe d'amertume dans la voix.

– Dix-sept ans. Nous avions le même âge, Joseph et moi. Oh ! Cela n'a pas traîné. Un mois après, il s'installait dans l'appartement.

Le commissaire Guesnot écoute manifestement avec le plus grand intérêt.

– Je vois. Et, entre eux, cela allait comment ?

– Au début, très bien. Mettez-vous à la place de Joseph : l'argent, l'oisiveté... D'autant que Mme Noémie est plutôt attirante. Seulement, il y a quelque temps, tout comme M. Armand, il a commencé à s'intéresser aux clientes.

– Et ils se sont disputés ?

– Oui.

– Et elle a menacé de le tuer ?

– Oui.

Le commissaire Guesnot se lève.

– Je vous remercie, monsieur.

Une semaine plus tard, le commissaire est au chevet de Noémie Delaunay dans la chambre de l'Hôtel-Dieu où elle a été transportée. La blessée est encore très pâle, mais on sent que la vie a repris le dessus. Le commissaire remarque sa stature imposante. Cette femme doit être d'une force physique exceptionnelle et tout à fait capable de tuer un homme d'un coup de couteau. Mais il n'a pas le temps de poser de questions, elle se met à parler d'une voix précipitée.

– J'ai tout vu ! C'est mon mari !

Le commissaire Guesnot est tellement surpris qu'il a une question absurde :

– Quel mari ?

– Je n'en ai qu'un : Armand. Je vous dis que je l'ai vu !

Le commissaire a repris ses esprits. Il lisse sa moustache avec un air sceptique.

– Ainsi donc, ce serait un crime passionnel ?

Noémie agite les mains nerveusement.

– Mais non. Pas du tout ! Il venait pour voler. Il était en train d'ouvrir mon coffre à bijoux quand Joseph s'est réveillé. Armand s'est jeté sur lui avec un couteau. Alors j'ai crié. Il a bondi sur moi. Il m'a frappée... C'est horrible !

François Guesnot a l'air de plus en plus sceptique.

– J'avais cru comprendre que, d'après vous, votre mari était en Amérique.

Malgré sa blessure, Noémie Delaunay retrouve sa vivacité :

– Eh bien, il est rentré, voilà tout !

– Uniquement pour vous voler ?

– Oui. Je suppose qu'il s'était ruiné. Et comme il avait gardé la clé et que je n'avais pas changé la serrure...

Le commissaire Guesnot garde le silence.

– Mais enfin, vous ne me croyez pas ?

– Non, madame, je ne vous crois pas. Mais je dois dire que je vous admire. J'ai rarement entendu une histoire aussi ingénieuse : elle vous innocente en même temps des deux crimes que vous avez commis.

Noémie Delaunay a un cri d'indignation.

– Mais c'est monstrueux !

Le commissaire reste très calme :

– Je vais vous dire ce qui s'est passé, madame. Il y a cinq ans, vous avez tué votre mari, avec la complicité de Joseph Dumas. Il y a une semaine, vous avez décidé la mort de votre amant qui vous trompait. Vous l'égorgez pendant son sommeil et vous vous frappez ensuite avec suffisamment de gravité pour qu'on puisse croire à une agression. C'est un geste dont peu de femmes seraient capables, mais vous n'êtes pas n'importe quelle femme.

– C'est faux ! C'est un mensonge !

– C'est la vérité et, en disant que votre mari est l'assassin de votre amant, vous vous mettez du même coup hors de cause.

Malgré les protestations d'innocence de Noémie Delaunay, le commissaire Guesnot l'arrête sur-le-champ et elle est peu après inculpée non seulement du meurtre de Joseph Dumas, mais aussi de celui d'Armand Delaunay.

Le 30 septembre 1903, son état de santé le permettant, Noémie Delaunay est transférée de l'Hôtel-Dieu à la prison de la Petite Roquette.

Noémie Delaunay ne passera qu'un seul jour derrière les barreaux. Le lendemain matin, ses gardiennes la découvrent morte. Elle s'était ouvert les veines avec un morceau de verre qu'elle avait dérobé à l'hôpital. Près d'elle, un mot griffonné : *Je ne peux pas supporter cette accusation. Je suis innocente.*

3 novembre 1903. Le commissaire François Guesnot est dans son bureau. Il a presque oublié l'affaire Noémie Delaunay, classée avec la mort de l'inculpée. Malgré l'ultime protestation d'innocence de la marchande de frivolités, le commissaire n'a jamais remis en doute le bien-fondé de son enquête. Pour lui, elle avait bel et bien tué son mari et son amant.

Aussi, le commissaire François Guesnot a-t-il la plus désagréable surprise de sa vie quand le planton de service vient lui annoncer :

– Monsieur le commissaire, il y a là un certain Armand Delaunay qui désire vous voir.

Le commissaire porte la main à son faux col. Ce n'est pas possible ! C'est un homonyme, cela existe, les homonymes... Mais le planton précise :

– Il dit qu'il est le veuf d'une certaine Noémie Delaunay et qu'il a des choses importantes à vous dire.

Le commissaire Guesnot n'a plus qu'à ordonner au planton d'une voix blanche :

– Faites entrer.

Dès qu'Armand Delaunay pénètre dans son bureau, le commissaire a la certitude que la malheureuse marchande de frivolités n'avait pas menti : cet homme est bien un assassin. Armand Delaunay a quarante-cinq ans environ. Son visage buriné par la fréquentation des pays exotiques a quelque chose de dur et de veule à la fois. Il correspond tout à fait au type de l'homme sans scrupule capable de tout pour de l'argent.

– Vous arrivez bien tard, monsieur Delaunay !

Armand Delaunay parle d'une voix douce.

– C'est que j'étais loin quand j'ai appris la terrible nouvelle, comme ça, par hasard, dans un journal de Paris. J'étais au Brésil et j'ai pris le premier bateau pour la France… Quand je pense qu'elle est morte parce qu'on l'accusait de m'avoir tué !

Le commissaire trouve le personnage de plus en plus déplaisant.

– Et que venez-vous faire ici ? Elle est morte et enterrée. Pour l'avoir quittée et laissée sans nouvelles depuis cinq ans, je suppose que vous ne devez pas la pleurer beaucoup.

La mari de Noémie a l'air gêné, mais il répond tout de même.

– Autant vous dire la vérité, monsieur le commissaire. Comme Noémie n'avait pas d'enfant, je suis son seul héritier. Alors vous comprenez…

Le commissaire comprend. Et il décide de frapper un grand coup.

– Je vais vous la dire, moi, la vérité ! Vous n'arrivez pas du Brésil. Ou plutôt, vous en êtes rentré, il y a un peu plus d'un mois et demi, avant votre meurtre. Car c'est vous l'agresseur de Mme Delaunay et l'assassin de Joseph Dumas. La pauvre femme avait raison !

Armand Delaunay ne perd pas son sang-froid. Il prend une expression apitoyée.

– Je sais que la malheureuse Noémie a prétendu cela. Mais comment pouvez-vous y croire ? Elle n'était plus elle-même après ce drame.

Le commissaire Guesnot continue :

– Après votre meurtre, vous vous êtes caché quelque part en France en attendant que les choses s'arrangent. Et non seulement les choses se sont arrangées, puisque Mme Delaunay a été arrêtée par ma faute, mais vous avez appris sa mort. Alors, vous n'avez pas hésité. Au lieu de rentrer en Amérique avec ce que vous aviez volé, vous avez attendu le temps nécessaire avant de vous manifester. En faisant cela, vous saviez parfaitement que vous couriez un grand risque, puisque Noémie vous a accusé. Mais que ne ferait-on pas pour un tel héritage ?

Armand Delaunay veut se récrier, mais le commissaire l'arrête d'un geste.

– Ce risque, maintenant, vous le courez, dans ce bureau. Tout dépend de la chance. Si elle est avec vous, vous êtes libre, avec les millions de Noémie, si elle est contre vous, je vous arrête pour meurtre.

Le vis-à-vis du commissaire est soudain devenu très pâle malgré son bronzage.

– Quand êtes-vous arrivé en France, monsieur Delaunay ?

Armand Delaunay manifeste un imperceptible soulagement. Visiblement, il s'attendait à ce genre de questions, et ses réponses sont toutes prêtes.

– Hier, au Havre.

– À quelle heure ?

– Je ne sais plus exactement… En fin de matinée.

– Par quel bateau ?

– Le *Porto Alegre*.

– Bien. Je suppose que votre nom est sur la liste des passagers.

Là encore, la réponse vient d'elle-même.

– C'est que… non. J'ai eu pas mal d'ennuis financiers au Brésil. Quand j'ai appris la mort de Noémie, je n'avais pas de quoi me payer la traversée. Alors, je me suis embarqué tout de même, mais comme passager clandestin.

Le commissaire Guesnot a un sourire entendu :

– Pas mal imaginé. Encore une formalité et je vous libère définitivement.

Il appelle le planton.

– Vous allez télégraphier au Havre et demander l'heure d'arrivée du *Porto Alegre*, hier, 2 novembre.

Le policier salue et disparaît. Le commissaire et son visiteur restent face à face. Il y a un long silence que le commissaire Guesnot prend plaisir à faire durer. Enfin, le planton revient, tenant dans sa main un morceau de papier. Le commissaire Guesnot le prend et ne peut réprimer un sourire.

– *Porto Alegre* dérouté Southampton cause avarie. Sera au Havre demain 4 novembre. Alors, monsieur Delaunay ?

Bien entendu, l'homme ne s'avoue pas vaincu.

– Le piège est un peu grossier : vous ne trouvez pas ?

– Eh bien, nous allons attendre la confirmation officielle. D'ici là, vous ne serez pas surpris si je me vois dans l'obligation de vous faire enfermer.

La confirmation officielle est venue deux jours plus tard, suivie de l'inculpation. Mais tout comme sa femme, Armand Delaunay a réussi à mettre fin à ses jours dans sa cellule. Il l'a fait d'une manière particulièrement horrible : en se fracassant le crâne contre les murs. Quand les gardiens sont entrés, il y avait de la cervelle par terre.

Ainsi s'est achevée l'affaire Delaunay, qui avait eu, de bout en bout, des allures de Grand Guignol et qui avait baigné, jusqu'à la fin, dans l'horreur et dans le sang. Et dire que Noémie s'occupait de frivolités !

Voyons, chérie, nous sommes mariés !

Une chambre de clinique aux murs bleu pâle. Les stores vénitiens à moitié fermés laissent passer quelques rayons d'un beau soleil de printemps. Une femme blonde de quarante-cinq ans environ semble sur le point de se réveiller. De part et d'autre de son lit, deux corbeilles de fleurs où dominent les orchidées.

Une infirmière entre dans la chambre.

– Vous avez bien dormi, madame ?

La malade ouvre un œil, puis les deux. Elle s'étire et se hisse sur son oreiller. C'est une jolie femme, malgré la pâleur de son teint.

– Il y a longtemps que je dors ?

– Une semaine.

La femme a un sursaut d'inquiétude :

– Une cure de sommeil ? Mais pourquoi ? Où suis-je ?

L'infirmière s'installe au chevet du lit.

– À la maison de repos Les Glycines. Vous avez fait une dépression nerveuse. Vous étiez dans un triste état lorsqu'on vous a amenée ici. Vous aviez tenté de vous suicider.

Dans l'esprit de la malade, les souvenirs reviennent rapidement. Elle s'appelle Dominique Comte. Elle est propriétaire d'une grande pharmacie à Orléans. Et puis il y a Laurent, Laurent Girault. Il l'a tant fait souffrir. C'est sans doute à cause de lui qu'elle a fait cette dépression. Mais elle ne se souvient absolument pas d'une tentative de suicide.

– Depuis combien de temps suis-je ici ?

– Deux mois. Vous êtes entrée le 15 février et nous sommes le 17 avril.

Le regard de Dominique Comte tombe sur sa main gauche. Elle pousse un cri.

– Mais c'est une alliance !

L'infirmière a un petit rire.

– Cela n'a rien d'étonnant, madame.

D'un geste rapide, Dominique Comte enlève le bijou. Elle regarde la face intérieure de l'anneau et lit sans en croire ses yeux : « Dominique & Laurent 14 février 1955 ». Elle balbutie :

– 14 février… C'est la veille de mon hospitalisation. Ce n'est pas vrai ! Ce n'est pas possible !

L'infirmière s'approche d'elle.

– Ne vous agitez pas, sans quoi je vais être obligée de vous faire une piqûre.

Mais Dominique Comte ne se calme pas, bien au contraire.

– Mariée avec Laurent ! Mais c'est faux ! Je n'ai jamais voulu l'épouser. C'est une erreur.

L'infirmière fait sans hésiter une piqûre à la malade.

– Voilà. Comme cela vous allez vous détendre. Il ne faut pas dire des choses pareilles, madame. Votre mari est si gentil. C'est lui qui vous a apporté toutes ces belles corbeilles d'orchidées.

Dominique Comte sent le sédatif faire rapidement son effet. Avant de sombrer dans l'inconscience, elle murmure une dernière fois :

– Je ne suis pas mariée…

20 avril 1955, Dominique Comte achève sa valise dans sa chambre de la maison de repos *Les Glycines*. C'est aujourd'hui qu'elle s'en va. La veille, lors de la visite, le médecin chef l'a trouvée complètement guérie. Dominique s'est bien gardée, évidemment, de lui parler de cette histoire d'alliance et de mariage, mais elle est décidée à tirer la chose au clair avec Laurent, qui doit venir la chercher tout à l'heure.

Habillée avec goût, Dominique Comte n'est plus la malade au teint pâle d'il y a trois jours à peine. Elle s'est maquillée avec soin. C'est maintenant une femme pleine de charme.

À quarante-cinq ans, Dominique Comte a tout pour être heureuse. Outre sa beauté, elle est riche, très riche. De ses parents, morts quand elle était adolescente, elle a hérité cette pharmacie, une des plus importantes d'Orléans. Dominique a beaucoup de bon sens et l'esprit de décision. Elle a su développer son commerce, faire des placements avantageux. En un mot, elle a réussi.

Mais si elle est remarquablement douée sur le plan professionnel, Dominique Comte a toujours été instable sur le plan sentimental. Cela fait quatre ans qu'elle vit avec Laurent Girault, de vingt ans son cadet. Laurent est artiste peintre, ou du moins se prétend tel, car il ne peint jamais. Dominique sait bien que Laurent vit à ses crochets et que tout ce qui l'intéresse, c'est son argent. Elle se l'est dit cent fois. Mais Laurent est sa faiblesse. Seulement l'épouser, cela, jamais !

Dominique Comte fait la grimace. Qu'a-t-elle fait dans les jours qui ont précédé son internement ? Pas plus que de ce mariage gravé sur l'alliance, elle n'a de souvenir d'une tentative de suicide. Elle sait simplement que, les derniers temps, elle ressentait un grand vide et qu'elle multipliait les tranquillisants et les somnifères qu'elle prenait à la pharmacie.

Dehors, une luxueuse voiture s'arrête devant le perron, en crissant sur le gravier. Mme Comte se penche à la fenêtre. Laurent n'a pas changé : il est toujours ce grand garçon brun et souriant ; il est vêtu d'un costume de sport d'un goût raffiné, on dirait une photo de mode.

Après les retrouvailles, au cours desquelles Laurent se montre particulièrement empressé, Dominique se retrouve à ses côtés dans la voiture. Elle se décide à aborder sans attendre le sujet qui la préoccupe. Elle désigne son annulaire gauche.

– Qu'est-ce que cela veut dire ?

Laurent Girault ne répond pas directement.

– Tu es heureuse, ma chérie ?

Dominique Comte s'impatiente.

– Mais enfin, quelle idée d'avoir fait faire cette alliance pendant que j'étais à la clinique et de me l'avoir mise au doigt ? C'était par souci de respectabilité vis-à-vis du personnel ?

Le jeune homme a un sourire de toutes ses dents éclatantes.

– Qu'est-ce que tu racontes ? Nous sommes réellement mariés, ma chérie !

Il prend tout à coup une expression attristée.

– Tu ne te souviens pas ?

Dominique Comte bondit sur son siège.

– Arrête ce jeu stupide !

Laurent parle toujours avec la même douceur.

– Chérie, c'est toi-même qui me l'avais demandé.

Dominique a l'impression de vivre un mauvais rêve.

– Tout cela n'a pas de sens. Pour se marier, il faut publier les bans, il faut des témoins, aller à la mairie.

– Mais j'ai publié les bans dès que tu me l'as dit. Nous avions comme témoins la bonne et le jardinier. Quant à la mairie, nous n'y sommes pas allés. Vu ton état, le maire du village s'est déplacé : le mariage a eu lieu chez nous.

Dominique Comte s'efforce de sourire. Elle se raccroche à une dernière pensée.

– C'est une plaisanterie. Tu dis cela pour me faire marcher.

Laurent, lui, ne sourit plus. Il répond sérieusement et même un peu sèchement :

– Je te montrerai notre livret de famille en arrivant à la maison.

Dominique est devenue livide.

– Et sous quel régime sommes-nous mariés ?

– Sous le régime de la communauté, ma chérie. Tu as signé toi-même les papiers.

Cette fois, Dominique Comte – ou plutôt Dominique Girault – a compris qu'il ne s'agissait pas d'un mauvais rêve mais d'une incroyable réalité.

Elle regarde Laurent comme elle ne l'avait jamais regardé jusqu'à présent, avec stupeur, avec dégoût. Il sourit de nouveau à présent, sûr de lui, dans son costume dernière mode qu'il s'est offert avec son argent, comme la voiture, comme tout le reste. Elle explose :

– Salaud ! Ignoble salaud ! Pourquoi ne m'as-tu pas simplement fait signer une procuration pour la banque ? Tu aurais raflé tout ce qu'il y a sur le compte ! Cela aurait été plus rapide !

Laurent Girault a l'air franchement peiné.

– Tu n'es pas tout à fait remise, ma chérie. Tu verras, je vais te soigner.

La voiture pénètre dans une vaste propriété d'un village des environs d'Orléans, Dominique Comte prend sa valise sur le siège arrière et se rue dans la maison. Elle appelle Luisa la domestique, et court s'enfermer dans sa chambre. Quelques instants plus tard, on frappe à sa porte. Luisa une brunette d'une vingtaine d'années, lui sourit gentiment.

– Comme je suis heureuse de vous voir, Madame !

Dominique lui coupe la parole :

– Luisa, est-ce que je suis mariée avec M. Laurent ?

La bonne affiche une mine surprise.

– Mais bien sûr, Madame.

– Vous étiez là ?

– Mais bien sûr.
– Et j'ai dit « oui » ?
– Vous avez dit « oui » !
– J'avais l'air… bien ?…
Luisa secoue la tête.
– Cela, je ne peux pas dire, Madame. D'ailleurs, c'est le lendemain matin que je vous ai trouvée dans votre chambre après que vous avez essayé de…
Dominique Comte fait signe à la domestique de se retirer. Maintenant, les souvenirs lui reviennent tout à fait. Oui, elle a bien tenté de se suicider en absorbant un tube entier de médicaments. La trahison de Laurent ! C'était cela la cause de sa dépression et de sa tentative. Elle avait découvert qu'il avait pour maîtresse la jeune laborantine de la pharmacie. Et le mariage lui revient aussi. Il figurait bien dans sa mémoire, mais comme quelque chose de flou, de crépusculaire, comme les rêves que l'on a oubliés.
Dominique se dirige vers sa table de nuit pour y prendre un tranquillisant, mais elle s'arrête au milieu de son geste. Une idée affreuse vient de la traverser. Tout à l'heure, elle a dit à Laurent qu'il aurait été plus simple de profiter de sa confusion mentale pour lui faire signer une procuration à la banque. Laurent y avait sans doute pensé. Mais ce n'était pas quelques millions pris sur son compte qu'il voulait, c'était toute sa fortune. Elle n'a pas d'enfant. Maintenant, il est son seul héritier. Avec tous les somnifères qu'elle prend chaque soir, elle ne sait pas ce qui peut se passer pendant son sommeil. Quoi de plus facile que de lui en faire absorber quelques-uns de plus ?

Elle sort de clinique psychiatrique, après une tentative de suicide. Il n'y aura même pas d'enquête. Dominique Comte sent un affreux engourdissement l'envahir. Elle est prise au piège.

Quelques heures plus tard, Dominique Comte se trouve en face du commissaire Chenaud, d'Orléans. Elle a dit à Laurent qu'elle allait faire des courses en ville et il a semblé ne se douter de rien.

Le commissaire Chenaud l'a reçue sans attendre. Dominique le connaît bien. Sa pharmacie est dans son secteur, et elle a déjà eu affaire à lui pour deux vols dont elle a été victime. Le commissaire se tient derrière son bureau, les mains croisées, l'air assez perplexe. Va-t-il la croire ? Tout le problème est là. Peut-on croire quelqu'un qui sort d'asile et qui vous raconte une histoire aussi invraisemblable ?

– Alors, chère madame, il y a un problème ?

Dominique Comte se jette à l'eau. Sans reprendre son souffle, elle raconte tout ce qui s'est passé et elle fait part des terribles soupçons qu'elle a conçus contre Laurent Girault.

Quand elle a terminé, le commissaire Chenaud reste quelques instants silencieux et prononce calmement :

– Je crois que je vais vous faire interner…

Dominique est secouée par un sanglot de désespoir.

– Je vous en supplie, monsieur le commissaire ! Vous devez me croire. Je suis guérie, je vous assure !

Le commissaire hoche la tête, avec un léger sourire.

– Mais je vous crois, madame Comte, et c'est justement pour cela que je veux vous faire interner. Je pense qu'effectivement vos jours sont en danger. À la clinique vous ne courrez plus aucun risque.

Dominique Comte, qui passe par tous les stades de l'émotion, en rit de joie.

– Merci, commissaire, merci ! Vous me sauvez la vie !

– Je suis là pour cela, madame. Vous m'avez dit que votre mari – puisque c'est bien votre mari, hélas – avait une maîtresse. Pouvez-vous me donner son nom ?

– Bien sûr : Silvani... Sylvie Silvani.

– Pour l'instant, cela me suffira. Je signe une demande d'internement. Une ambulance va venir vous chercher. Vous n'aurez pas besoin de rentrer chez vous.

Quelques minutes plus tard, le commissaire Chenaud se trouve devant Sylvie Silvani. La pharmacie de Mme Comte, où la jeune fille travaille comme laborantine n'est, en effet, qu'à une centaine de mètres du commissariat. Sylvie Silvani a l'air inquiet et troublé. Le commissaire décide de profiter de son avantage en attaquant sèchement.

– Je sais tout, mademoiselle, et je crois que j'arrive à temps.

– Tout quoi ?

– Le meurtre que voulait commettre Laurent Girault, votre amant, sur la personne de celle qui est maintenant sa femme.

Sylvie Silvani tente de le prendre de haut.

– Qu'est-ce que c'est que cette histoire ?

Le commissaire Chenaud regarde la jeune fille bien dans les yeux.

– C'était très bien combiné, presque le crime parfait. Seulement, Mme Comte a eu des soupçons et elle m'en a fait part. Maintenant, s'il lui arrive malheur, il y aura une enquête. Lui, il sera accusé de meurtre et vous, de complicité.

Sylvie Silvani ouvre la bouche, mais reste muette.

– Dites-moi ce que vous savez, mademoiselle. Une intention de meurtre n'est pas un délit. Vous ne serez pas poursuivie et je pense que lui non plus.

La laborantine baisse la tête.

– Oui, c'est vrai. Tout est vrai. Il devait m'épouser une fois veuf. Je regrette…

Lors du procès, qui a eu lieu six mois plus tard, Dominique Comte a obtenu l'annulation de son mariage, qui a été reconnu prononcé contre son gré. Ainsi que le commissaire Chenaud l'avait dit, Laurent Girault n'a pas été poursuivi, puisqu'il n'avait, aux yeux de la loi, commis aucun délit.

Sa seule punition a été de se retrouver à la rue sans un sou, et c'était sans doute cela qui pouvait lui être le plus pénible. Ce n'est d'ailleurs pas tout à fait exact ; Laurent n'est pas parti les mains vides, Dominique lui a fait un cadeau de rupture : son alliance.

La comtesse de Varsovie

Le commissaire Dupont n'est pas un homme expansif. Dans son petit commissariat du XIIe arrondissement de Paris, il a ses habitudes. Il est précis, méthodique, ponctuel. Avec lui, on a la sensation de ce qu'on oublie parfois : les policiers sont des fonctionnaires.

Pourtant, ses collègues, avec qui il parle peu et plaisante moins encore, lui reconnaissent beaucoup de qualités professionnelles. Outre sa méthode et sa méticulosité, il a une intuition extraordinaire : il sait mettre à nu la psychologie des gens.

En ce moment, ce 10 juillet 1946, le commissaire Dupont enregistre une déclaration de disparition.

– Procédons par ordre, voulez-vous. Vos nom, prénom, âge et qualité.

– Berger Marcel, trente-six ans, transporteur routier.

– Bien, monsieur Berger, racontez-moi dans quelles conditions votre femme a disparu.

– C'était hier. Raymonde est partie vers neuf heures du matin, elle m'a dit qu'elle allait chez sa couturière. Je dois vous dire qu'on s'était disputés la veille! Oh! pas grand-chose, des bêtises, mais depuis quelque temps, cela n'allait pas bien entre nous. Alors, je pense qu'elle a pu s'enfuir quelque part. Je ne sais pas, moi, à la campagne.

Pendant que son interlocuteur lui parle, le commissaire Dupont l'observe attentivement, avec cette fameuse expérience psychologique qui fait l'admiration de ses collègues.

L'homme a le front bas, les sourcils épais, le nez proéminent, la mâchoire carrée, l'œil fixe. Tout en lui indique quelque chose de primaire et même d'un peu animal.

Dès cet instant, le commissaire Dupont a deux certitudes : premièrement, cet homme a tué sa femme; deuxièmement, le cas est banal et le personnage sans grande complication. Le commissaire Dupont, avec son esprit méthodique de fonctionnaire, trace pour lui-même le programme de son enquête, une enquête qui sera sans problème et sans surprise, une de celles qu'au fond il préfère.

Mais cette fois, le commissaire Dupont se trompe du tout au tout. Le transporteur routier aux allures primaires qui est en face de lui est le personnage le plus inattendu qu'il ait été amené à rencontrer, et l'enquête qui va suivre sera la plus difficile de sa carrière.

Il se met sans attendre au travail. La première chose est d'aller dans l'immeuble de Marcel Berger pour chercher d'éventuels témoignages. Il en recueille trois, qui sont parfaitement concordants. D'abord la concierge :

– J'ai vu M. et Mme Berger partir le 9 juillet vers vingt heures trente dans leur camion. M. Berger est rentré vers vingt-trois heures, mais tout seul.

Une habitante de l'immeuble a vu également partir le couple vers vingt heures trente, de même qu'une serveuse du bar-tabac en face de la rue, qui précise :

– La dame portait une veste rouge.

Le commissaire Dupont est ravi : c'est encore plus simple qu'il ne l'imaginait. Maintenant, il peut passer à la seconde partie de l'enquête : la vie privée du couple. Là, pas de problème : il va découvrir soit que le mari trompait sa femme, soit que la femme trompait son mari.

Et encore une fois, tout s'enchaîne parfaitement.

La sœur de Raymonde Berger demande à le voir. Elle arrive dans son bureau, émue, inquiète. La quarantaine, un peu boulotte, habillée simplement, elle tortille nerveusement son mouchoir.

– Monsieur le commissaire, il est arrivé quelque chose à Raymonde. C'est lui, je suis sûre que c'est lui !

– Vous soupçonnez M. Berger ?

– Je ne le soupçonne pas, j'ai des preuves. J'ai les lettres de sa maîtresse, Raymonde les avait découvertes et elle me les avait données. Tout cela c'est la faute de cette étrangère, de cette comtesse.

Dans l'esprit du commissaire Dupont se produit un petit déclic désagréable. Jusque-là, tout allait bien, tout suivait normalement son cours, mais il y a brusquement quelque chose qui ne colle pas. C'est ce mot « comtesse ».

– Vous avez bien parlé d'une comtesse.

La sœur de Raymonde devient véhémente.

– Oui, sa comtesse polonaise... Ah ! On a beau être une grande dame, on est quelquefois une pas grand-chose !

Cette fois le commissaire Dupont y perd son latin. Tout cela n'a aucun sens ! Qu'est-ce que viendrait faire une comtesse polonaise dans la vie de ce transporteur routier.

La femme sort de son sac à main un paquet de lettres et une photo.

– Tenez, m'sieur le commissaire, la voilà !

Le commissaire prend la photo et reste bouche bée. C'est un cliché d'art certainement exécuté dans un grand studio. Une femme aux longs cheveux blonds, au profil très pur, sourit d'un sourire mélancolique et distingué.

La sœur de Raymonde Berger commence à parler.

C'est une longue, une incroyable déposition, embrouillée, avec des retours en arrière, des répétitions. Mais au bout d'une heure et demie, elle a tout dit et le commissaire Dupont sait que, pour la première fois, il se trouve en face de quelque chose d'imprévu et même, dans son esprit si méthodique, de totalement incompréhensible.

Car, les six dernières années de la vie de Marcel Berger semblent sortir tout droit de l'imagination d'un romancier particulièrement inventif.

Marcel Berger a vingt-neuf ans en 1939. Après des études rapides, il s'installe camionneur comme son père. Un métier qui lui plaît et qu'il voudrait continuer le plus longtemps possible sans histoires. Mais il y a la guerre. En mai 1940, il est fait prisonnier. Il se retrouve dans un camp en Allemagne. Marcel Berger a la tête dure. Il s'évade une première fois : il est repris et puni. Il s'évade une seconde fois, nouvel échec et nouvelle punition. Il s'évade une troisième fois ; il ne va pas plus loin qu'au cours de ses précédentes tentatives, mais, ce coup-ci, il est expédié dans un camp spécial en Pologne, près de Varsovie. Marcel Berger ne renonce pourtant pas et, avec la complicité des résistants polonais, il s'évade encore.

En hiver 1943, le voici donc dans les rues de Varsovie balayées par la neige, pieds nus avec un manteau gris passé sur son pyjama rayé et, à l'intérieur d'une des poches, une adresse.

Cette adresse, à laquelle il se présente, exténué, mourant de fièvre et de fatigue, n'est pas comme il l'attendait, une obscure maison de rendez-vous, c'est un palais au cœur de la vieille ville de Varsovie.

La personne qui lui ouvre est la comtesse Maria Podgerska. Elle a vingt-six ans, elle est très belle, très distinguée. Elle l'accueille, souriante, naturelle.

Elle fait même plus, elle le cache dans son grenier. C'est elle qui tous les jours lui apporte à manger. Elle parle avec lui car elle adore parler français. Elle lui raconte sa vie, sa vie morose aux côtés d'un mari qui a trente ans de plus qu'elle. Et puis son indignation au moment de l'invasion de son pays par les Allemands et son engagement dans la Résistance à l'insu de tout son entourage.

Au fil des jours, leurs entretiens se prolongent, lui, bien sûr, parce qu'il est fasciné par cette créature d'un autre monde qui non seulement lui sauve la vie, mais en outre veut bien s'intéresser à lui. Elle, sans doute avant tout parce qu'il est français et que c'est la première fois qu'elle en rencontre un et puis aussi parce qu'il est gouailleur, insolent et que le courage est chez lui naturel. Marcel est un râleur, un râleur courageux.

Ces étranges tête-à-tête durent exactement huit mois, de décembre 1943 jusqu'en août 1944, jusqu'à l'insurrection de Varsovie.

Marcel Berger et Maria Podgerska, le camionneur parisien et la comtesse polonaise, combattent côte à côte. C'est dans une cave, sous les bombardements, qu'ils deviennent amants.

Marcel Berger est rapatrié en France en 1945. Pendant un an, ils échangent des lettres enflammées. En juillet 1946, en prenant des risques incroyables, Maria Podgerska qui est, entre-temps, devenue veuve, parvient à le rejoindre, par l'intermédiaire de la Croix-Rouge, avec de faux papiers. Et elle arrive en France le 6 juillet 1946, trois jours avant la disparition de Raymonde Berger.

– Trois jours avant ! Ce n'est pas une coïncidence, m'sieur le commissaire ! Je l'avais dit, à Raymonde, d'aller voir un avocat pour divorcer. Mais elle ne m'a pas écoutée...

Le commissaire Dupont ne fait pas attention à la suite. Il réfléchit, ou du moins, il essaie. Une seule certitude lui reste, à laquelle il s'accroche désespérément, dans le naufrage de toutes ses prévisions : Marcel Berger a bien tué sa femme.

Il essaie de reprendre ses esprits et de s'organiser. D'abord, la comtesse Podgerska : si elle est bien en France, il faut la retrouver à tout prix. Ensuite, il demande en Pologne confirmation de cette invraisemblable histoire, via Interpol qui, en cette année 1946, commence tout juste à se réorganiser : Marcel Berger s'est-il bien évadé d'un camp allemand, la comtesse Podgerska a-t-elle bien joué ce rôle dans la Résistance et est-ce bien la personne dont il joint la photo à sa demande ?

– Et maintenant, se dit le commissaire Dupont, au tour de Berger !

Bien qu'il ait une certaine appréhension devant cet homme si déroutant, il y a quand même des charges contre lui. Avec tout cela, il devrait pouvoir le coincer.

Quelques heures plus tard, le transporteur routier, qu'il a fait convoquer, est devant lui. Le commissaire détaille, avec plus d'acuité encore que la première fois, son front bas, ses sourcils épais, son regard buté. Il revoit mentalement la photo de la comtesse et il se pose la question, incrédule : « Mais comment a-t-elle pu tomber amoureuse de lui ? »

Le commissaire attaque l'interrogatoire sèchement. C'est sa méthode dite du « coup de poing à l'estomac », qui lui a réussi plus d'une fois.

– Berger, qu'avez-vous fait du cadavre de votre femme ?

S'il espérait un effet quelconque, c'est manqué. Berger secoue la tête. Dès cet instant, il adopte la tactique qui va désormais être la sienne : il nie tout, absolument tout, même l'évidence.

– C'est pas moi qui l'ai tuée.

– Le 9 juillet à vingt heures trente, vous êtes monté avec elle dans votre camion et vous êtes rentré une heure et demie plus tard, seul.

– C'est pas vrai !

– Trois témoins vous ont vu.

– Ce n'est pas vrai !

– L'un d'eux a même précisé que votre épouse portait une veste rouge.

– Ce n'est pas vrai !

Le commissaire sent qu'il n'arrivera à rien de ce côté-là.

– Bien, alors, parlons de Maria Podgerska. Cela, c'est vrai ou pas ?

Cette fois, l'homme perd son air buté. Il bondit sur son siège.

– Qui vous a dit ? Vous n'avez pas le droit !

– Est-ce vrai ou pas ?

– Je n'ai pas à vous répondre !

Et Marcel Berger se rassoit. De nouveau, le commissaire sent qu'il ne pourra plus rien en tirer. Même quand il lui met les lettres sous le nez, il ne parvient qu'à obtenir quelques grognements. Le commissaire Dupont décide de mettre fin à l'interrogatoire :

– Marcel Berger, je vous arrête.

– Vous m'arrêtez pour quoi ? Pas pour meurtre, en tout cas ! Ou alors montrez-moi le corps de ma femme.

– On le retrouvera.

Dans les jours suivants, il y a du nouveau. Un des inspecteurs épluche le carnet de chèques de Berger et il y trouve, à la date du 9 juillet, un talon où figurent le nom et l'adresse d'un garage d'Herblay.

Après tout, on ne sait jamais, s'il avait fait le plein dans son camion quand il était avec Raymonde...

Les policiers vont interroger le pompiste. Par chance il a bonne mémoire et il est formel :

– Oui, je me souviens, c'était le 9 juillet vers vingt-deux heures. Un camion avec un homme et une femme. La femme avait une veste rouge.

Le commissaire fait venir Marcel Berger de sa prison, mais c'est pour s'entendre répliquer, comme il s'y attendait d'ailleurs :

– Ce n'est pas vrai.

– Le garagiste vous a vu, il a vu votre femme.

– Ce n'est pas vrai, ce n'est pas moi, ce n'est pas elle ! Et puis, au fait, vous avez retrouvé le corps de ma femme ?

Alors, il reste l'autre volet de l'enquête : la comtesse Maria Podgerska. D'abord, la police polonaise confirme toute l'histoire. Marcel Berger a bien été interné dans un camp près de Varsovie. Il s'est bien évadé grâce à la Résistance, dont la comtesse Podgerska faisait effectivement partie. C'est bien elle qui figure sur la photo qu'on leur a envoyée, seulement la police polonaise la croyait disparue et elle est très étonnée d'apprendre qu'elle se trouve en France.

Ensuite, le commissaire Dupont retrouve la comtesse, ou plutôt, c'est elle qui vient le trouver. Dès qu'elle a appris l'arrestation de Marcel Berger, elle a téléphoné à la police et on lui a donné le nom du commissaire.

Elle est aussi belle, peut-être plus, que sur sa photo. Avant que le commissaire ait pu dire quoi que ce soit, elle lui pose la seule question qui l'intéresse :

– Où est Marcel ? Dans quelle prison ? Donnez-moi l'adresse ! Je veux le voir tout de suite.

Le commissaire Dupont essaye de l'interroger. Mais décidément, depuis qu'il s'occupe de cette affaire, il n'arrive plus à rien. Ses questions n'ont aucun résultat, aucun écho, il perd son temps avec la comtesse comme il l'avait perdu avec Berger.

– Croyez-vous que Marcel Berger soit capable de tuer sa femme ?

– Lui ? C'est impossible. C'est un héros, un véritable héros ! S'il vous plaît, monsieur le commissaire, donnez-moi l'adresse de la prison, je veux le voir tout de suite, il a besoin de moi.

Le commissaire Dupont, désabusé, fataliste, laisse partir Maria Podgerska et il en revient à cette obsédante question : où est le corps ? Car, en obstiné qu'il est, il n'a jamais cessé d'être convaincu que Marcel Berger a assassiné sa femme. À la suite de la déposition du garagiste, il a fait, sans résultat, fouiller les bois et draguer les étangs de la région d'Herblay.

Trois mois ont passé. La comtesse Podgerska se rend tous les jours à la prison de la Santé. À la fin de chaque visite, le gardien doit presque l'arracher de force.

La prison constitue peut-être justement la dernière chance du commissaire Dupont. Il sait bien que Berger ne parlera jamais devant lui. Mais à un détenu, qui sait ? Le commissaire se renseigne et il apprend que, dans la cellule que Marcel Berger partage avec cinq autres prisonniers, il y a un dénommé Simon, un petit escroc que les autres ont pris comme souffre-douleur.

L'entrevue, discrète, a lieu dans le bureau du directeur de la prison.

– Vous en avez encore pour six mois, eh bien, moi je vous propose la sortie immédiate en échange de l'endroit où Berger a mis le corps de sa femme. Qu'est-ce que vous en pensez ?

L'homme n'hésite pas longtemps.

– C'est d'accord, monsieur le commissaire, d'autant que Berger, c'est une ordure ! Si vous saviez ce qu'ils m'en font baver, lui et les autres !

En redescendant du bureau du directeur, Simon annonce à ses compagnons de cellule :

– Vous ne savez pas les gars ? Je suis libéré la semaine prochaine pour bonne conduite !

Puis il se tourne vers Marcel Berger et chuchote :

– Tu sais, pour ta femme, vu que je vais être libre, je peux te rendre un service. Des fois que tu l'aurais mal planquée, je pourrais finir le travail. Oh ! je sais bien que tu l'as liquidée, va !

Marcel Berger ne répond rien sur le moment mais, le soir, il prend une feuille de papier, trace un plan, met une croix et la remet à Simon.

Le lendemain, le commissaire Dupont et plusieurs dizaines de policiers, remontent une petite route départementale à une vingtaine de kilomètres d'Herblay. Il a le plan en main. Sur la banquette arrière, Marcel Berger ne desserre pas les dents. Le commissaire fait un signe du bras.

– C'est là.

Tout le monde descend de voiture pour faire quelques centaines de mètres. Et soudain, monte une odeur aigre, insupportable. Il y a là un champ de betteraves, une vaste excavation remplie d'un dépôt végétal nauséabond. Au-dessus de la fosse, une dizaine de wagonnets immobiles : ce sont eux qui déchargent la pulpe de betterave par tonnes entières après chaque récolte.

Le commissaire Dupont regarde Marcel Berger avec une surprise redoublée : pour cacher un cadavre on ne pouvait pas trouver mieux. Décidément, cet homme-là ne ressemble vraiment pas aux autres !

Après plusieurs heures, on parvient à dégager des restes informes englués dans la pulpe de betterave et aussi quelques morceaux d'étoffe rouge. Le médecin légiste constate que le crâne présente une fracture, vraisemblablement due à une balle, et que la dentition est bien celle de Raymonde Berger.

Devant ce spectacle macabre, Marcel Berger reste semblable à lui-même. Il dit seulement :

– Ce n'est pas elle !

Si, c'est bien elle. C'est du moins ce dont parvient à le convaincre son avocat. Il a intérêt à plaider le crime passionnel ; avec son action pendant la guerre, il a toutes les chances de s'en tirer avec le minimum.

Le procès de Marcel Berger s'ouvre le 10 octobre 1947, devant les assises de la Seine. À cette époque, effectivement, l'attitude des accusés pendant la Résistance, même si elle n'a aucun rapport avec les faits, est déterminante dans l'esprit des jurés. Or Marcel Berger est plus qu'un résistant, c'est un héros !

Mais il y a surtout la déposition de Maria Podgerska. Rarement on n'en a entendu d'aussi émouvante dans la grande salle du palais de justice de Paris.

Elle évoque leurs tête-à-tête, dans le grenier de son palais et leur idylle, soudaine, désespérée, au moment de l'insurrection, sous les balles et les bombes allemandes. Comment ne pas être impressionné par les accents vibrants de cette femme d'exception, héroïne, elle aussi, et qui vient, de surcroît, d'un pays martyr ? Qui pense encore à la pauvre Raymonde Berger et à sa veste rouge bon marché, quand la comtesse de Varsovie termine, avec des sanglots dans la voix :

– Je l'attendrai ! Même si cela doit durer vingt ans, je l'attendrai !

Marcel Berger n'a pas été condamné à vingt ans, mais seulement à douze. Lorsqu'il est sorti, au bout de neuf ans, grâce à sa bonne conduite, il était déjà remarié avec Maria Podgerska, qu'il avait épousée en prison. Ils avaient quarante-six et quarante ans, un âge où l'on peut parfaitement refaire sa vie et être heureux. C'est certainement ce qui est arrivé et, si la conclusion peut paraître immorale, c'est tout simplement que l'amour se moque bien de la morale !

Roméo et Juliane

Il n'est pas facile d'être lycéen et d'avoir dix-sept ans, en 1945, en Allemagne. On se trouve au milieu d'un monde ravagé, chaotique sans rien avoir fait pour ça. On a grandi parmi les souffrances et les deuils, en se disant qu'un jour ce serait son tour d'aller là-bas, vers ce front inévitable dont beaucoup ne reviennent pas.

Manfred Freising a échappé de peu à la guerre. Si elle s'était prolongée encore quelques mois, il aurait été mobilisé. Mais il ne le regrette pas. L'héroïsme ne l'a jamais tenté. Seules ses études l'intéressent. Quand son lycée, un établissement du centre de Hambourg, a été fermé, au début de 1945, totalement indifférent aux bombardements anglais et américains, il s'est enfermé dans sa chambre pour étudier ses livres de classe. Car c'est un garçon sérieux et pacifique.

Solitaire aussi. Ses parents, chez qui il vit, ne le connaissent pas vraiment. Il a mis toute sa volonté, toute son agressivité dans ses études. Il veut arriver. Il a décidé qu'il ferait son droit et qu'il deviendrait un grand avocat. C'est tout ce qui compte pour lui.

Manfred se rend à son lycée, comme chaque matin, ce 7 novembre 1945. Il fait froid. Il a neigé toute la nuit et les ruines qui jalonnent son trajet ont des formes étranges. Ce sont d'étonnants monuments tout blancs, à l'aspect biscornu. Insensible à ce paysage de désolation, Manfred presse le pas. Il ne songe qu'à une chose : ne pas arriver en retard.

Il pénètre dans la cour de l'établissement et se dirige vers sa salle de classe, dans l'intention de réviser une dernière fois ses leçons. Il a, comme d'habitude, la tête baissée, et c'est alors qu'il entend des éclats de voix, qui le font s'arrêter.

Quelques élèves de seconde sont en train d'entourer une jeune fille et de s'en prendre à elle.

– Hé, la comtesse ! Qu'est-ce que tu viens faire ici ? Retourne dans ton château !

Presque malgré lui, Manfred lève le regard. Il reconnaît, au milieu du groupe, une élève de sa classe. Jusqu'ici, il n'avait pas fait attention à elle. D'ailleurs, il ne fait jamais attention à personne. Mais cette fois, son côté chevaleresque prend le dessus. Il se précipite sur les garnements en criant :

– Fichez le camp ! Allez, fichez le camp !

Les garçons disparaissent sans demander leur reste.

Il demeure seul, sans rien dire, avec la jeune fille. Il la connaît, pourtant. Il sait son nom et son prénom : Juliane von Scheffel. Le premier jour de classe, leur professeur leur a demandé d'inscrire, à tour de rôle, leur nom au tableau noir. Et la jeune fille a fait comme les autres. À l'époque, il a seulement remarqué que c'était la seule qui avait un nom à particule. Sa curiosité s'est arrêtée là. Il n'a même pas levé les yeux sur elle. Mais maintenant, pour la première fois, il la regarde.

Juliane est là, qui lui sourit, dans son manteau de laine, avec ses chaussures à talons de bois. Elle est aussi blonde qu'il est brun. Elle a l'air ouvert, naturel autant qu'il a l'air renfermé. Manfred Freising met un certain temps à comprendre qu'elle lui sourit. Il a tellement peu l'habitude qu'on lui sourie. Il est vrai que lui-même ne sourit à personne.

Juliane von Scheffel lui tend la main. Encore une fois, Manfred met un moment avant de s'en rendre compte et la lui prend gauchement après avoir fait passer son cartable dans l'autre bras.

Elle lui dit simplement :

– Merci, Manfred.

Le jeune homme a un mouvement de recul. Elle l'a appelé par son prénom ! C'est la première fois que cela lui arrive. Jusqu'ici tout le monde l'a désigné par son nom de famille.

Manfred Freising considère un moment sa camarade de classe, qui attend, immobile, dans la neige, un mot de lui. Comme il ne dit rien, elle répète, d'un ton plus doux encore :

– Merci, Manfred, de m'avoir protégée.

Alors Manfred lui répond. Ses paroles semblent lui échapper. Ce n'est qu'après les avoir prononcées qu'il se rend vraiment compte de leur signification. Il s'incline vers elle et lui dit :

– Juliane, tu peux compter sur moi. Tu le peux toute ta vie...

Juliane a un moment de surprise, un petit rire, et puis, elle part dans la neige en courant légèrement. Manfred reste là, tout bête, avec son cartable dans les bras. En cet instant précis, il a accepté que sa vie soit bouleversée, qu'elle ne ressemble plus jamais à celle des autres. Il sent que quelque chose comme le destin vient d'entrer brusquement dans son existence et que c'est lui qui va commander.

Dès qu'il rentre chez lui, il s'enferme dans sa chambre et il pense, il rêve à Juliane. Les jours suivants, il se met à lui écrire des poèmes enflammés, il dessine, sur les pages de ses cahiers, son visage avec son sang. En classe, il n'a d'yeux que pour elle. Comme le banc de Juliane est derrière le sien, il emporte un petit miroir avec lequel il peut l'observer, après l'avoir dissimulé dans ses livres de cours. Dieu que Juliane est belle ! Malgré ses vêtements sans recherche, car les restrictions frappent toute l'Allemagne en cette année 1945, on sent bien qu'elle est comtesse. Il y a une telle noblesse dans son visage et dans son maintien !

Comme élève, Juliane von Scheffel est plutôt dissipée. Elle passe son temps à rire des plaisanteries de son compagnon de classe, un gros garçon rougeaud. Mais Manfred, qui les observe sans cesse, n'est pas jaloux. Il y a entre Juliane et lui, il le sent, une sorte de lien secret qui les unit à jamais. Il lui suffit pour cela de réentendre sa voix prononcer cette phrase merveilleuse : « Merci, Manfred, de m'avoir protégée. »

Bien sûr, tout se passe en lui. Extérieurement, Manfred est comme avant avec elle. Il ne lui a pas adressé la parole depuis le jour fatidique, sauf pour répondre à son « bonjour » du matin. Il ne lui a jamais souri, il ne lui a jamais lancé de regard particulier. C'est d'abord parce qu'il n'ose pas et ensuite parce que, dans le fond, ce n'est pas la peine. Eux, ils n'ont rien besoin de se dire, leur amour est au-delà des mots, c'est une certitude qu'ils partagent.

L'année scolaire avance. Toujours sans lui dire un mot, Manfred est de plus en plus amoureux de Juliane. Il l'aime à sa manière : absolue, secrète et terriblement sérieuse. Car Manfred Freising ne s'est permis aucun relâchement dans ses études. Il est toujours le premier de sa classe. Mais maintenant il ne travaille plus seulement pour lui, il travaille aussi pour elle, pour se montrer digne de Juliane.

C'est vers la fin de l'année qu'un de ses camarades l'invite à une réception chez lui. Quand il lui cite, parmi les autres invités, le nom de Juliane, Manfred manque de se trouver mal. Pendant les quelques jours qui suivent, il est fiévreux, il tourne en rond dans sa chambre en essayant de se donner du courage.

Enfin, la date arrive.

On est en juin. Pour cette sortie, Juliane s'est habillée. Elle a mis une robe blanche et un chapeau à fleurs. Au déjeuner, Manfred, à l'autre bout de la table où il s'est placé, ne cesse de la regarder. Il admire son aisance, cette façon qu'elle a de répondre avec esprit aux plaisanteries, et surtout, il est transporté par son rire, un rire pur, qui n'a rien de terrestre.

Après le repas, tout le monde va au jardin. Et Manfred croit devenir fou quand Juliane, qui passe auprès de lui, lui propose de jouer au ping-pong. Toute la partie, Manfred la vit dans un rêve. Il ne voit que la robe blanche qui vole, à droite ou à gauche, selon le côté où il envoie la balle.

Soudain, Juliane s'arrête. Elle regarde à terre. Elle dit, contrariée :

– Une seconde, Manfred, j'ai perdu mon soulier.

Alors, comme la première fois dans la neige, Manfred est pris d'une impulsion qui le dépasse. Il se précipite, ramasse la chaussure, s'agenouille devant elle et la lui remet au pied. Juliane le regarde. Au début, elle a l'air un peu surprise, un peu inquiète aussi, et puis elle se met à rire, de son rire inimitable.

– Eh bien toi, décidément, tu n'es pas comme les autres !

Pendant toutes ses vacances, qu'il passe seul en Italie, Manfred se répète les paroles de Juliane : « Pas comme les autres », elle lui a dit qu'il n'était pas comme les autres ! À Vérone, où il va se recueillir devant le tombeau de Roméo et Juliette, il fait le serment d'épouser Juliane ou de mourir.

Et c'est l'année scolaire suivante. Les deux jeunes gens, à présent, sont en terminale. Manfred continue à travailler avec autant d'ardeur et à rêver avec autant de passion à Juliane. Il veut absolument passer son bac avec une mention pour être digne d'elle. En classe, il n'a pas cherché à partager son banc. Il continue à l'observer avec son miroir-rétroviseur et, le soir, à lui écrire des poèmes.

Et bien sûr, comme l'année précédente, il ne lui adresse la parole que pour lui répondre quand elle lui dit « bonjour ».

Au bac, Manfred est reçu avec mention « très bien ». Juliane, de justesse, mais l'événement est tout de suite éclipsé pour Manfred par une nouvelle plus importante encore : le même ami que l'année dernière l'invite avec d'autres camarades, dont Juliane.

Cette fois, la réception a lieu le soir. Après le dîner, Juliane et Manfred se retrouvent dans le parc. C'est une nuit de 1er juin, une des plus belles de l'année. Manfred marche dans l'allée aux côtés de Juliane sans oser parler. Par deux fois, il frôle son bras nu sous son châle. Alors, de nouveau pris d'une impulsion irrésistible, Manfred s'incline et lui baise le poignet. Comme les premières fois, Juliane le regarde d'abord surprise et puis se met à rire. Manfred voit ses dents blanches dans la pénombre. C'est maintenant ! Il doit lui parler.

– Dis, Juliane, on se reverra à la faculté ?

Juliane répond d'un ton enjoué :

– Bien sûr.

Manfred reste un long moment pensif. Il marche la tête baissée et, sans quitter le sol des yeux, il dit d'une voix faible :

– Juliane, je voudrais te demander quelque chose : Est-ce que tu m'aimes ?

Sur le front de Juliane, une ride de contrariété est apparue. Elle regarde un moment Manfred avec réprobation et puis elle lui lance, en rentrant vers la maison d'un pas bondissant :

– Est-ce qu'il faut toujours dire quand on aime ?

Manfred reste seul dans l'allée déserte du jardin, en proie à un bonheur inconcevable. Juliane vient de lui dire qu'elle voulait le revoir à la faculté et elle vient de lui faire comprendre avec pudeur son amour ! L'avenir est à lui. Un jour, il sera un grand avocat, maître Manfred Freising, et la comtesse Juliane von Scheffel sera sa femme !

Les vacances passent de nouveau. Juliane von Scheffel et Manfred Freising sont maintenant tous deux étudiants, elle à la faculté d'histoire, lui à la faculté de droit de Hambourg. Mais Manfred, qui travaille toujours avec le même sérieux, n'a bien entendu pas oublié Juliane.

Alors, lorsque ses horaires le lui permettent et qu'il n'a pas trop de leçons, il va assister aux cours d'histoire de Juliane. Il n'est pas inscrit, il n'a rien à y faire, mais puisque c'est Juliane elle-même qui lui en a donné la permission…

Il n'ose toujours pas s'asseoir à côté d'elle, ni lui adresser la parole. Mais il tient tout de même à attirer son attention, à se montrer digne de celle qu'il aime. De sa place, il prend la parole chaque fois que c'est possible, il pose des questions, il interrompt même parfois le professeur. Car, en plus de ses propres leçons, il s'est mis à apprendre celles de Juliane afin de pouvoir briller.

Au bout d'un mois de son manège, Juliane vient le trouver à la sortie du cours.

– Mais qu'est-ce que tu viens faire ici ? Tu n'as donc pas de travail à la faculté de droit ?

Manfred ne peut que bafouiller :

– Juliane, c'est toi qui m'avais dit qu'on se verrait...

Comme elle est entourée d'un groupe de camarades, il n'insiste pas. S'ils étaient seuls, il lui rappellerait peut-être ce qui s'est passé dans le jardin. Mais là, au milieu de ces garçons et de ces filles, il n'ose pas. Et puis il se dit qu'après tout, c'est elle qui a raison. Il n'est pas à sa place à la faculté d'histoire. Ce qu'il doit faire, c'est travailler, passer ses examens pour être digne d'elle. C'est trop tôt encore pour qu'ils se retrouvent elle et lui.

Alors Manfred se met à travailler, seul, avec archarnement. Les années passent. Il ne voit plus Juliane que de loin. Il la guette à la sortie de ses cours, il attend, caché près de la maison, quelquefois pendant des heures, de la voir rentrer chez elle. Manfred réussit toujours aussi brillamment ses études. Il prépare maintenant son doctorat en droit sur le sujet : « Crime et responsabilité ».

En mai 1952, Manfred Freising reçoit enfin la consécration de ses efforts : il est reçu à son doctorat avec les félicitations du jury. Manfred est heureux, tout lui réussit, sa vie va pouvoir se dérouler exactement comme il l'avait rêvée ! La première partie de ses espoirs s'est déjà réalisée : il sera avocat. Maintenant, il ne reste plus que l'autre partie, la plus importante et la plus belle : épouser Juliane.

Fébrilement, seul dans sa chambre, il se met à lui écrire une lettre qu'il recommence plusieurs fois. Il lui annonce triomphalement sa réussite et il lui fait sa demande en mariage.

Et puis il attend...

Les jours passent, bientôt une semaine. Juliane, qu'il épie toujours, à la sortie de ses cours ou devant chez elle, ne lui répond pas. Sans doute n'a-t-elle pas reçu sa lettre. Il n'y a pas d'autre explication. Alors, pour la première fois de sa vie, il se décide à l'aborder.

Il vient à sa rencontre dans la rue alors qu'elle rentre chez elle d'un pas pressé. En le voyant, elle a un geste d'exaspération.

– Encore toi ! Tu ne me laisseras jamais tranquille ?

Manfred ne relève pas le ton de Juliane. Il lui pose tout de suite sa question :

– As-tu reçu ma lettre ?

Juliane hausse les épaules.

– Bien sûr.

– Mais pourquoi ne m'as-tu pas répondu ?

– Parce qu'il n'y a rien à répondre... Écoute, Manfred, je te félicite pour ton doctorat, c'est très bien. Mais tu as dû trop travailler ; tu devrais te reposer. Maintenant, laisse-moi tranquille.

Et elle se met en marche rapidement.

Manfred ne comprend plus. Il s'accroche à ses côtés.

– Mais, Juliane, il faut que nous parlions, que nous parlions de tout…

Juliane lui répond d'une voix dure, qu'il ne lui connaissait pas.

– Il n'y a rien à dire, parce qu'il n'y a rien et qu'il n'y aura jamais rien entre nous. Laisse-moi tranquille ou j'appelle !

Et Manfred la regarde s'éloigner…

À partir de cet instant, Juliane occupe plus que jamais ses pensées ; pourtant tout est changé. Elle est devenue l'image de la trahison ; elle n'a pas été fidèle au souvenir de ce matin neigeux de novembre 1945 ni à la promesse qu'elle lui avait faite dans le jardin.

Manfred continue à l'épier, mais ce n'est plus pour avoir le bonheur de l'entrevoir quelques instants, c'est pour la surveiller, savoir qui l'approche, qui est en train de la lui voler.

C'est par un ami commun qu'il apprend un an plus tard qu'elle vient de se fiancer avec un baron, le fils d'un industriel de Hambourg. C'est à ce moment qu'il décide de tuer Juliane et de se suicider ensuite. C'est une idée qui ne l'effraie pas, contre laquelle il ne tente pas de résister. C'est normal, c'est l'aboutissement logique de cet amour trop grand pour se terminer autrement. Et pour son suicide, il sait où il ira. Tout de suite après avoir tué Juliane, il partira pour l'Italie, pour Vérone, et il se poignardera sur le tombeau de Roméo et Juliette.

Le 7 novembre 1953, il fait froid, il a beaucoup neigé, comme huit ans auparavant, sur la ville de Hambourg alors en ruine. Manfred a attendu l'anniversaire de leur première rencontre pour mettre au point son projet. Il grelotte, caché derrière un arbre en face de la maison de Juliane, la main droite crispée sur le poignard qui se trouve dans sa poche.

Dans l'après-midi, il a annoncé à ses parents :

– Je dois partir en voyage. Je vais à Vérone pour une affaire importante. Je ne sais pas quand je rentrerai.

Juliane vient d'apparaître sur le trottoir d'en face. Manfred se précipite. Il frappe une seule fois et il s'enfuit dans la neige.

Juliane von Scheffel est morte le lendemain à l'hôpital. Mais elle a pu dire aux policiers le nom de son meurtrier. Les parents du jeune homme, interrogés aussitôt, ont répété ce qu'il leur avait dit ; ils ont parlé du voyage à Vérone et les policiers italiens ont arrêté Manfred Freising dans le train, en gare de Milan.

Il n'est jamais passé devant le tribunal. Les médecins ont découvert chez lui une schizophrénie à évolution lente et l'ont déclaré irresponsable. Si on lui avait demandé son avis, il est probable que Manfred aurait été d'accord avec eux, car c'était bien cela qu'il avait vécu depuis le début : un amour fou.

Sa Majesté

Marie-Louise Joubert sort du parc Monceau. Elle aime bien se promener l'après-midi dans cet endroit calme et distingué et, sans se l'avouer vraiment, elle espère un peu y rencontrer un monsieur en rapport avec l'aristocratie du lieu.

Mais aucun monsieur distingué et fortuné ne l'a encore abordée jusqu'à ce jour ; rien que des jeunes gens sans-le-sou en quête d'une aventure. Pourtant, Marie-Louise Joubert est jolie. Elle est ravissante même : blonde aux yeux bleus, avec un corps splendide de dix-neuf ans.

Pauvre Marie-Louise ! Depuis qu'elle vit à Paris, elle est allée de désillusion en désillusion. Quand elle a quitté son Auvergne et ses dix frères et sœurs à cause de la misère, au début de l'année 1908, elle attendait tout autre chose de la capitale. Mais la misère est toujours là. Fille pauvre, elle n'a trouvé qu'un travail de fille pauvre ; elle est serveuse dans un bouillon populaire. Chaque midi et chaque soir, elle doit endurer les avances vulgaires des miséreux en tout genre, avec leurs sales pattes qui traînent.

– Cocher ! Hé, cocher !

La voix à l'accent américain fait se retourner Marie-Louise. L'homme qui s'approche du fiacre est vraiment superbe : grand, moustache mode, trente-cinq ans environ, et si distingué dans sa redingote gris perle ! Marie-Louise Joubert s'est arrêtée au bord du trottoir. Le monsieur monte dans la calèche. Elle regarde passer le rêve...

– Cocher, rue Royale !

L'accent faubourien du cocher contraste avec l'accent américain distingué :

– Où ça, rue Royale, mon prince ?

– Chez Maxim's.

En entendant le nom prestigieux, Marie-Louise Joubert a un cri d'admiration :

– Mince alors !

C'est plus fort qu'elle. Cela lui a échappé. L'Américain et le cocher se tournent vers elle en même temps. Elle les regarde toute bête sur le trottoir, les mains sur la bouche, rose de confusion.

L'Américain ajuste son monocle et émet un sifflement. Au comble de la gêne, Marie-Louise voudrait s'enfuir, mais elle reste immobile, pétrifiée. La voix à l'accent si particulier s'adresse à elle :

– Mademoiselle, puis-je vous déposer quelque part ?

Marie-Louise Joubert répond spontanément :

– Emmenez-moi faire un tour au Bois !

Elle monte dans la calèche. L'homme lui déclare alors :

– Arnold Williams, roi de la chaussure.

Marie-Louise, un peu décontenancée par cette entrée en matière, réplique :

– Marie-Louise Joubert. Je suis vendeuse… chez un fleuriste.

Les présentations étant faites, le cocher fouette ses chevaux et la calèche prend la direction du bois de Boulogne. Marie-Louise sourit. Elle a l'impression que ce fiacre l'emmène vers une nouvelle existence. Elle pense à Cendrillon…

Début 1909. Il y a maintenant six mois que Marie-Louise Joubert a fait la connaissance d'Arnold Williams. Qui reconnaîtrait en elle la petite Auvergnate montée à Paris, la serveuse du bouillon populaire ? Ses somptueuses toilettes, ses bijoux fastueux rendent sa beauté éblouissante. Marie-Louise est désormais une personnalité du Tout-Paris. Les corbeilles de fleurs et les billets d'admirateurs s'entassent dans son hôtel particulier de la Plaine-Monceau.

Marie-Louise y vit seule. Arnold Williams, qui est tombé follement amoureux d'elle, ne passe en effet que quatre mois de l'année à Paris. Le reste du temps, il est obligé d'aller à New York pour ses affaires. Il a donné à la jeune femme tout ce qu'elle voulait, tout ce qu'il y avait de plus beau, de plus cher. Il lui verse des mensualités princières. Mais à une condition : il exige d'elle une fidélité absolue, sinon il lui coupera les vivres et il lui reprendra tout.

Marie-Louise Joubert a accepté, bien entendu. Et depuis deux mois qu'Arnold est parti, elle tient parole. Elle paraît dans les lieux à la mode, mais seule. Elle repousse impitoyablement toutes les avances. Ce comportement renforce encore l'empressement autour d'elle. Les hommes font des folies pour vaincre sa résistance. Plusieurs ont même menacé de se suicider. Mais Marie-Louise Joubert demeure inflexible et son attitude hautaine lui a valu un surnom dont elle n'est d'ailleurs pas fâchée : « Sa Majesté ».

Ce soir de février 1909, « Sa Majesté » dîne chez Maxim's en compagnie d'amis, rien que des couples mariés. Elle a pas mal bu.

Elle se sent très gaie. Les violons la rendent rêveuse. Elle soupire devant sa flûte de champagne. Bien sûr, il serait trop stupide de perdre une fortune miraculeuse. Mais la raison, la volonté ne sont pas tout. Quand on a vingt ans, qu'on est belle et qu'on est follement désirée par les hommes les plus séduisants, il y a des sacrifices qui sont à la limite du supportable.

Un claquement de talons fait sursauter Marie-Louise. Un homme d'une trentaine d'années, en tenue de grand officier du tsar, s'incline galamment devant elle :

– Mademoiselle, pourriez-vous m'accorder cette danse ?

Les violons ont entamé une valse tsigane. Marie-Louise se lève et tend son bras au bel officier. Il y a un murmure parmi les convives, « Sa Majesté » est descendue de son piédestal. C'est un événement mondain. Demain, dans le Tout-Paris, on ne parlera plus que du grand-duc Alexis, le vainqueur de cette citadelle imprenable.

Marie-Louise se rassied, tout essoufflée. Un serveur s'approche d'elle :

– Mademoiselle, on vous demande au téléphone.

Très intriguée par cet appel inattendu, Marie-Louise Joubert suit le garçon jusqu'à la cabine. Elle décroche le combiné : rien. Il n'y a personne au bout du fil… C'est alors qu'elle remarque que le serveur n'a pas bougé et qu'il la dévisage avec insistance. Elle s'apprête à le remettre à sa place. Celui-ci ne lui en laisse pas le temps.

– J'ai choisi ce prétexte pour vous parler.

Marie-Louise l'interrompt, scandalisée :

– Qu'est-ce que cela signifie ?

Mais le serveur continue comme s'il ne l'avait pas entendue :

– Pour vous parler de la part de M. Williams…

Du coup, la jeune femme devient toute pâle.

– Je suis désolé de vous l'apprendre, mademoiselle, mais je suis employé par M. Williams pour vous surveiller. Je dois lui adresser un rapport toutes les semaines. Et, d'après ce que j'ai cru comprendre, il a des informateurs comme moi dans tous les endroits où vous êtes susceptible de vous rendre.

Marie-Louise sent la panique l'envahir.

– Écoutez… Ne lui dites rien. Je vous en serai reconnaissante.

Le garçon secoue la tête.

– Non. Je vous remercie. Si je me taisais, il l'apprendrait par quelqu'un d'autre. Et je ne tiens pas à perdre la gratification qu'il me donne. Elle est… estimable.

Marie-Louise s'enfuit. Elle rentre chez elle sans saluer personne. Comment a-t-elle pu penser qu'Arnold serait assez naïf pour croire en sa bonne foi ? Avec les moyens qu'il a, ce sont des dizaines d'espions qu'il a placés partout autour d'elle. Et maintenant, pour un instant de faiblesse, pour une valse, elle va perdre son hôtel particulier, ses bijoux, ses domestiques. Le carrosse de Cendrillon va se transformer en citrouille et « Sa Majesté » en serveuse de bouillon populaire...

Pendant les jours qui suivent, Marie-Louise ne vit plus. Elle attend la sentence d'Arnold qu'elle pressent impitoyable. Quand la lettre de New York arrive, elle a toutes les peines du monde à l'ouvrir tant elle est bouleversée, mais l'instant d'après, elle pousse un cri de joie ! Arnold lui fait, bien entendu, de terribles reproches pour son inconduite chez Maxim's. Mais il veut bien lui laisser une chance, une dernière.

Le soir même, Marie-Louise Joubert se rend chez Maxim's. Dès qu'il l'aperçoit, le grand-duc s'empresse auprès d'elle. Elle le repousse avec mépris. Comme l'officier du tsar insiste, elle fait un éclat, elle lui crie des mots blessants. Les conversations des convives s'arrêtent un instant. Le Tout-Paris regarde sans comprendre : « Sa Majesté » est redevenue « Sa Majesté ».

Marie-Louise s'assied seule à une table. Elle s'aperçoit alors que le serveur de la soirée précédente ne l'a pas quittée des yeux et affiche un sourire indéfinissable.

2 avril 1909. Ce jour-là, le Tout-Paris est en émoi. Les chroniqueurs mondains rivalisent de talent pour raconter l'événement : « Sa Majesté » est morte, et pas de n'importe quelle mort ! Elle a été assassinée. On l'a retrouvée dans son hôtel particulier de la Plaine-Monceau avec trois balles dans le corps.

Le commissaire Lefort, chargé de l'enquête, est très contrarié. Dans ces histoires de demi-mondaines, on marche sur des œufs, car les suspects ne sont pas les premiers venus. Ce qui ennuie principalement le commissaire, c'est que les résultats de la perquisition sont formels : rien n'a été volé dans l'hôtel particulier. Or, les bijoux de la victime étaient dans un coffret, à portée de la main. Un crime crapuleux aurait arrangé tout le monde. Mais ce n'est pas un crime crapuleux.

Alors qui ? Par obligation professionnelle, le commissaire Lefort lit les rubriques mondaines. Il se souvient parfaitement de la valse que « Sa Majesté » avait accordée au grand-duc Alexis et de l'affront public qu'elle lui avait infligé quelques jours plus tard. Il sait aussi que Marie-Louise était entretenue par Arnold Williams.

Un grand-duc russe, un milliardaire américain : ce n'est pas le genre de suspects qu'affectionne un commissaire. Non, décidément, l'affaire n'est pas du tout à son goût !

Le commissaire Lefort en est toujours à se demander de quelle manière il va aborder cette enquête qui est à prendre avec des pincettes, quand un visiteur demande à être introduit dans son bureau. Il lui a fait passer sa carte : Siméon Bertaud, détective privé.

Siméon Bertaud est un petit homme grassouillet aux allures de bon vivant. Il donne une franche poignée de main au commissaire.

– Je pense que je peux vous apporter des renseignements intéressants. Je suis – enfin j'étais – employé par M. Williams pour surveiller Mlle Joubert.

Le nom du milliardaire fait faire la grimace au commissaire, mais Siméon Bertaud n'a pas l'air de s'en apercevoir.

– Pendant les premiers mois, il ne s'est rien passé de particulier. Jusqu'à cette danse que Mlle Joubert a accordée au grand-duc russe. M. Williams a été averti, mais il a décidé de lui laisser encore une chance. Alors Mlle Joubert a fait au Russe une scène publique. Pour tout le monde, elle était redevenue comme avant : fidèle et inaccessible. En fait, c'est le contraire : c'est à partir de ce moment que tout a commencé...

Le commissaire Lefort marque brusquement un intérêt soutenu pour son interlocuteur.

Le détective continue.

– M. Williams avait des informateurs dans les lieux fréquentés par le Tout-Paris, mais moi j'étais le seul chargé de suivre Mlle Joubert où qu'elle aille. Le lendemain de l'esclandre, j'étais en faction devant l'hôtel particulier. J'ai vu sortir vers minuit une femme blonde habillée de façon modeste, comme une domestique. Je l'ai reconnue tout de suite : c'était elle. Elle s'est rendue à pied vers les Grands Boulevards. Elle est entrée dans un café populaire, elle s'est assise à une table et elle a attendu.

– Et alors ?

Siméon Bertaud a un petit rire.

– Et alors, que vouliez-vous qu'il arrive ? Un homme est venu à sa table, il lui a fait des propositions et ils sont partis ensemble. Ils ont été dans un immeuble plutôt misérable – le logis du monsieur, je suppose –, elle est repartie à l'aube et elle est rentrée chez elle. Et elle a recommencé comme cela pendant un mois, chaque fois dans un café différent et avec un monsieur différent.

Le détective adresse un clin d'œil au commissaire Lefort.

– Une jolie fille comme elle, comment aurait-elle pu rester huit mois sans hommes, la pauvre ? Je suppose qu'elle s'est dit que si elle allait dans les lieux mal fréquentés pour suivre le premier venu, les espions payés par M. Williams ne pourraient rien contre elle. Elle n'avait pas pensé que quelqu'un était chargé de la suivre partout.

Le commissaire hoche la tête.

– Et vous avez prévenu M. Williams ?

Pour la première fois, le détective a l'air gêné.

– Non, j'ai préféré aller trouver Mlle Joubert. Nous avons conclu un arrangement. Vous comprenez, elle ne faisait rien de mal. Tant que ce n'était pas avec des gens de la bonne société, mon client ne pouvait pas le savoir. Alors je lui ai proposé mon silence en échange… d'un peu d'argent.

Le commissaire Lefort coupe sèchement son interlocuteur.

– Et c'est pour me dire cela que vous êtes venu ?

– Non, attendez ! Depuis un mois, c'était différent... Elle voyait toujours le même homme. Je me suis renseigné sur lui, un certain Gaston Vernier, un type assez peu recommandable, un gigolo pour tout vous dire. Mlle Joubert semblait très éprise. C'est tout ce que je sais.

Intérieurement, le commissaire pousse un soupir de soulagement ! Un gigolo, voilà une piste qui lui plaît, qui l'éloigne du terrain dangereux des milliardaires et des grands-ducs. Il remercie plutôt froidement le détective et, sur ses indications, il n'a aucun mal à faire arrêter ce Gaston Vernier. Le jour-même, il est dans son bureau.

L'homme est tel qu'on peut l'imaginer : il a la trentaine, des moustaches et des favoris soigneusement brillantinés, mais le visage veule et le regard faux. Il est très agité.

– Je n'ai rien fait, je vous le jure ! C'est vrai, j'étais l'amant de Marie-Louise et elle me faisait de temps en temps de petits cadeaux. Elle était folle de moi. Mais je ne l'ai pas tuée, pourquoi l'aurais-je fait ? J'avais tout intérêt à ce que notre liaison continue.

Le commissaire Lefort admet le bien-fondé de l'objection, mais il n'est pas décidé à lâcher aussi facilement sa proie. Et puis – est-ce une impression ? –, il lui semble que la voix sonne faux.

– Vous savez quelque chose ! Et vous allez me le dire, sinon c'est vous qui serez inculpé de meurtre et je ne donne pas cher de votre tête !

Le gigolo est devenu vert. Il avale sa salive.

– Écoutez... J'ai une petite amie, enfin une vraie. Rosine Vacher, elle s'appelle. Quand j'ai connu Marie-Louise, je l'ai un peu laissée tomber. Rosine l'a très mal pris. Elle m'a dit : « Je la tuerai, cette putain ! » Je ne l'ai pas crue, mais depuis le jour du meurtre, je ne l'ai pas revue. Et le pire, c'est que, depuis ce temps-là, mon revolver a disparu.

– Et, à votre idée, où peut-elle se trouver ?

– Oh, sûrement chez ses parents, en Bretagne. Elle était montée à Paris l'année dernière. Elle avait l'idée de faire fortune...

C'est dans un petit village de Bretagne que Rosine Vacher a été arrêtée. Conduite devant le commissaire Lefort, elle a fini par avouer son meurtre. Oui, c'était bien elle qui avait tué la demi-mondaine. Elle était allée dans son hôtel particulier avec le revolver de Gaston et avait tiré après une violente discussion. Par jalousie.

Marie-Louise Joubert, « Sa Majesté », maîtresse d'un milliardaire américain et courtisée par un grand-duc russe, était morte sous les balles d'une pauvre fille comme elle, d'une paysanne qui avait quitté sa province et sa misère pour faire fortune à Paris.

Il est difficile d'échapper à son milieu.

La cendre sur le tapis

Barcelone, 25 avril 1971. Santiago Molinos est penché au-dessus de sa table d'architecte, sa règle à calcul en main. Il est en train d'essayer de résoudre un difficile problème de cotes. Santiago Molinos allume une cigarette et tire dessus nerveusement. À trente-cinq ans, c'est un bel homme, qui possède un charme certain, avec, pourtant, on ne sait quoi d'effacé.

La porte s'ouvre brusquement. Une femme d'une quarantaine d'années, portant un seau, des chiffons et un balai, vient d'entrer.

– Je vais faire les carreaux.

Sans se retourner, Santiago Molinos lance :

– Tu les as déjà faits la semaine dernière. Écoute, Fermina, tu vois bien que je travaille. Laisse-moi tranquille.

Fermina Molinos est de cinq ans l'aînée de son mari, mais elle en paraît dix de plus. C'est une grande femme au visage maigre, aux cheveux noirs bouclés, qui serait peut-être jolie si elle voulait se mettre en valeur. Elle a un haussement d'épaules :

– Mon pauvre chéri, tu ne vois jamais rien : ils sont sales ces carreaux ! Et puis, pendant que j'y suis, je donnerai un petit coup par terre… Oh ! Mon Dieu !

Poussant un cri perçant, Fermina Molinos se précipite vers son mari :

– Ta cendre ! Tu as fait tomber ta cendre sur le tapis !

Santiago Molinos pousse un soupir et renonce à son calcul de cotes. Il le reprendra tout à l'heure quand Fermina sera partie. Au bout d'un quart d'heure, celle-ci annonce enfin :

– Voilà. J'ai terminé. Je vais faire les courses. Je serai de retour à midi. Fais attention à tes cigarettes.

Une heure trente. Santiago Molinos arpente nerveusement la salle à manger. Fermina n'est pas rentrée. Depuis quinze ans de mariage, c'est la première fois qu'elle a plus de cinq minutes de retard. Il a dû lui arriver un accident. Il n'y a pas d'autre explication.

Fou d'inquiétude, Santiago décroche le téléphone et appelle l'hôpital le plus proche. Il n'y a personne qui corresponde à la description de sa femme. Il appelle alors successivement tous les hôpitaux de Barcelone. Rien. C'est en tremblant qu'il compose le numéro suivant : celui de la morgue. Heureusement, la réponse est encore une fois négative. Alors, il ne reste plus que la police.

– Allô ? Ma femme a disparu.

– Depuis quand ?

Santiago Molinos consulte sa montre :

– Deux heures.

Au bout du fil, il y a un silence puis une question agressive :

– Vous vous moquez du monde ?

Santiago Molinos insiste :

– Mais vous ne connaissez pas Fermina. Je vous assure que c'est très grave !

La voix du policier est toujours aussi désagréable :

– Écoutez, si elle n'est pas rentrée ce soir, allez à votre commissariat.

Et il raccroche.

Le soir, Fermina Molinos n'est pas rentrée et Santiago se précipite au commissariat. Après avoir longuement parlementé, il parvient à faire enregistrer sa demande de recherche malgré le peu de temps écoulé. Il a une photo qu'il remet au policier. Il donne son signalement : un mètre soixante-quinze, mince, cheveux bruns, yeux noisette. Il doit faire un effort de mémoire pour se rappeler les vêtements qu'elle portait :

– Une robe bleue... Oui, c'est cela : une robe bleue à fleurs blanches.

Santiago Molinos rentre chez lui. Dans l'appartement obscur et silencieux, il est totalement désemparé. Il est sûr qu'il ne reverra jamais Fermina. Que va-t-il devenir sans elle ? Il s'effondre sur le canapé, allume une cigarette et fume fébrilement. Soudain, il sursaute. Catastrophe : sa cendre vient de tomber sur le tapis ! Et puis, tout aussitôt, il a une impression étrange : mais non, cela n'a aucune importance puisque Fermina n'est plus là. Santiago Molinos tire une bouffée d'un air rêveur et, pour la seconde fois, fait tomber sa cendre. Il contemple les deux petits tas côte à côte sur le tapis, et, à sa grande honte, il ressent quelque chose qui ressemble à de la satisfaction.

Santiago hésite un instant puis, avec une sorte de frénésie, écrase sa cigarette à même le tapis.

21 juin 1971. Il y a trois mois que Fermina Molinos a disparu et, malgré tous les efforts de la police qui, cette fois, a pris l'affaire très au sérieux, il n'y a pas le moindre indice. L'affaire est d'autant plus préoccupante que c'est la quatrième disparition de femme brune de grande taille à Barcelone depuis le début de l'année. On parle d'un mystérieux sadique qui, après avoir tué ses victimes, irait jeter leur corps très loin en mer. Plusieurs témoignages de pêcheurs sont troublants.

Pour l'instant, Santiago Molinos reçoit une cliente dans son cabinet. La pièce est dans un désordre indescriptible : des livres, des vêtements, des papiers de toutes sortes traînent par terre. Un énorme cendrier déborde de cigarettes.

Santiago Molinos désigne un pouf à sa visiteuse :

– Cela ne vous dérange pas de vous asseoir ici, mademoiselle Valdes ?

Carmen Valdes, vingt-cinq ans, est une blonde ravissante habillée d'une manièttre très moderne. Elle a un sourire amusé :

– Non, pas du tout...Vous savez, j'adore le désordre qu'il y a chez vous. C'est à cela qu'on reconnaît les vrais artistes.

Débordant intérieurement de plaisir, Santiago apporte à la jeune fille un plan qu'il déplie devant elle. Carmen Valdes, fille d'un banquier de la ville, se fait construire une villa sur la Costa Brava avec l'argent que son riche papa a mis à sa disposition. Carmen applaudit avec enthousiasme en prenant connaissance du travail de l'architecte :

– Comme c'est joli ! Quel talent vous avez !

Dans son excitation, elle fait tomber sur le tapis la cendre de la cigarette qu'elle tient en main. Elle a l'air confuse :

– Oh, pardon ! Je suis désolée.

Santiago a un large sourire :

– Allons donc ! Cela n'a aucune importance.

20 juillet 1971. La police est de plus en plus inquiète au sujet de Fermina Molinos dont elle n'a aucune nouvelle depuis quatre mois. Santiago, de son côté, manifeste assez peu d'intérêt pour les résultats de l'enquête. Il faut dire qu'il a d'autres préoccupations.

Une idylle s'est nouée entre Carmen et lui. Une idylle en tout bien tout honneur, car Carmen, issue de la grande bourgeoisie de Barcelone, a des principes.

Aussi, ce soir-là, il se décide à lui proposer le mariage. Et la réponse de Carmen est la plus désespérante qu'on puisse imaginer :

– J'aurais dit « oui » si tu n'étais pas marié…

– Mais Fermina a disparu. Elle ne reviendra jamais !

– Peut-être. En attendant, tu n'es pas veuf.

Santiago sent le monde se dérober sous lui. Jamais il n'avait vraiment pensé que Carmen consentirait à l'épouser. Et voilà qu'elle est d'accord et que ce n'est pas possible ! Il demande d'une voix brisée :

– Mais combien de temps faudra-t-il attendre ?

Carmen Valdes a un soupir :

– Je me suis renseignée. Si l'on ne retrouve pas son corps, dix ans. C'est la loi.

Santiago Molinos a un mouvement de révolte. Il saisit Carmen par le bras et l'attire contre lui :

– Nous ne pouvons pas attendre dix ans !

Elle se dégage avec douceur mais fermeté :

– Je regrette, Santiago. Je ne peux pas. Il faudrait que je rompe avec ma famille. C'est au-dessus de mes forces.

Elle hésite un instant et puis déclare d'une voix subitement altérée :

– Je crois qu'il vaut mieux ne plus nous voir. Nous nous ferions trop de mal.

Santiago tente en vain de retenir Carmen.

Après son départ, il arpente l'appartement comme un fou. Fermina empoisonnait son existence quand elle était là, mais à présent c'est bien pire. Le bonheur est là, à portée de la main, et voilà que Fermina l'en prive. Elle va le retenir prisonnier, l'empêcher de vivre pendant dix ans !

D'un geste impulsif, Santiago Molinos s'empare d'un cendrier et le jette contre la fenêtre de son cabinet. La vitre vole en éclats, la vitre qui n'avait pas été lavée depuis quatre mois…

12 octobre 1971. Depuis que Carmen l'a quitté, Santiago Molinos n'est plus que l'ombre de lui-même. Il erre des

nuits entières dans les quartiers populeux de Barcelone. Il boit pour oublier sa désespérante situation. Il repense à l'une des dernières phrases que lui a dites Carmen :

– Si jamais ta femme était officiellement morte, je reviendrais le jour même.

Attablé dans un bistrot sordide, Santiago grimace devant son verre de vin. Pas de danger qu'elle soit un jour officiellement morte ! Bien sûr qu'elle est morte, mais elle s'arrange pour qu'on ne retrouve pas son cadavre ! Elle le fait exprès.

Soudain, il pousse un cri : cette femme, là-bas ! Cette grande brune au comptoir : c'est elle ! Il se lève en titubant, s'approche d'elle et l'agrippe par le bras :

– Fermina !

La femme a un mouvement de recul devant cet ivrogne à la barbe hirsute et aux yeux injectés de sang.

– Fiche-moi la paix ! Je suis sûre que tu n'as même pas un rond !

Santiago Molinos sort une liasse de pesetas. À cette vue, la femme se radoucit :

– Je m'appelle Casilda, pas Fermina. Je te rappelle quelqu'un ?

Santiago Molinos détaille la prostituée accoudée au comptoir : ce n'est pas seulement son ivresse qui l'a fait la confondre avec Fermina. À part le maquillage outrancier et la robe, la ressemblance est frappante. Il répond à sa question :

– Oui, ma femme.

– Ah ! elle t'a laissé tomber ?

– Non. Elle est morte.

Du coup, Casilda change d'expression. Elle a un air apitoyé. Santiago la prend vivement par la main :

– Viens !

– Où est-ce qu'on va ?

– Chez moi.

Arrivé à l'appartement, Santiago Molinos tend à la prostituée une robe bleue à fleurs blanches.

– Mets-là.

Casilda n'est pas surprise de ce genre d'exigence de la part d'un veuf inconsolable. Elle obéit sans discuter. Dès qu'elle s'est habillée, Santiago l'entraîne de nouveau.

– On va faire un tour en mer…

Santiago Molinos arrête sa voiture le long du rivage à une trentaine de kilomètres de Barcelone. Il y a là un promontoire rocheux qui tombe à pic dans la mer. C'est l'endroit idéal. Il s'approche de la femme, passe les mains autour de son cou comme pour l'enlacer et serre de toutes ses forces. Il ne relâche son étreinte qu'au bout de plusieurs minutes.

Et Casilda meurt, victime d'une ressemblance.

Rassemblant toutes ses forces, Santiago traîne le corps jusqu'au promontoire. Il y a un grand « plouf ». En bas, l'eau noire s'est refermée sur la robe bleue à fleurs blanches. Avec un peu de chance, on ne découvrira le corps que dans quelques semaines et la date de la mort sera presque impossible à établir. Dans quelques semaines, peut-être, il sera libre et heureux.

Santiago Molinos n'a pas cette chance. Deux jours plus tard, seulement, on sonne à sa porte. C'est le commissaire Barga, celui qui est chargé de l'enquête sur la disparition de Fermina.

– J'ai tenu à venir moi-même, monsieur Molinos. J'ai des nouvelles de votre femme de… très mauvaises nouvelles.

Santiago prend une mine de circonstance.

– J'ai compris. Je vous suis.

Dans la voiture du commissaire, sur le chemin de la morgue, Santiago Molinos réfléchit intensément. Un corps qui n'a séjourné que deux jours dans l'eau ne pourra jamais passer pour celui de sa femme. Tout est fichu. Il a tué pour rien. Mais non, après tout! Fermina a bien pu disparaître il y a six mois et n'être tuée que l'avant-veille. Entre-temps, elle aura été séquestrée par un sadique. Cela se tient parfaitement! Et quelques minutes plus tard, lorsque l'employé de la morgue soulève le drap, Santiago s'écrie sans hésitation, d'une voix tragique :

– C'est elle!

La voix du commissaire Barga dans son dos est parfaitement naturelle, comme s'il posait une question indifférente :

– Pourquoi avez-vous tué votre femme, monsieur Molinos?

Santiago est trop ahuri pour répondre quoi que ce soit. Le commissaire poursuit :

– Vous n'avez pas de chance, monsieur Molinos : il y avait un couple d'amoureux cette nuit-là près du promontoire. Ils ne vous ont pas vu jeter le corps, mais ils ont trouvé votre voiture suspecte et ils ont noté le numéro. Alors, Molinos, pourquoi avez-vous tué votre femme et qu'en avez-vous fait pendant six mois? Vous l'avez séquestrée?

Deux mois plus tard, Santiago Molinos, inculpé du meurtre de Casilda Marti, prostituée de Barcelone, voit le commissaire Barga entrer dans sa cellule.

– Suivez-moi, Molinos.

– Où m'emmenez-vous ?

– Vous verrez bien.

Dans les rues de Barcelone, à bord de la voiture de police, menottes aux poignets, Santiago ne comprend rien. Ou plutôt, il ne veut pas comprendre. Ce n'est pas vrai, ce n'est pas possible !

Si, c'est possible. Si, c'est vrai ! La voiture de police prend la direction de la morgue, s'arrête. Santiago est extrait sans ménagement, conduit dans la même pièce que la première fois, l'employé ouvre un tiroir, soulève un drap.

Le visage, affreusement défiguré par huit mois de séjour sous l'eau, n'est plus reconnaissable, mais la robc bleue à fleurs, l'alliance, il n'y a pas de doute... Si le corps de Fermina avait été découvert deux mois plus tôt, le bonheur était à lui. Maintenant, il est un criminel, il va passer en jugement, il va être exécuté, peut-être. Alors, bien sûr, elle peut reparaître, pour le narguer, pour que son anéantissement soit complet !

Le commissaire Barga pose la question.

– C'est elle ?

Santiago Molinos reste quelques instants silencieux et dit doucement :

– Elle l'a fait exprès.

L'esprit de famille

Février 1971 : la Fête de la bière bat son plein à Munich. À cette occasion, des bals ont été organisés dans tous les quartiers de la métropole bavaroise. Rolf Lenau n'a, bien sûr, pas voulu laisser passer cette occasion de s'amuser et, peut-être, de faire une rencontre agréable.

Rolf Lenau, à vingt-cinq ans, est toujours célibataire. Ce n'est pas qu'il soit laid. Il est grand, blond. Il a un bon métier. Il est serrurier et tout le monde dans son quartier le considère comme un artisan consciencieux. Simplement, il n'a pas encore rencontré l'âme sœur.

Et justement, cette jeune fille seule, qu'il vient d'inviter, lui plaît tout de suite. Elle est blonde et elle a un air réservé, doux, qui l'attire beaucoup. Ils font vite connaissance. Elle a vingt-cinq ans, elle aussi ; elle s'appelle Elke Petermann. À la troisième danse, elle lui avoue qu'elle est également seule dans la vie et elle lui confie sa profession : laborantine dans une pharmacie. À la fin de la soirée, elle accepte un rendez-vous pour le lendemain.

Le lendemain, Rolf Lenau et Elke Petermann vont ensemble au cinéma. Ensuite, le jeune homme l'invite au restaurant. Pour Rolf, dès cet instant, il ne s'agit pas d'une rencontre comme les autres. Elke lui semble décidément tout à fait son genre. Peu à peu, ils en viennent aux confidences. Elke lui avoue qu'elle a déjà été mariée. Le jeune homme s'étonne.

– Mais pourquoi as-tu divorcé ? Qu'est-ce qui s'est passé ?

Une ombre passe sur le front de la jeune fille.

– Ce n'est pas moi qui ai voulu divorcer. C'est lui. Il trouvait que j'avais trop l'esprit de famille.

Rolf Lenau manifeste son incompréhension.

– Mais enfin, en voilà un motif pour divorcer ! L'esprit de famille, c'est très bien, au contraire. Il y avait sûrement autre chose qu'il ne voulait pas te dire.

Elke Petermann sourit, d'un sourire charmant. Elle secoue la tête et ajoute, avec beaucoup de douceur :

– Non, je t'assure, Rolf, c'était la seule raison. La jeune fille marque un temps et puis poursuit :

– Demain soir, pourrais-tu dîner chez nous ? J'aimerais beaucoup te présenter à ma famille.

Le lendemain, Rolf Lenau se présente devant un pavillon d'une rue résidentielle de Munich. À la main, il a un bouquet de roses. C'est Elke qui vient ouvrir à son coup de sonnette. Tout de suite, elle a l'air contrarié.

– Tu n'aurais pas dû apporter des roses. Maman a horreur des fleurs.

Le jeune homme réplique avec gaieté :

– Eh bien, tu les garderas pour toi. C'est à toi que je veux faire plaisir, pas à ta mère !

Elke Petermann ne répond rien, mais – est-ce une impression ? – il lui semble qu'il vient de la choquer. Un jeune homme d'une vingtaine d'années se tient dans l'entrée. Elke le lui présente :

– Mon frère Thomas.

Rolf lui donne une poignée de main chaleureuse. Mais pour toute réponse, il n'obtient qu'un « bonsoir » indifférent. Ensuite, c'est au tour de la sœur d'Elke, Ingrid. Elle n'est pas plus expansive que son frère. Son « bonsoir » est tout aussi sec.

Une femme brune, de stature imposante, paraît à son tour. Rolf Lenau n'a pas besoin de présentation pour savoir qu'il s'agit de la mère d'Elke, Carlotta. Elke lui a exposé brièvement sa situation de famille. Elle a perdu son père alors qu'elle était toute jeune et c'est sa mère qui les a élevés, son frère, sa sœur et elle. Rolf tend gauchement ses roses à la dame et s'incline poliment. La réaction de la mère n'est guère encourageante.

– Ma fille aurait dû vous dire que j'avais horreur des fleurs. Alors, c'est vous qui cherchez des aventures à la Fête de la bière ? C'est d'ailleurs la première fois qu'Elke y va. Elle ne m'a pas demandé la permission.

La femme le considère, le détaille des pieds à la tête, et conclut :

– Non, vraiment, elle n'aurait jamais dû y aller.

Un peu déconcerté par cet accueil, Rolf Lenau cherche des yeux Elke, mais elle est déjà partie à la cuisine le laissant seul avec les autres.

La soirée se poursuit. Rolf cherche à faire bonne figure. Pourtant, il a du mérite. Les Petermann, mère, fils et filles, parlent exclusivement d'affaires familiales, sans se soucier aucunement de lui. À plusieurs reprises, Thomas se penche vers sa sœur Elke et lui murmure à l'oreille des choses qui la font éclater de rire.

En se retrouvant dans la rue tout seul, Rolf Lenau est agité de sentiments partagés. Bien sûr, cet accueil pour le moins réservé lui a laissé une impression désagréable, mais le rire d'Elke résonne encore dans sa mémoire. Oui, il est amoureux d'elle. Aujourd'hui plus que jamais.

Les deux jeunes gens se revoient chaque jour. Elke Petermann ne décourage pas son soupirant. Et, au mois d'avril, deux mois après leur première rencontre, Rolf se décide à la demander en mariage. La jeune fille accepte avec joie et elle ajoute avec une expression radieuse :

– Nous vivrons avec ma famille. Il y a de la place dans le pavillon. Maman nous donnera deux pièces au premier étage. Nous serons bien, n'est-ce pas ?

Malgré toute son envie de faire plaisir à sa future femme, Rolf a un mouvement de recul.

– Non. Il faut que nous soyons chez nous. Nous allons louer un appartement en ville.

Avec quelque réticence, Elke se laisse convaincre. Rolf est rassuré. Bien sûr, la famille de sa femme est un peu envahissante, mais Elke l'aime et ils arriveront à protéger leur intimité comme tous les autres couples.

Seulement, le lendemain, quand il revoit sa fiancée, elle lui annonce toute joyeuse :

– Chéri, j'ai une merveilleuse nouvelle ! Maman vient de nous trouver un appartement à louer. C'est à moins de cent mètres de chez elle. Comme ça, nous pourrons y aller aussi souvent que nous voudrons.

Rolf est un peu surpris. Il aurait préféré choisir l'appartement lui-même avec Elke... Enfin, leur mariage est fixé au 10 mai suivant, dans moins de trois semaines. Il est tout à son bonheur et ne se préoccupe pas du reste.

La réception qui suit le mariage d'Elke Petermann et de Rolf Lenau a lieu, bien entendu, dans le pavillon des Petermann. L'appartement du jeune couple n'est pas encore aménagé et, de toute manière, il est trop petit.

Mme Petermann accueille ses invités, elle règne en maîtresse de maison attentive. Elle a surtout convié des relations à elle. La famille et les amis du marié forment une petite minorité. Rolf se sent un peu perdu parmi tous ces gens qu'il ne connaît pas. Il est contrarié aussi de voir sa femme le quitter à tout instant pour bavarder avec les membres de sa famille. Mais Elke est si jolie dans sa robe de mariée ! Oui, il est heureux. Il pense à cette nuit où ils seront tous les deux.

À deux heures du matin, il prend sa femme par le bras et lui murmure :

– Chérie, allons-nous-en.

Il faut dire qu'ils n'ont pas besoin d'aller loin pour se retirer. La famille d'Elke a prévu pour eux une chambre au premier étage du pavillon. Rolf aurait préféré aller dans leur appartement ou même dans un hôtel, mais sa future belle-mère lui a objecté avec autorité que leur appartement n'était pas aménagé et qu'à l'hôtel, cela ne se faisait pas.

Elke semble surprise par la proposition de son mari. Elle lui répond tendrement mais fermement :

– Mais, chéri, je ne peux pas laisser ma famille. Il faut attendre…

Sa mère, qui était à côté et qui a tout entendu, se mêle immédiatement à la conversation :

– Ma fille a raison. Vous irez vous coucher quand tous nos invités seront partis. Ce serait tout à fait incorrect de vous en aller avant.

Rolf objecte que cela se fait pourtant. Mais Elke fait corps avec sa mère. Dans ces conditions, il n'a plus rien à dire. Il ne va tout de même pas aller se coucher tout seul. Il doit attendre que les derniers invités s'en aillent, c'est-à-dire jusqu'à huit heures du matin.

Quand enfin ils montent dans leur chambre, au premier étage, Rolf est totalement brisé. Il s'était fait une autre idée de sa nuit de noces ! Il est tellement épuisé qu'il ne peut que s'effondrer sur le lit pour dormir. Mais ses surprises ne sont pas terminées. À dix heures du matin, deux heures plus tard, des coups violents sont frappés à la porte. C'est la voix de Carlotta Petermann.

– Chérie ! Je t'apporte ton thé !

Elke s'empresse d'aller ouvrir.

Sa mère arrive avec un plateau chargé. Elle explique brièvement à Rolf :

– Ma fille n'a jamais pu se passer de son thé… À tout à l'heure ! Nous déjeunons à midi.

Rolf Lenau ne réplique pas que lui a horreur du thé. Il ne pense qu'à l'avenir. Bien sûr, dans la maison de sa belle-mère, l'atmosphère est irrespirable, mais bientôt, dans quelques jours, ils seront chez eux. Ils laisseront derrière eux cette famille étouffante.

Cinq jours plus tard, le 15 mai, Rolf Lenau pénètre dans son appartement avec de grands rouleaux sous les bras. Il est content de lui. Elke lui a demandé de s'occuper du papier peint de la cuisine. Ils se sont mis d'accord pour une couleur vive et il est sûr que ce joli rouge lui plaira. Il est en train d'examiner l'effet qu'il produit sur le mur, quand on sonne. C'est Ingrid, sa belle-sœur. Elle va directement vers le papier peint et s'écrie :

– Quoi ? Du rouge pour la cuisine ? Il n'en est pas question !

Rolf essaie de garder tout son calme.

– Écoutez, Ingrid, vous êtes très gentille. Mais ce n'est pas vous qui décidez. C'est Elke et moi.

Du coup, sa belle-sœur se fâche.

– Mais il est évident qu'Elke pensera comme moi. Je connais ses goûts. Ce papier rouge est une horreur !

C est effectivement ce que lui dit Elke quand elle rentre quelque temps plus tard :

– Qu'est-ce que j'apprends ? Ingrid m'a dit que tu avais choisi du papier rouge pour la cuisine.

Rolf se défend comme il peut.

– Mais tu m'avais dit de choisir une couleur vive.

Elke hausse les épaules avec dédain.

– Une couleur vive, mais pas du rouge ! Tu n'as décidément aucune idée, mon pauvre chéri. D'ailleurs, j'ai chargé Ingrid de choisir tous nos papiers et nos moquettes. Elle le fera très bien, tu verras.

Rolf se tait. Il ne va tout de même pas se disputer avec sa femme cinq jours après leur mariage, en pleine lune de miel. Va pour Ingrid ! Après tout, elle a sûrement du goût, même si ce n'est pas le sien.

Mais le lendemain, il a une surprise plus grande encore… On sonne. Sur le palier, il découvre deux livreurs encadrant un meuble gigantesque : un buffet genre rustique. Rolf reste interdit. Un des deux hommes lui tend un papier.

– Monsieur Lenau ? Voici le bon de commande. La facture suivra dans quelques jours. Où devons-nous installer le meuble ?

Rolf examine le bon de commande. Il y lit distinctement la signature : Carlotta Petermann ! Ainsi, c'est sa belle-mère qui a commandé pour eux cette horreur. Il déteste le rustique. Il voulait un appartement moderne. Cette fois la famille de sa femme exagère. Il se promet d'avoir une discussion sérieuse avec Elke.

Quand il la revoit, le soir, il explose.

– Ça ne peut plus durer. D'abord Ingrid, ensuite ta mère. Mais enfin, quand allons-nous être chez nous ?

Elke, sans s'émouvoir, considère le meuble.

– Mais je trouve ce buffet très joli… Dis-moi, chéri, Thomas a deux places au théâtre pour ce soir. Il n'a pas pu, malheureusement, en avoir trois. Alors, j'irai seule avec lui.

Rolf croit ne pas avoir compris.

– Tu veux dire que tu vas me laisser seul ?

Elke répond avec un sourire.

– Je suis désolée, chéri, il n'a que deux places. Nous sommes toujours allés ensemble au théâtre, Thomas et moi.

Rolf Lenau essaye de convaincre sa femme, mais il n'y a rien à faire. Elle commence à se fâcher… Resté seul, il médite sur sa situation. Il comprend à présent pourquoi le premier mari d'Elke avait voulu divorcer. Comment ! Après six jours de mariage, sa femme le laisse pour sortir avec son frère ! Et il reste seul dans cet appartement qui est décoré par sa belle-sœur et meublé par sa belle-mère. Non, ce n'est pas tolérable. Il aime Elke, mais il doit frapper un grand coup !

C'est maintenant ou jamais. Il doit mettre les choses au point une fois pour toutes.

Quand Elke rentre, tard dans la nuit, il s'adresse à elle avec fermeté.

– Elke, il faut que tu comprennes que nous sommes mari et femme. Tu n'es plus une petite fille. Tu dois admettre que, désormais, c'est moi qui dois passer d'abord.

Il marque un temps d'arrêt et conclut d'une voix solennelle :

– Elke, il faut que tu choisisses entre ta famille et moi !

Il se passe alors quelque chose d'extraordinaire : Elke a soudain l'air peiné, accablé. Elle soupire.

– Tu as tort, Rolf. Il ne fallait pas…

Et sans ajouter un mot, elle va faire ses valises. Rolf essaie de la retenir, mais en vain. Elle claque la porte. Il se retrouve seul.

Il reste longtemps à errer dans son appartement vide. Il donne des coups de pied rageurs dans le papier à fleurs choisi par Ingrid et le buffet rustique de sa belle-mère. Comme lune de miel, on fait mieux ! Mais ce n'est pas possible, Elke va se ressaisir. Elle va revenir…

Oui, elle revient. Le lendemain matin, elle est là. Elle lui dit :

– Je viens pour faire le ménage. Et je reviendrai dans deux jours.

Rolf lui parle gentiment, doucement. Il lui pose la main sur le bras.

– Écoute, Elke, j'ai peut-être eu des mots un peu maladroits hier. Oublions tout cela, oublions ce qui nous divise, oublions ta famille.

Elke a un sursaut. Elle bondit.

– Oublier ma famille ! Tu es fou ! Je termine le ménage et je m'en vais.

Pendant quinze jours, Rolf voit sa femme venir une fois tous les deux jours. Ses tentatives pour la raisonner se heurtent à une attitude de plus en plus hostile de sa part. Il imagine bien ce que doivent lui dire sa mère, sa sœur et son frère. Ils sont en train de la monter contre lui. Et elle est en train de se laisser convaincre. Bientôt, elle va le quitter, comme elle a quitté son premier mari.

Seul dans son appartement ridiculement décoré, un mois après ses noces, Rolf Lenau sombre peu à peu dans la dépression. Il se met à boire. Il néglige son atelier de serrurerie. Il attend les visites de sa femme, qui continue consciencieusement à faire le ménage un jour sur deux. Chaque fois il la trouve plus froide, plus lointaine.

Un après-midi, après avoir erré pendant des heures dans son appartement, il sort dans les rues au hasard. C'est presque sans s'en rendre compte qu'il se retrouve devant une armurerie, qu'il y entre. Il s'entend demander :

– Je voudrais un fusil 22 long rifle.

C'est après, en sortant avec son arme, qu'il prend sa décision. Il va se tuer. Ou plutôt, il va menacer Elke de se tuer devant elle. C'est du chantage, bien sûr, c'est mélodramatique, mais il n'a plus le choix. Il est à bout. Il veut reprendre sa femme et il sent que seul un choc peut la détacher de sa famille, de son horrible famille.

Le jour suivant, quand il ouvre à Elke, il a son fusil à la main. Elle a l'air encore plus froide qu'à l'ordinaire. Elle ne daigne même pas regarder l'arme ni lui faire la moindre remarque. Totalement décontenancé, Rolf lui dit d'une voix mal assurée :

– Elke, je t'aime. Si tu ne reviens pas, j'ai décidé… de me tuer.

Elke le dévisage avec indifférence, hausse les épaules et lui dit sans élever le ton :

– J'ai la salle de bains à faire.

Rolf la suit dans la salle de bains, tenant toujours gauchement son fusil. Il la supplie.

– Elke, je suis ton mari. Tu dois vivre avec moi. Oublie ta famille, je suis sûr que je peux te rendre heureuse…

Elke lui parle d'une voix dure, comme il ne l'avait jamais entendue.

– Laisse-moi ! D'abord, j'ai réfléchi : je vais demander le divorce.

Et comme Rolf reste abasourdi sans pouvoir prononcer un mot, elle continue d'une voix glaciale :

– Eh bien, allez, suicide-toi ! Qu'est-ce que tu attends ? Non, mais regarde-toi ! Tu pleures presque… Allez, tire donc, espèce de lâche !

Rolf Lenau reste quelques instants le fusil dans la main droite, à hauteur de la hanche. Et puis, il tire… Trois fois.

Deux balles atteignent Elke à la tête, la troisième à la poitrine. Elle s'effondre, sans un mot, dans la baignoire.

La fuite éperdue de Rolf pour tenter d'échapper aux conséquences de son acte est tout aussi vaine que l'avait été son mariage raté. Parti au volant de sa voiture, il est arrêté, peu après, à un barrage de police.

À son procès, Rolf Lenau a été condamné à dix ans de prison pour le meurtre de sa femme. Sa belle-famille, bien évidemment, s'est relayée à la barre pour l'accabler. Le président, d'ailleurs, a été sensible à ces accents. Il a tenu à complimenter Carlotta Petermann, la mère :

– Il est émouvant de voir à quel point vous avez l'esprit de famille…

Il n'est pas certain que le président ait tout à fait saisi ce que représentait, dans cette affaire, « l'esprit de famille ».

Coupable ou pas, quelle importance?

17 août 1930. Une journée de canicule se termine dans la petite ville de Gladstone, dans l'Indiana aux États-Unis. Le docteur Horace Henry, qui prend l'air sur la terrasse de sa villa en se balançant dans son rocking-chair, est en train de se dire : « Mon Dieu, quelle chaleur ! C'est une véritable rôtissoire ! » Rôtissoire. Un mot dont il se souviendra toute sa vie, de même que cette journée du 17 août.

Des cris le tirent de sa torpeur. C'est une voix féminine suraiguë :

– Au secours ! Sauvez mon mari ! Sauvez John ! Il est resté à l'intérieur !

Le docteur Henry se précipite. Il a reconnu la voix de Jenny, la femme de John Baxter. John Baxter est le plus gros banquier non seulement de la ville mais de tout l'État d'Indiana. Le docteur Henry le connaît personnellement. Non seulement c'est son voisin, mais c'est son patient depuis plusieurs années. Un patient qui lui donne bien peu de travail, d'ailleurs. À cinquante ans,

John Baxter est un colosse à la santé resplendissante, une force de la nature.

Le docteur Horace Henry parcourt en courant les quelque cent mètres qui le séparent de la villa des Baxter, la plus grande et la plus riche de la ville. Il traverse la vaste pelouse… La maison est en feu, ou plus exactement le sous-sol : de longs jets de flammes s'échappent des soupiraux, tandis qu'une fumée noire commence à s'en dégager. Le feu est trop violent pour qu'on puisse tenter quoi que ce soit. Il n'y a qu'à attendre l'arrivée des pompiers. Le docteur a soudain un doute. Il se tourne vers Jenny Baxter, qui continue à pousser des cris perçants :

– Vous avez bien prévenu les pompiers ?

À cette phrase, les cris de la malheureuse redoublent.

– Mon Dieu ! Non ! J'ai perdu la tête.

Le docteur Henry se rue au téléphone. Un temps précieux a été perdu et, quand les pompiers arrivent, le feu, qui continue de se propager avec une rare violence, a déjà gagné le rez-de-chaussée.

Le chef des pompiers de Gladstone se fait expliquer en quelques mots la situation. Bien qu'il y ait peu d'espoir, il décide de tenter le tout pour le tout. Malgré le danger, il parvient à descendre par un des soupiraux. Deux minutes plus tard, il remonte avec un corps carbonisé. On l'étend sur la magnifique pelouse : John Baxter, parti de rien pour devenir multimillionnaire, vient de trouver une mort stupide et affreuse.

C'est ce que pense le shérif de Gladstone, Michael Barnett, lorsqu'il commence son enquête. Une enquête de pure forme, mais de rigueur chaque fois qu'il y a eu mort violente. Michael Barnett se rend au chevet de Jenny Baxter à la clinique de luxe où elle a été transportée, après avoir fait une crise nerveuse. La veuve a les traits tirés. Mais elle répond avec beaucoup de dignité au shérif. Elle coupe court à ses condoléances et décrit brièvement les dramatiques événements de la veille.

– Il devait être sept heures du soir. Je faisais du jardinage à l'autre bout de la propriété. John était au sous-sol, il bricolait, comme à son habitude. Je n'ai rien vu. La propriété est grande, vous savez. Quand je suis revenue, tout brûlait.

Le shérif a une seule question à poser, après quoi son enquête sera terminée :

– Et d'après vous, madame, qu'est-ce qui a pu provoquer l'incendie ?

Jenny Baxter soupire :

– La chaudière était allumée. Nous la laissons fonctionner toute l'année pour chauffer l'eau. Il y avait plusieurs bidons d'essence au sous-sol. Je suppose que John a dû faire un faux mouvement.

Michael Barnett salue respectueusement la veuve du banquier. L'enquête est finie. Le jour même, selon la procédure judiciaire de l'État d'Indiana, le coroner, assisté d'un jury, conclut à la mort accidentelle. Le lendemain, John Baxter est enterré sous une montagne de fleurs, en présence d'un nombre impressionnant de personnalités de la finance et de la politique.

Deux jours plus tard, le shérif Barnett est très surpris de voir venir dans son bureau le chef des pompiers de Gladstone. Celui-ci a l'air un peu gêné et hésite avant de dire ce qui l'amène.

– Je suis venu vous voir… au sujet de la mort de John Baxter.

Le shérif a un mouvement agacé :

– Vous trouvez que le feu s'est propagé trop vite ? Jenny Baxter m'a expliqué pourquoi : la chaudière était allumée et il y avait des bidons d'essence au sous-sol.

Mais le chef des pompiers secoue la tête :

– Non, ce n'est pas cela. Vous savez que c'est moi qui ai ramené le corps ? Eh bien, quand je l'ai sorti du sous-sol, il était déjà raide !

Le shérif fait un bond. Si le chef des pompier dit vrai, cela signifie que John Baxter était mort depuis plusieurs heures quand l'incendie a éclaté. Alors, cela ne peut être un accident : c'est un meurtre ! Michael Barnett presse son interlocuteur de questions. « Est-ce qu'il en est absolument certain ? Il a pu se tromper… » Mais le chef des pompiers reste sur ses positions :

– Je sais ce que je dis, shérif. Vous pouvez enregistrer ma déclaration. Je suis prêt à la maintenir devant n'importe quel jury.

Le shérif Barnett réfléchit. Le jury et le coroner ont déjà rendu leur verdict. Rouvrir une enquête est possible dans la mesure où il y a un fait nouveau, mais c'est une responsabilité considérable. John Baxter était un personnage de premier plan. Il a dépensé sans compter son argent pour la commune. Sa femme participe à toutes les bonnes œuvres ainsi d'ailleurs qu'à celles de la police : elle est pratiquement intouchable. Mener une enquête officielle est une décision qui risque de lui coûter sa place.

Michael Barnett se résoud à une mesure intermédiaire. Il va enquêter ; mais aussi discrètement que possible. A priori, cela ne semble pas facile dans une ville aussi petite que Gladstone, mais il connaît bien les gens qu'il veut interroger et il va s'arranger pour les rencontrer dans leur vie de tous les jours.

Il en est ainsi de Grace Badman, la femme de ménage des Baxter.

Le shérif la rencontre « par hasard » à l'heure des courses. Il aborde le sujet douloureux après les politesses et les considérations d'usage sur la météorologie.

La femme de ménage soupire. Elle aimait beaucoup son patron.

– Ce pauvre monsieur ! Pour moi, le malheur a dû arriver parce qu'il a eu une syncope. Il a dû tomber et entraîner un bidon d'essence qui se sera renversé.

Le shérif Barnett relève immédiatement le détail qui vient de le frapper :

– Une syncope ? Pourquoi aurait-il eu une syncope ?
Grace Badman soupire de nouveau :

– Depuis trois mois, la santé de ce pauvre monsieur n'était plus ce qu'elle était. Il avait des malaises. Ça lui arrivait de tomber comme ça tout d'un coup…

Aussitôt le shérif va interroger le docteur Henry. Afin de ne pas éveiller l'attention, il prend tout simplement rendez-vous à son cabinet comme s'il était un malade ordinaire. Le docteur est très surpris lorsque Michael

Barnett lui explique qu'il mène une enquête officieuse sur la mort de John Baxter. Mais il est plus surpris encore lorsque le shérif parle de syncopes.

– Mais voyons, ce n'est pas possible ! Baxter était en excellente santé. Il avait un cœur de jeune homme. Je n'ai jamais rien trouvé d'anormal chez lui.

Le shérif s'attendait plus ou moins à cette réponse. Il continue ses questions :

– Quand l'avez-vous examiné pour la dernière fois ?

– Oh, cela fait au moins six mois. Il n'avait jamais rien.

– Et depuis, il vous semble possible qu'il ait pu avoir ces malaises ? Le médecin semble franchement sceptique :

– C'est très étonnant avec la santé qu'il avait.

Le shérif Barnett quitte le cabinet du docteur Henry de plus en plus contrarié. Cette affaire prend une allure qui lui déplaît. D'autant qu'il n'y a qu'un suspect possible : la femme du banquier. Le mobile est évident : l'héritage. Sans doute, même, son mari avait-il pris une grosse assurance sur la vie. Mais comment accuser Jenny Baxter, la grande dame, la bienfaitrice de Gladstone, l'intouchable Jenny Baxter qui était ici même dans son bureau il y a quelques semaines au gala annuel des œuvres de la police ?

Michael Barnett réfléchit longuement. Il a jusqu'à présent des soupçons, mais aucune preuve. Il lui semble difficile de poursuivre son enquête. Ces syncopes mystérieuses lui font penser, évidemment, à un empoisonnement à petites doses ; mais pas question d'interroger les commerçants de la ville pour savoir si Jenny Baxter a acheté des quantités importantes de mort-aux-rats ou d'un poison quelconque ! Ce serait révéler à tout le monde ses soupçons.

C'est alors que l'idée lui vient : l'assurance ! Il ne peut se permettre d'avoir l'air, lui, de soupçonner ouvertement Jenny Baxter, mais l'assureur n'a pas les mêmes précautions à prendre.

Quelques jours plus tard, le shérif a en face de lui dans son bureau Evret Jones, courtier de la compagnie qui a assuré M. Baxter. Michael Barnett entre dans le vif du sujet :

– Monsieur, à combien se monte la prime ?

– Cent mille dollars.

Le shérif émet un petit sifflement. Même pour un millionnaire, c'est une somme très importante et cela ne pourra que faciliter sa propre tâche.

– Monsieur Jones, vous devez vous douter du motif pour lequel je vous ai fait venir : j'ai quelques raisons de penser que la mort de John Baxter n'est pas un accident. Seulement, j'ai besoin de votre aide pour poursuivre l'enquête.

Et le shérif explique tout à l'homme de la compagnie d'assurances : les soupçons qui pèsent sur Jenny Baxter, et sa position sociale qui la rend pratiquement intouchable.

Evret Jones a parfaitement compris et il est, bien sûr, disposé à mener l'enquête avec zèle. Ne pas avoir à payer les cent mille dollars constitue évidemment une perspective qui ne laisse pas sa compagnie indifférente.

Evret Jones est un garçon intelligent. Il sait faire parler les gens sans trop en avoir l'air. Ceux qu'il interroge ne se formalisent pas outre mesure de ses questions. Après tout, c'est normal qu'une compagnie d'assurances prenne des renseignements pour une somme pareille. Ces étrangers ne peuvent savoir qui est Jenny Baxter.

La jeune femme qui tient le rayon pharmacie au Drugstore de Gladstone ne fait pas de difficulté avec l'assureur.

– Oui, Mme Baxter est venue récemment. Elle m'a demandé un sublimé corrosif. Elle m'a dit que c'était pour tuer les punaises. J'ai été un peu surprise car, pour les punaises, ce n'est pas le produit idéal. Et puis, dans la maison qu'elle habite, je ne pensais franchement pas qu'il puisse y avoir des punaises.

– Et vous lui avez donné, ce sublimé corrosif?

– Bien sûr, le produit est en vente libre. Je lui ai simplement fait remarquer qu'avec la quantité qu'elle prenait, elle pouvait empoisonner la moitié de la ville.

– Vous vous rappelez quel jour cela se passait?

– Oui, très bien : le 16 août. J'avais eu congé la veille.

Lorsque Evret Jones rapporte cette conversation au shérif Barnett, celui-ci sait que son enquête est pratiquement terminée. On ne peut plus avoir de doute. Les choses se sont vraisemblablement passées ainsi : Jenny Baxter a commencé à empoisonner son mari à l'aide de mort-aux-rats ou d'un insecticide quelconque qui devait se trouver en quantité dans la maison – d'où les syncopes et les différents symptômes dont le malheureux a été victime. Mais le banquier a résisté, il était d'une santé exceptionnelle. Alors Jenny, trouvant sans doute que les choses n'allaient pas assez vite, a employé les grands moyens : elle a donné à son mari du sublimé corrosif qui, cette fois, lui a été fatal. Ensuite elle a essayé de déguiser le crime en accident.

Toutes ces présomptions, qui seraient largement suffisantes pour un suspect ordinaire, risquent quand même de s'avérer inefficaces vis-à-vis de Jenny Baxter. Elle dispose de puissantes relations et de beaucoup d'argent. Ce qu'il faudrait, c'est une preuve, et il n'y en a qu'une : l'autopsie de la victime. Seulement, le coroner et le jury ont rendu un verdict de mort accidentelle et l'autopsie sera très difficile à obtenir. À moins que Jenny ne la réclame elle-même. Et, pour cela, le shérif Barnett a son idée.

Le jour même, accompagné d'Evret Jones, il se rend chez la veuve du banquier. Les équipes d'ouvriers ont déjà remis la maison en état.

Jenny Baxter accueille les deux hommes sans trop de surprise. Et Michael Barnett commence le petit discours qu'il a préparé :

– M. Jones, que voici, est venu me trouver pour que j'accomplisse auprès de vous une désagréable formalité. Il faudrait que vous nous signifiiez une demande d'exhumation de votre mari.

Bien entendu, la veuve de John Baxter se récrie :

– Pas question ! Qu'il repose en paix, le malheureux !

Evret Jones intervient d'une voix douce :

– C'est une simple formalité, madame. Malheureusement elle est prévue par nos contrats en cas d'accident : un représentant de l'assurance doit voir le corps.

Et il ajoute, après avoir marqué un temps :

– Immédiatement après, vous toucherez vos cent mille dollars.

Il y a un moment de silence. Le shérif Barnett attend, anxieux, la décision de Mme Baxter. Est-ce que l'évocation de la somme va suffire à la décider ? Est-ce qu'elle va vérifier son contrat d'assurance où cette clause, inventée de toutes pièces, ne figure évidemment pas ? Est-ce qu'elle sait que les traces des substances toxiques demeurent très longtemps dans un corps, ou est-ce qu'elle s'imagine qu'elles peuvent avoir déjà disparu ?

La réponse vient avec un geste de Jenny Baxter qui tend la main vers l'assureur :

– Donnez-moi ce papier, je vais le signer.

Les quantités d'arsenic et de sublimé corrosif retrouvées dans le corps de John Baxter ont fait dresser les cheveux sur la tête du médecin légiste. Seule une constitution exceptionnelle avait pu permettre au malheureux d'ingurgiter de pareilles quantités de poison.

Bien entendu, la justice a suivi son cours et, veuve richissime ou pas, Jenny Baxter a été arrêtée et inculpée du meurtre de son mari. À partir de ce moment, son système de défense a constamment varié, mais elle n'a jamais avoué. Elle a commencé par dire que John Baxter s'était suicidé puis, devant l'absurdité d'une pareille hypothèse, elle a accusé son jardinier de meurtre. Pour quel mobile ? Mystère… D'ailleurs, ce dernier n'a eu aucun mal à se disculper de l'accusation.

Quand s'ouvre le procès de Jenny Baxter, il y a un monde fou dans la salle d'audience. Autour de l'accusée, trois avocats parmi les plus renommés et les plus chers des États-Unis. Ils plaident la folie, la culpabilité étant par trop évidente. Et, à cet effet, la défense n'a pas cité moins de six psychiatres, eux aussi parmi les plus renommés des États-Unis.

Le shérif Michael Barnett vient à la barre exposer les résultats de son enquête, qui sont limpides, mais sa déposition est vite noyée par le défilé des témoins à décharge. Ils sont cinquante qui parlent, avec les accents les plus émouvants. Ensuite, les six psychiatres démontrent de manière péremptoire que Jenny Baxter est folle. Évidemment, sa minutieuse et froide préméditation semblerait plutôt indiquer l'inverse, mais si ce sont des sommités médicales qui l'affirment, comment mettre leur parole en doute ?

À l'heure du verdict, les jurés sont édifiés. En moins d'une demi-heure de délibération, ils déclarent Jenny Baxter non responsable. Victime d'aliénation mentale, elle sera confiée à un hôpital psychiatrique.

Jenny est partie sur-le-champ vers une luxueuse clinique privée, appartenant à l'un des six psychiatres venus déposer à la barre. Là, dans le luxe et le calme, elle est restée internée cinq ans. Le temps qu'on la reconnaisse guérie.

Michael Barnett a eu moins de chance. L'affaire lui a coûté son poste. L'année suivante, ses concitoyens ne l'ont pas réélu. Priver Gladstone de sa bienfaitrice était une faute impardonnable. Il avait oublié qui était Jenny Baxter. Il avait oublié de se poser cette simple question : coupable ou pas, quelle importance ?

Victime du diable

Denis Harding a toujours eu sa voie toute tracée dans la vie. À Glenford, le village du Sussex, en Angleterre, où il habite, c'est pour tout le monde une évidence. Petit-fils et fils unique de pasteur, il ne pouvait que devenir pasteur lui-même.

D'ailleurs lui-même n'a jamais eu d'autre idée. Garçon sérieux, tranquille et calme, il a tout naturellement fait ses études religieuses et il s'est installé dans la paroisse de son père en attendant de lui succéder un jour.

Un pasteur devant être marié, Denis a épousé en 1964, à vingt-deux ans, la ravissante Lydia, elle-même fille de pasteur. Tout était en place pour qu'il continue la tradition familiale.

Bref, une vie que rien ne semble devoir déranger : c'est du moins ce que pensent les habitants de Glenford. Ils oublient, cependant, que quelquefois un grain de sable peut se glisser dans les mécanismes les mieux rodés. On appelle cela tantôt le destin, tantôt le hasard. Mais dans le cas de Denis Harding, il vaudrait mieux parler du diable.

1972. Il y a huit ans que Denis Harding est marié avec Lydia. Il y a trois ans que son père a pris sa retraite et qu'il lui a succédé comme pasteur à la tête de la paroisse de Glenford.

Et le pasteur Denis Harding est vite devenu une personnalité dans le village. Son aspect physique, d'abord, force l'attention et le respect. Il est grand ; il a le front bombé, les cheveux déjà dégarnis malgré ses trente ans ; ses lunettes de myope à monture de métal renforcent le côté ascétique de son visage. Tout dans son aspect donne une impression de rigueur et de mysticisme. Le jeune pasteur Harding, élevé depuis sa plus petite enfance dans la religiosité, est visiblement un être détaché des choses matérielles. C'est un homme de Dieu dans toute l'acceptation du terme.

Les habitants de Glenford admirent aussi le couple qu'il forme avec Lydia. On a vraiment plaisir à les voir ensemble. Lydia est une grande blonde aux cheveux évanescents. Elle aussi a l'air totalement détachée des biens de ce monde. Elle a quelque chose de pur, d'irréel presque. Elle est le double féminin du pasteur. Le seul regret qu'ont pour eux les villageois est qu'ils n'aient pas encore d'enfant après huit ans de mariage. Un garçon aurait comblé les vœux de tout le monde, car le nouvel Harding junior serait certainement devenu pasteur lui aussi, après les générations précédentes.

Cela, c'est la façade.

Mais les gens seraient étonnés et quelque peu effrayés s'ils savaient ce qui se passe réellement dans le couple Harding...

Tout a commencé dès la première semaine de leur mariage. Après l'inévitable nuit de noces, Lydia a tout de suite montré une aversion, une répulsion insurmontable pour l'amour physique. Pour avoir un enfant à la rigueur, mais c'était la seule raison. Or peu après, elle a appris de son médecin qu'elle était stérile. Du coup, elle s'est refusée pour toujours à son mari et, chaque fois que celui-ci insistait, elle se fâchait :

– Comment toi, un homme de Dieu, oses-tu me demander des choses qui sont contraires aux volontés divines ?

Alors Denis Harding a fini par renoncer. Il s'est fait une raison d'autant plus facilement qu'il s'imaginait, dans son inexpérience, que toutes les femmes étaient semblables. Du coup, il est rentré plus encore en lui-même. Il s'est détourné de sa vie conjugale pour ne plus se consacrer qu'à Dieu.

En cette année 1972, le pasteur Harding redouble d'ardeur religieuse. Mais sa mésentente conjugale n'en est pas la seule raison : il y en a une seconde dont il prend conscience un jour avec une réelle surprise. Cette raison s'appelle Myriam Johnson.

Myriam a dix-sept ans. Elle vient aider au temple depuis qu'elle est petite fille. Denis l'a longtemps considérée comme son enfant. Et maintenant, dans ses sermons, c'est involontairement à elle qu'il s'adresse. Le dimanche, elle est là au premier rang, dans ses robes sages qui lui vont si bien. C'est à elle qu'il pense, quand, la veille au soir, il rédige ses sermons, alors que Lydia est déjà couchée. Ce sont ses réactions qu'il guette quand, le lendemain, il les prononce.

Myriam Johnson est blonde, comme Lydia, mais, à part cela, elles n'ont rien de commun. Myriam n'a pas cet air évanescent, évaporé, qu'a sa femme. En dehors des offices, elle est pleine de vie. Ses lèvres ne sont pas, comme celles de Lydia, perpétuellement fermées dans le même pli pincé, elles sont charnues au contraire et s'animent pour sourire, pour rire. Et, bien que le pasteur n'en ait qu'une sensation confuse, de corps, Myriam est l'inverse de Lydia. Autant sa femme est élancée et mince, autant la jeune fille est robuste, épanouie.

Les mois passent… Le pasteur Denis Harding atteint des sommets dans son ministère. Ses sermons sont empreints d'une fougue, d'un enthousiasme, d'une religiosité si élevés qu'on vient de plusieurs paroisses environnantes pour les entendre. Lui ressent un sentiment de plénitude. Malgré sa vie conjugale décevante, il a trouvé son équilibre. L'intérêt qu'il porte à Myriam Johnson ne l'inquiète nullement. C'est la plus dévouée, la plus fidèle de ses paroissiennes, et s'il prend plaisir à la regarder, c'est seulement qu'il rend hommage à la création du Seigneur.

Pourtant, c'est alors, en novembre 1972, que se produit un événement qui devrait l'éclairer.

Peu de temps avant ses dix-huit ans, Myriam vient le voir après l'office.

– Monsieur le pasteur, je vais bientôt avoir besoin de vous.

Le visage de Denis Harding s'illumine mais, avant qu'il ait pu dire quoi que ce soit, Myriam continue, avec un charmant sourire :

– Je vais me marier.

Le pasteur Harding ressent une sorte de vide à l'intérieur. Par la suite, quand il a essayé d'analyser cette curieuse sensation, il a conclu que la raison de son malaise était la personnalité du fiancé de Myriam : George Bertham, le fils d'un fermier d'un village voisin, un garçon brutal, grossier, ne la rendrait certainement pas heureuse. Mais il se trompait : ce n'était pas en apprenant l'identité du fiancé qu'il avait eu cette réaction, c'était avant qu'elle ne lui cite aucun nom.

Après avoir sermonné en vain Myriam sur les dangers de cette union, Denis finit par lui dire, d'un ton plus ému qu'il ne le voudrait :

– Tu viendras quand même me voir de temps en temps ?

Myriam promet et, quelques semaines plus tard, le pasteur Denis Harding célèbre son union avec George Bertham. À partir de cette date, ses paroissiens remarquent un changement dans ses sermons. Son éloquence, toujours aussi brillante, se fait plus dure. Le ton de ses prédications devient plus sombre. Maintenant, le pasteur Harding condamne le péché avec une violence qu'on ne lui avait jamais connue. Il fait même passer un frisson dans le temple quand il dénonce, l'index levé vers le ciel, le péché de chair, le plus abominable de tous, même dans le mariage.

C'est un peu plus d'un an plus tard, en avril 1974, que le destin, ou le diable, entre en scène.

Le 6 avril au soir, on frappe à la porte du presbytère. Le pasteur Harding est seul. Sa femme est chez sa mère, elle est malade. Elle est de plus en plus souvent malade, car, dans un esprit d'ascétisme, elle ne s'alimente presque plus. Elle passe des heures et des heures, seule dans sa chambre, à lire des livres religieux.

Un peu intrigué par cette visite à une heure inhabituelle, Denis Harding va ouvrir. Il pousse un cri de joie :

– Myriam !

Mais aussitôt sa joie s'évanouit. Oui, c'est bien Myriam, mais dans quel état ! Elle a un œil au beurre noir, ses bras nus portent des marques sanglantes. Il balbutie :

– Qu'est-ce qui t'est arrivé ?

La jeune femme fond en larmes. Entre deux sanglots, elle parvient à expliquer :

– Comme vous aviez raison, monsieur le pasteur ! J'aurais dû vous écouter, ne jamais me marier avec George. Si vous saviez comme il est mauvais ! Depuis notre mariage, il m'a battue tous les soirs ou presque. Mais cette fois, c'est bien fini. Je ne retournerai jamais à la maison !

Prise d'une brusque impulsion, elle se jette dans ses bras.

– J'ai peur ! Protégez-moi !

Denis Harding sent tout se bousculer dans sa tête. Il est certainement aussi ému que la jeune femme. Il parvient tout de même à réagir et à prendre les décisions qui s'imposent.

– Tu vas passer la nuit ici et demain nous irons trouver ensemble ton mari. Je lui ferai promettre de ne plus te faire de mal. Maintenant, tu dois prendre un bain.

Myriam revient quelque temps plus tard. Elle a passé la robe de chambre de Lydia. Sa longue chevelure blonde flotte librement. Malgré le bleu qui la défigure, elle a gardé tout son charme.

Alors seulement et d'un seul coup, Denis Harding comprend qu'il s'intéresse à Myriam en tant qu'homme et non en tant que pasteur. Myriam qui lui sourit, qui semble l'encourager…

Et l'inévitable se produit. Le pasteur ne résiste pas. Il s'abandonne en pensant :

– Je me damne…

Il ne s'agit pas d'un simple coup de folie. Pendant les jours et les semaines qui suivent, Myriam et Denis découvrent que leur liaison n'est pas celle de deux êtres malheureux en ménage et qui se consolent ensemble. Ils éprouvent l'un pour l'autre une véritable passion.

Ils se voient le plus souvent au temple. C'est dans le lieu de culte que leur liaison est la plus facile à dissimuler. Les gens s'imaginent que le pasteur se préoccupe d'une de ses paroissiennes en difficulté.

Denis Harding ne lutte pas, n'éprouve même pas de sentiment de culpabilité. Il se laisse emporter tout entier par sa passion. Comme Lydia est malade et ne peut plus rien faire au foyer, il prend pour bonne Myriam qui vient de se séparer de son mari. Du point de vue pratique, il n'y a plus aucun obstacle à leur liaison. Mais d'autres difficultés surgissent...

D'abord la situation ne pourra pas durer éternellement ainsi. À la longue, les gens finiront par jaser. Les cancans vont bon train dans un village et, seule jusqu'ici, la réputation exceptionnelle du pasteur les en a préservés. Mais surtout, cette fréquentation de tous les jours, cette apparence d'intimité, leur devient vite insupportable. Ils se voient aussi souvent que s'ils étaient mari et femme, mais il y a l'autre, Lydia, qui passe de temps en temps à travers les pièces, silencieusement, tel un fantôme, comme pour leur rappeler sa présence. Myriam n'en peut plus. Elle répète chaque jour :

– Je ne veux plus partager. Je veux que nous soyons vraiment ensemble, rien que tous les deux !

Quand Myriam lui dit cela, Denis Harding ne répond pas. Que faire ? À présent, il regrette d'être pasteur. Un pasteur ne peut pas se séparer de sa femme, il ne peut pas divorcer sous peine du plus terrible scandale.

Mais un jour qu'il est en train de méditer douloureusement dans la solitude, il lui semble entendre une voix :

– Un pasteur peut fort bien devenir veuf et se remarier.

Qui a parlé ? Personne, puisqu'il est seul. Ou plutôt si, quelqu'un vient de lui souffler cette idée : le diable, bien sûr !

À partir de ce moment, le pasteur Harding devient de plus en plus fiévreux. Il se fait progressivement, au prix d'un affreux débat de conscience, à l'idée de tuer sa femme. Mais un écueil l'arrête : comment faire disparaître le corps ? Si on le retrouve, il a toute chance d'être soupçonné et arrêté et il perdra Myriam. Il doit donc réussir un crime parfait, mais de quelle manière ?

La réponse vient à Denis Harding le 17 novembre 1974. D'un seul coup, tout son plan se dessine devant ses yeux, un plan horrible ! L'un de ses paroissiens vient de mourir et il doit procéder aux funérailles le lendemain. Les fossoyeurs ont déjà creusé la tombe dans le cimetière. Or, le cimetière de Glenford est attenant au presbytère. La nuit, il est fermé ; on ne peut y accéder de l'extérieur. Mais la porte qui communique avec le presbytère reste ouverte…

Cette nuit, après avoir tué Lydia, il va se glisser dans le cimetière. Il va enterrer sa femme au fond du trou qui vient d'être ouvert. Et demain, on enterrera, par-dessus, le cercueil du paroissien décédé. Quel policier aurait assez d'imagination pour chercher le corps dans un endroit pareil ? Jamais on ne retrouvera Lydia !

Denis Harding occupe toute sa journée du 17 novembre aux préparatifs du meurtre. Dans un dernier reste d'humanité, il ne veut pas que sa femme souffre. Il décide de l'empoisonner. Dans une localité éloignée, il va acheter de la strychnine, « pour désherber », précise-t-il et, dans un autre village, il fait l'acquisition d'une pelle. Cette fois, il a tout. Rien ne le fera reculer. D'ailleurs, Myriam, qu'il a mise au courant, n'a rien dit.

Lydia prend, le soir, la tisane que lui donne son mari et la boit sans s'apercevoir de rien : elle fait attention à si peu de choses ! Elle est, depuis longtemps, totalement absente, dans une rêverie qui n'en finit jamais.

L'effet du poison est rapide. Quand sa femme ne bouge plus, le pasteur la charge sur ses épaules et se dirige vers le cimetière. Il fait une nuit très claire, c'est la pleine lune.

La porte du cimetière fait un bruit grinçant. Courbé sous le poids, le pasteur Harding se dirige vers le trou ouvert. Il jette le corps sur le sol, saute dans la fosse et se met à creuser frénétiquement. Il fait froid et pourtant il a l'impression de bouillir. Lorsqu'il estime le trou assez grand, il va rechercher le corps de Lydia et le jette au fond. Mais avant d'avoir lancé la première pelletée de terre sur elle, il s'arrête, horrifié : là, dans le clair de lune, il lui a semblé que Lydia avait ouvert un œil. Elle n'est pas morte ! Il ne lui a pas donné assez de poison !

Le pasteur Harding ferme les yeux et se met à jeter des pelletées de terre avec frénésie. Il ne veut rien voir ! Il s'est trompé, Lydia n'a pas ouvert les yeux, elle était morte ! Maintenant, pris d'une sorte de rage, il se met à tasser la terre en la foulant aux pieds comme un vigneron. Au bout d'un quart d'heure, il s'arrête, épuisé. La tombe est telle que les fossoyeurs l'avaient faite, prête pour l'enterrement de la matinée.

À l'enterrement, tous les assistants sont frappés par sa mauvaise mine. À plusieurs reprises, on le voit s'arrêter au milieu de ses paroles et fermer les yeux. Pour l'éloge funèbre du défunt, lui, d'habitude si brillant, ne prononce que des banalités. « Notre pasteur a des préoccupations, pensent les villageois. C'est sans doute à cause de sa femme. On dit que sa santé est de plus en plus mauvaise. »

En rentrant au presbytère, Denis Harding retrouve Myriam. Dès qu'elle s'approche de lui, il fait un bond, comme s'il avait reçu une décharge électrique.

– Non. Va-t'en ! Laisse-moi.

Myriam n'insiste pas. Denis est encore sous le choc : c'est normal. Elle ne doit pas le brusquer. Maintenant, ils ont tout leur temps, toute leur vie.

Selon le plan prévu, deux jours plus tard, le pasteur Harding téléphone à sa belle-mère.

– Comment ? Lydia n'est pas chez vous ! Mais cela fait quarante-huit heures qu'elle est partie vous rejoindre !

Alertée en même temps par le pasteur et sa belle-mère, la police commence son enquête. Devant l'inspecteur Crosby, qui en est chargé, Denis Harding fait part de ses inquiétudes.

– J'ai peur qu'elle n'ait fait une bêtise, inspecteur. Depuis quelque temps, son équilibre nerveux me semble fragile.

Comme la mère de Lydia Harding confirme les troubles psychologiques de sa fille, l'inspecteur Crosby fait fouiller la région, sonder les lacs et les rivières dans l'hypothèse d'un suicide. Pourtant, il a remarqué également la petite bonne, qui n'a rien de la domestique revêche qu'ont habituellement les pasteurs. Bien sûr, Denis Harding a une réputation irréprochable, mais on ne sait jamais…

Tandis que l'enquête continue son cours, au presbytère, le pasteur Harding s'enfonce chaque jour un peu plus dans le cauchemar. Non seulement il ne s'est pas remis du choc, mais il ne peut plus supporter Myriam. Sa simple vue lui fait horreur. Dès qu'elle s'approche de lui, une vision la remplace : celle d'une autre femme ouvrant les yeux. Car elle a ouvert les yeux, il en est sûr ! Il l'a enterrée vivante !

Alors, repoussant Myriam et se prenant la tête dans les mains, Denis Harding répète la même phrase comme une litanie :

– Lydia ! Je l'ai tuée pour rien…

Myriam le dégoûte chaque jour davantage. Au début, la jeune femme fait tous ses efforts pour vaincre sa répulsion, mais quand elle constate que l'humeur de Denis ne fait qu'empirer, elle finit par se lasser. Elle prend l'habitude de s'absenter de plus en plus longtemps du presbytère.

Un jour, trois mois après le meurtre de Lydia, elle annonce à Denis Harding :

– J'ai fait la connaissance d'un gentil garçon en ville. Je vais l'épouser. Ce sera mieux ainsi.

En entendant la nouvelle, le pasteur Harding reste muet quelques instants et puis il part d'un rire terrible, qui n'en finit pas. Il rit encore quand Myriam fait ses valises, et c'est secoué de hoquets qu'il lui dit adieu quelques minutes plus tard.

De son côté, en apprenant le mariage de Myriam, l'inspecteur Crosby met un terme à son enquête. Ce n'était donc pas un crime passionnel, comme il l'avait supposé un instant. Lydia Harding, déséquilibrée depuis longtemps, s'était suicidée, vraisemblablement en se jetant à l'eau. Les flots rendront peut-être son corps dans un mois, dans un an ou jamais…

À partir du départ de Myriam, le pasteur Harding a décliné rapidement. Très vite, il a fallu l'hospitaliser. Il ne souffrait d'aucune maladie particulière ; simplement il ne voulait plus vivre, quelque chose s'était irrémédiablement brisé en lui.

– C'est l'annonce que la police arrêtait son enquête, ont dit les médecins. Il n'a pas supporté de savoir sa femme officiellement disparue.

Il a fallu deux ans au pasteur Harding pour venir à bout de ses forces vitales. Il s'est éteint le 20 décembre 1976.

Dans ses papiers personnels on a retrouvé une lettre cachetée à l'attention de la police où il racontait en détail les circonstances de son crime.

Il terminait par cette phrase :

> *Faites sortir Lydia de terre, donnez-lui une sépulture chrétienne…*

Et il ajoutait :

> *Et mettez-moi à sa place. C'est celle que je mérite.*

Une machination vertigineuse

L'inspecteur Lucky Norton circule dans New York au volant de sa voiture de police banalisée, ce matin du 10 octobre 1978. Lucky Norton, cinquante-deux ans, plutôt gras, cigare à la bouche et col de chemise pas très propre, est un vieux de la vieille. Il a derrière lui plus de trente ans de police new-yorkaise, ce qui est tout dire en matière d'expérience criminelle. Pour l'instant, il effectue une patrouille de routine dans Manhattan.

C'est au moment où il quitte Central Park pour tourner dans la Cinquième Avenue que l'incident se produit. Ainsi qu'il le notera lui-même dans son rapport, il était exactement midi trois.

Devant lui, la circulation ralentit. Lucky Norton se rend compte que ce brusque embouteillage n'est pas dû au trafic, mais à une cause accidentelle. Il met en marche sa sirène, double les véhicules en empruntant la portion gauche de l'avenue et arrive sur place. Il ne se trompait pas : une jeune femme d'une trentaine d'années est allongée sur la chaussée, après avoir été renversée par une voiture. Des agents en uniforme sont en train de faire les constatations d'usage. L'inspecteur Norton va vers eux, leur montre sa carte et se penche vers la jeune femme.

Malgré les circonstances, il ne peut s'empêcher d'être frappé par sa beauté. Elle est blonde, avec de longs cheveux, elle a les yeux verts, les traits parfaitement dessinés ; elle est très grande, environ un mètre quatre-vingts. Elle a tout à fait le physique d'un mannequin. D'ailleurs, elle l'est peut-être réellement. Sa silhouette et son visage disent quelque chose à l'inspecteur ; il a l'impression de l'avoir déjà vue sur des magazines. La jeune femme n'a comme blessure apparente qu'une estafilade à la main droite.

– Ça va, madame ?

La réponse de la blessée n'est pas du tout celle que l'inspecteur attendait. Elle murmure :

– Arrêtez-le !

Lucky Norton réagit au quart de tour. Il sait par expérience qu'il faut faire vite : une personne en état de choc peut perdre conscience d'un instant à l'autre, et parfois définitivement.

– Vous voulez dire que l'automobiliste vous a renversée intentionnellement ?

Les beaux yeux verts de la jeune femme deviennent troubles. Elle secoue la tête avec difficulté.

– Non… Pas lui.

– Qui, alors ?

– Poussée…

– Par qui ?

Cette fois, la blessée ne répond plus. Sans perdre de temps, l'inspecteur Norton s'empare du sac à main, tombé sur la chaussée. Il l'ouvre, déplie une carte d'identité au nom de Diana Spring et continue sa fouille. Il découvre alors une enveloppe pliée en deux dont l'adresse provoque chez lui un mouvement de surprise : elle est rédigée avec des caractères découpés dans un journal. Il ouvre la missive, qui a été composée de la même manière. Le texte est court :

Tu as fini de te montrer dans les revues, l'heure du châtiment a sonné.

Le message est anonyme.

L'inspecteur Norton est absorbé dans sa lecture lorsque des éclats de voix retentissent. Un homme d'une trentaine d'années est en train de se frayer un chemin vers la victime. C'est un grand brun dégingandé au regard tragique.

– C'est ma femme ! Que s'est-il passé ?

L'ambulance est arrivée. On charge Diana Spring sur une civière. Son mari, Philip Spring, trente et un ans, agent d'assurances, qui sortait de son bureau situé sur le trottoir d'en face, prend place dans la voiture de l'inspecteur. Ils suivent tous les deux l'ambulance au son des sirènes hurlantes.

À l'hôpital, l'état de Diana Spring est jugé sans gravité par les médecins. Il n'y a pas de lésions internes, juste quelques blessures superficielles. Aussi, l'inspecteur Norton peut-il l'interroger peu après dans sa chambre d'hôpital. Philip Spring, le mari, se tient de l'autre côté du lit.

– Vous dites que vous avez été poussée, mais avez-vous vu votre agresseur ?

La pâleur de la jeune femme fait ressortir davantage encore ses grands yeux verts.

– Non. J'ai senti une main dans mon dos, c'est tout.

– Cette lettre anonyme, il y en a eu d'autres avant ?

– Oh oui !

La blessée est incapable d'en dire plus. Elle éclate en sanglots. C'est son mari qui poursuit à sa place.

– Il y a un mois et demi que cela dure... Il faut vous dire que Diana est modèle pour magazines. Elle a d'abord reçu à la maison des coups de téléphone anonymes. Une voix d'homme proférant le genre d'obscénités classiques. Il s'arrangeait pour téléphoner pendant mon absence. Mais une fois, je me trouvais là et c'est moi qui ai décroché, je l'ai menacé et il n'a pas insisté. Enfin, plus par téléphone, car c'est alors que les lettres ont commencé.

– Comment s'est-il procuré votre adresse ? Vous êtes dans l'annuaire ?

– Non. Je suppose qu'il a été se renseigner à l'agence de modèles en se faisant passer pour un photographe.

– Et vous n'avez pas été vérifier ?

– Je voulais, mais Diana m'a dit de ne rien faire. Les lettres étaient, somme toute, insignifiantes. Jamais il n'avait fait la moindre menace jusqu'à celle-là !

La blessée reprend la parole.

– C'était pour la montrer à mon mari que je lui avais donné rendez-vous à son bureau. Malheureusement…

L'enquête de l'inspecteur Norton va très vite. Tout de suite après avoir quitté l'hôpital, il se rend à l'agence de modèles. La directrice a bonne mémoire. Elle se souvient parfaitement de l'individu qui est venu lui demander les coordonnées de Diana : un petit homme chauve au regard inquiétant. Parmi les photos de déséquilibrés que lui présente le policier, elle reconnaît sans aucune hésitation Harvey Roberts, fiché pour tentative de viol et attentat à la pudeur. Seulement, sa fiche indique aussi qu'il est en prison depuis exactement un mois…

L'inspecteur Norton a bien conscience qu'il s'agit là d'un détail capital.

– Vous êtes sûre de ne pas vous tromper ?

– Absolument.

– Madame, cet homme est en prison. Si c'est lui, cela signifie qu'il n'est pas responsable de ce qu'on lui reproche et que c'est quelqu'un d'autre.

– Je ne sais pas ce que cela signifie. Tout ce que je peux vous dire, c'est que c'est lui.

L'inspecteur n'insiste pas et c'est donc au pénitencier de Sing Sing qu'il va interroger le jour même Harvey Roberts. Ce dernier, l'air à la fois obséquieux et malsain, a tout à fait le physique de l'emploi. Il répond aux questions d'une voix de fausset on ne peut plus désagréable.

– Je reconnais que j'ai bien téléphoné à cette dame une ou deux fois. Mais c'est tout, monsieur l'inspecteur.

Quand je suis tombé sur son mari, je n'ai jamais recommencé, je vous le jure !

– Et les lettres ?

– Quelles lettres ? Je ne lui ai jamais envoyé de lettres ! D'ailleurs, comment j'aurais fait en prison ?

– Tu avais un complice !

– Un complice ? Vous plaisantez, monsieur l'inspecteur ! Un complice pour ce genre de chose, ça n'a pas de sens !

L'inspecteur Norton ne répond rien et quitte la cellule. Roberts a raison. Un détraqué sexuel n'a pas de complice. Pour quelle raison quelqu'un aurait-il posté les lettres à sa place, et surtout pourquoi aurait-il poussé à sa place Diana Spring dans le dos ? Cela n'a pas de sens, effectivement… Ou plutôt si, cela a un sens : un sens tout à fait inquiétant.

L'appartement qu'habitent les Spring est situé au trente et unième étage d'un immeuble résidentiel de Manhattan. Nous sommes le 12 octobre 1978, le surlendemain de l'accident. Diana Spring vient de rentrer de l'hôpital. Elle est seule ; son mari est parti pour son bureau. L'inspecteur Norton a attendu de le voir s'en aller pour rendre visite à Diana. Il lui explique en quelques mots ce qu'il vient d'apprendre au sujet du maniaque.

Diana Spring ouvre tout grands ses yeux verts.

– Mais alors, si ce n'est pas lui, qui est-ce ?

– Excusez-moi de vous demander cela, madame, mais vous entendez-vous avec votre mari ?

La jeune femme met un certain temps avant de répondre. Une petite ride plisse son front.

– Eh bien, pas depuis quelque temps… Il veut divorcer.

– Il a une maîtresse ?

– Oui. Il veut l'épouser.

– Et vous êtes consentante ?

– Jamais ! Je préférerais mourir !

Diana se mord brusquement les lèvres.

– Vous ne pensez tout de même pas qu'il aurait pu… ?

– Profiter de ce maniaque pour vous tuer et le faire accuser du meurtre ? C'est malheureusement possible, madame Spring. Et si l'individu ne s'était pas trouvé en prison à ce moment-là, sa machination aurait pu réussir.

– Mais avant-hier, celui qui m'a poussée… Ce n'était pas… Philip ?

– Il était midi trois et les bureaux s'arrêtent à midi.

Diana Spring est presque aussi pâle que lorsqu'elle était allongée sur la chaussée.

– Vous allez l'arrêter ?

– Non. Je n'ai pas encore de preuve. Je vais continuer mon enquête. Je vous recommande d'être prudente, madame Spring.

Et l'inspecteur Norton laisse Diana Spring atterrée.

12 octobre 1978, huit heures du soir.

Philip Spring vient de rentrer chez lui, sa journée de travail terminée. Il a hâte de retrouver Diana qui est sortie le matin même de l'hôpital. Il tourne la clé dans la serrure et se dirige vers la chambre à coucher où elle doit logiquement se trouver. Mais une voix l'arrête, en provenance du living :

– Chéri, je suis là !

Philip Spring se retourne et reste saisi : Diana est assise à califourchon sur le rebord de la fenêtre.

– N'approche pas, ou je saute !

– Mais Diana...

– N'approche pas, je te dis ! Reste où tu es et écoute-moi, car j'ai des choses à te dire, beaucoup de choses.

Philip Spring reste immobile tant à cause de la menace que de la surprise. La jeune femme se met à éclater d'un rire dément.

– Les lettres anonymes, c'était moi : tu n'avais pas compris ? Quand ce cinglé a cessé de me téléphoner, j'ai décidé de continuer à sa place.

Philip Spring esquisse un geste.

– Non, non, n'approche pas ! Si tu fais un pas de plus, je saute ! Laisse-moi continuer. Avant-hier, après la dernière lettre – celle qui contenait des menaces de mort – je t'ai donné rendez-vous à ton bureau et, à l'heure où tu devais sortir, je me suis jetée devant une voiture. Lorsque l'inspecteur m'a interrogée, j'ai dit que quelqu'un m'avait poussée. Tu commences à comprendre maintenant ?

– Diana, ce n'est pas possible !

– Oui, je vois que tu commences à comprendre... Dans un premier temps, la police allait bien sûr soupçonner le maniaque, mais cela ne pouvait pas durer très longtemps. On allait découvrir qu'il avait un alibi ou qu'il y avait une impossibilité quelconque. Dans le cas présent, j'ai eu de la chance : il était en prison. Donc, si ce n'était pas lui, cela ne pouvait être que toi.

Philip Spring a l'impression de vivre un cauchemar.

– Moi ?

– Oui, toi, mon chéri ! Pour n'importe quel policier normalement constitué, tu avais voulu profiter du maniaque pour me tuer et le faire accuser du meurtre. Une machination un peu primaire, mais somme toute vraisemblable, surtout après que j'ai parlé de ta maîtresse et de ta demande de divorce. La machination existe bien, mais elle est beaucoup plus subtile : elle vient de moi et non de toi. Elle est…

Elle se retourne un instant vers le vide :

– … vertigineuse !

– Mais c'est horrible !

Diana Spring lance à son mari un regard aigu, de ses beaux yeux verts.

– Je préfère mourir plutôt que de te perdre et je ne veux pas que cette fille t'ait à ma place. Pour cela, c'est simple : il me suffit de sauter et tu passeras le restant de tes jours en prison. Car va donc leur expliquer que ce n'est pas un meurtre, mais un suicide !

– Diana !

Jouant le tout pour le tout, Philip Spring s'est précipité vers la fenêtre. Mais la tentative était désespérée : la jeune femme n'a eu qu'un mouvement des hanches à faire pour se retrouver dans le vide. Un interminable moment après, elle s'écrasait trente et un étages plus bas.

– Allô, inspecteur Norton ? Ici, Philip Spring. Un affreux malheur vient d'arriver : ma femme s'est suicidée. Si, si, je vous assure : elle s'est suicidée ! Elle m'a tout dit. Et a tout calculé depuis le début, tout prévu. Vous me croyez, n'est-ce pas ? Vous n'allez pas m'arrêter ? Dites-moi que vous me croyez, inspecteur Norton ! Je vous en supplie, inspecteur Norton !

Le paravent japonais

Le village de Nabari, pas loin de Kyoto, l'ancienne capitale du Japon, jouit d'un site enchanteur. Il est placé sur une colline dominant des rizières et un lac sinueux avec, en face, dans le lointain, un volcan surmonté d'un léger panache de fumée. En cette année 1961, où l'industrialisation est loin d'être ce qu'elle est aujourd'hui, Nabari et son paysage font irrésistiblement penser à ces décors de paravents, peints selon une technique immuable pendant des siècles.

Le temps semble s'être arrêté à Nabari et, de fait, ce qui va s'y passer pourrait sortir tout droit des légendes cruelles du Japon médiéval.

C'est la fête, ce 16 août 1961 à Nabari.

Tout le village, c'est-à-dire une vingtaine de foyers, s'est réuni chez le maire, Kano Kitawa, pour fêter sa réélection. La maison de Kano Kitawa est la seule de quelque importance à Nabari. C'est la seule aussi à ne pas être en terre battue. Elle est construite non pas en dur, mais, au contraire, en bois léger et en carton fort, ce qui, à l'époque, représente la meilleure protection contre les tremblements de terre.

Kano Kitawa, trente-cinq ans, est, de loin, l'homme le plus riche de Nabari. Ses parents, morts pendant la guerre, lui ont légué une importante plantation de thé. Sa fortune, si elle n'est pas immense, est sans commune mesure avec les maigres ressources des autres villageois : il n'est qu'à regarder pour s'en convaincre le kimono que portent sa femme Matsu et sa jeune nièce Sakai, venue de Kyoto pour la durée des vacances. Kano lui-même a une incontestable prestance dans son costume de cérémonie. Avec son corps athlétique, son visage aux traits harmonieux, quoiqu'un peu durs, il a des allures de samouraï. Du temps où il était jeune homme, ses bonnes fortunes ne se comptaient pas et on murmure qu'elles n'ont pas entièrement cessé avec son mariage.

C'est l'heure de trinquer. Matsu Kitawa, ravissante dans son kimono couleur feuille morte, circule en portant des plateaux. Elle offre aux hommes des verres de saké et aux femmes – attention spéciale et onéreuse de son mari – des verres de porto.

Ils sont quarante, vingt hommes et vingt femmes, à faire cercle autour du maire, les enfants et les vieillards restant à l'écart.

Kano Kitawa prend place au milieu. Il promène son regard sur l'assistance.

– Mes amis, je vous invite à lever votre verre et à boire à l'empereur.

Quarante verres se lèvent et quarante cris retentissent :

– À l'empereur !

Ensuite, chacun boit d'un seul trait, à la manière japonaise. Et c'est l'horreur…

Les femmes tombent à la renverse en se tenant la gorge et en hurlant. Puis les hurlements cessent pour faire place à des râles, puis les râles cessent à leur tour. Les hommes, les vieillards et les enfants courent dans tous les sens comme des insectes affolés. Kano Kitawa va de sa femme à sa nièce ; mais sa femme est morte dans son kimono couleur d'automne, de même que sa nièce, aux allures de poupée de porcelaine, fauchée à dix-huit ans. Il faut se rendre à l'évidence : le porto était empoisonné.

Quelqu'un a délibérément assassiné toutes les femmes de Nabari !

Le commissaire Togo, de Kyoto, arrive le lendemain au village. Il a été détaché de la grande ville pour s'occuper de cette affaire criminelle hors du commun.

Le commissaire Togo établit son quartier général dans la maison de Kano Kitawa, la seule qui soit habitable à Nabari. Les gendarmes et un médecin présents sur place lui font part des premières constatations.

Les victimes sont au nombre de dix-neuf, c'est-à-dire toutes celles qui ont bu du porto. Une des femmes a miraculeusement réchappé. Il s'agit d'une certaine Timi Juro, vingt-quatre ans, qui n'a pas bu, mais fait semblant parce que, dit-elle, « elle ne boit jamais d'alcool ».

La nature du poison ne fait pas de doute : c'est du cyanure. Et on en a retrouvé la provenance : il était dans la maison même ; Kano Kitawa, qui se livre à la photographie en amateur, en possédait d'importantes quantités.

Le commissaire Togo hoche la tête en silence après avoir recueilli ces informations. À près de cinquante ans, il a beaucoup vu et beaucoup appris, notamment pendant les années de guerre. Dans la police, il s'est fait un peu la réputation d'un sage, en tout cas, d'un homme qui n'agit pas à la légère. Normalement, il y a deux suspects tout désignés : la jeune femme qui n'a pas bu et le maire possesseur du cyanure. Mais le commissaire Togo sait que dans un village du genre de Nabari, rien n'est simple. La vérité peut être parfois déconcertante. Il faut lui laisser le temps de mûrir ; il faut attendre et écouter.

Le commissaire quitte la maison de Kano Kitawa et parcourt les rues de Nabari. Il s'imprègne de cette vie paysanne au rythme lent fixé depuis des siècles. Il arrive sur la place du village ; entre deux saules pleureurs, il y a un banc. Il s'assied et contemple le panorama en contrebas ; il regarde les rizières, le volcan dans le lointain, ce paysage qui a des allures de paravent ancien. Non, dans un tel cadre, rien ne peut être comme ailleurs.

Il y a un bruissement derrière lui et une femme vient s'asseoir à ses côtés. Le commissaire ne s'était pas trompé. La vérité est en train de venir vers lui, à petits pas feutrés. La femme est âgée : soixante-dix ans, peut-être.

– Monsieur le commissaire, mon nom est Miko. Je suis la vieille servante des Kitawa et je sais tout ce qui se passe dans la maison.

Le commissaire Togo ne détache pas son regard du paysage et s'y absorbe tout entier. Loin de faire preuve d'inattention, il a le sentiment ainsi d'écouter et de comprendre plus pleinement.

– Je connais Kano comme si je l'avais fait. J'ai assisté à sa naissance. Je l'ai élevé autant et même plus que sa mère. Il a beaucoup de qualités, mais un défaut, le même depuis qu'il est tout petit…

Le commissaire suit la pensée de cette vieille femme, qui se déroule de manière sinueuse, comme le lac tout en bas.

– Kano est un charmeur. Il plaît et ne peut s'empêcher de plaire. Quand il était jeune homme, il me racontait ses aventures. Elles étaient sans nombre. Il était comme le papillon qui se pose sur toutes les fleurs.

– Et puis, il y a eu sa femme…

– Oui. Matsu était très belle. J'étais heureuse pour Kano. Mais une fleur ne fait pas un bouquet.

– Alors le papillon a repris son vol.

La vieille femme hoche la tête en souriant. Elle semble apprécier ce commissaire qui a si peu des allures de policier.

– Matsu avait un caractère très entier. Elle faisait des scènes à son mari. Elle se plaignait à moi. Mais tant que c'étaient des aventures passagères, cela allait. Tandis qu'il y a un an…

– C'est devenu sérieux. Comment s'appelle-t-elle ?

– Mitsuko. C'est une jeune veuve de Nabari, une beauté. Il y a deux mois, Kano a parlé de l'épouser. Matsu est devenue folle. Je l'ai entendue dire : « Je la tuerai et je me tuerai aussi ! »

Le commissaire Togo se tourne pour la première fois vers son interlocutrice.

– Cette Mitsuko est parmi les victimes ?

– Oui. Matsu Kano s'était placée juste à côté d'elle au moment de lever son verre. Elles sont mortes dans les bras l'une de l'autre.

Le commissaire reste rêveur… Cette haine féminine, cette étreinte mortelle qui précipite en même temps la meurtrière et sa victime dans l'anéantissement, c'est une chose de ce genre qu'il s'attendait à trouver ici. Il demande :

– À part Matsu et Mitsuko, dix-sept femmes sont mortes. Matsu était capable de sacrifier dix-sept innocentes pour se venger ?

La réponse de la vieille servante est immédiate :

– Oh, oui !

La liaison de Kano et de Mitsuko est confirmée par plusieurs autres habitants de Nabari. Le commissaire Togo a tout lieu d'être satisfait. Il n'a qu'à classer l'affaire, puisque la meurtrière est morte. Pourtant, il reste prudent. Tout cela vient trop vite et, de toute manière, il doit interroger Timi Juro, la seule survivante de l'empoisonnement collectif. Auparavant, il prend deux jours pour se renseigner sur elle et ce qu'il apprend est loin d'être sans intérêt.

L'interrogatoire a lieu dans une des pièces de la maison Kitawa. Le commissaire Togo lui donne volontairement une tournure policière classique.

– Mademoiselle, vous êtes en vie parce que vous n'avez pas bu. Puis-je savoir pourquoi ?

Timi Juro est une jeune femme de vingt-cinq ans environ, mais il y a on ne sait quoi dans sa physionomie de sec et même de revêche.

– Je ne bois jamais d'alcool.

– Pourquoi n'avez-vous pas simplement refusé le verre ? Pourquoi avez-vous fait semblant ?

– Pour ne pas désobliger mon hôte.

– Vous vous rendez compte que tout cela est très… ennuyeux pour vous ?

– Je ne pense qu'à cela depuis que c'est arrivé.

– D'autant, mademoiselle Juro, que j'ai appris beaucoup de choses sur vous. Vous êtes une curieuse femme. On dit que vous avez fait vœu de chasteté, que vous ne quittez pas les pagodes, que vous vous représentez l'amour, même le plus naturel, comme une chose honteuse. À cause de Kano Kitawa, les mœurs sont plutôt légères à Nabari. Et si vous aviez voulu vous débarrasser d'un seul coup de toutes ces femmes que vous considérez comme des prostituées ?

– Vous êtes fou !

– Moi non, mais vous, vous l'êtes peut-être. Tuer dix-neuf personnes, c'est un crime de fou ou de monstre.

– C'est Matsu Kitawa qui a voulu se débarrasser de sa rivale Mitsuko !

– On me l'a déjà dit, mais je ne le crois pas !

– Pourquoi ?

– Parce que c'est trop simple.

– Alors vous pensez que c'est moi.

– Pas forcément. En tout cas, je vous arrête !

La jeune femme ne répond pas. Elle s'y attendait sans doute. Sur l'ordre du commissaire Togo, des agents l'emmènent peu après. Ils la conduisent à Kyoto où se situe la prison la plus proche. Le commissaire, lui, reste sur place. Peut-être Timi Juro, jeune femme exaltée et névrosée, est-elle coupable de cet incroyable carnage. Peut-être est-ce Matsu Kitawa, qui n'a pas hésité à tuer dix-sept personnes avec sa rivale. Mais peut-être la vérité est-elle plus lente encore à venir.

Pendant deux jours, le commissaire Togo va s'asseoir sur le banc au-dessous des saules pleureurs. Il attend, le regard perdu dans le paysage. Et puis, à la fin du deuxième jour, un peu avant le crépuscule, il y a un pas derrière lui... Kano Kitawa, le maire de Nabari, vient s'asseoir sans dire un mot. Le commissaire ne dit rien non plus et les deux hommes contemplent en silence le soleil qui se couche. Cette fois, l'heure de la vérité est venue.

À l'instant précis où le soleil disparaît, Kano Kitawa prend la parole :

– C'est moi le coupable, monsieur le commissaire.

– Pourquoi vous accusez-vous maintenant ?

– Parce que vous avez arrêté cette jeune femme, Timi Juro. Ce n'est pas elle. Je ne peux pas supporter qu'une innocente paie pour moi.

Le maire de Nabari s'arrête un instant. Tout comme son interlocuteur il regarde droit devant lui le paysage.

– L'homme est un être bien curieux, monsieur le commissaire. Je n'ai pas hésité à tuer dix-neuf personnes et je ne peux pas tolérer que quelqu'un paie à ma place. Mais peut-être l'aviez-vous deviné et aviez-vous arrêté Timi Juro précisément pour cela ?

– Je savais seulement que la vérité serait lente à venir et je voulais lui laisser le temps nécessaire. Je vous écoute, monsieur Kitawa.

– Je suis le plus odieux des criminels. Pour que mon meurtre passe inaperçu, j'ai dissimulé ma victime au milieu de dix-huit autres.

– Qui vouliez-vous tuer ? Votre femme ? Votre maîtresse Mitsuko ?

– Ma nièce Sakai…

Le commissaire Togo revoit cette jeune fille de dix-huit ans, aux allures de poupée de porcelaine, dont la mort avait préservé la grâce.

Ni lui ni personne n'avait pensé à elle. Et pourtant, c'était elle le personnage capital de ce drame. C'est comme dans certains tableaux : ce n'est pas forcément ce qui est au centre qui est le plus important ; c'est souvent un petit détail dans un coin, comme le savent le peintre lui-même et le sage.

– Sakai était votre maîtresse ?

– Elle était venue chez nous pour les vacances. Vous n'êtes pas forcé de me croire, mais c'est elle qui a tout fait pour me séduire. J'en suis tombé amoureux fou. Mais pas elle. Elle m'a appris en même temps qu'elle était enceinte et qu'elle allait tout révéler lors de la fête pour ma réélection. Alors, j'ai eu l'idée du porto et du cyanure.

– Vous avez eu peur du scandale ?

– Comprenez-moi : si elle parlait, je perdais tout : ma position sociale, ma femme. Je n'étais plus digne de vivre.

– Vous avez tout perdu, monsieur Kitawa.

– Sur le moment, je n'ai pas réfléchi. C'est après seulement que j'ai pris conscience. Exactement quand Timi

Juro a été arrêtée. Je n'ai pas voulu qu'il y ait une autre victime.

Kano Kitawa sort une enveloppe de sa poche.

– C'est ma confession écrite. Tout ce que je viens de vous dire est là-dedans. Pouvez-vous aller chez moi et dire que c'est là que vous l'avez trouvée ?

– Et vous ?

– Je ne m'enfuirai pas. Je ferai ce que je dois. Est-ce que vous avez confiance ?

– Oui, j'ai confiance. Comment allez-vous faire ?

Sans répondre, Kano désigne le volcan dans le lointain, surmonté d'un léger panache de fumée. Le commissaire hoche la tête...

Dans la région, on l'a surnommé : « Le volcan des suicidés ». Chaque année, plusieurs personnes se jettent dans son cratère, d'où s'échappent des colonnes de soufre. Ce sont souvent des amoureux, quelquefois des criminels.

Le soleil est maintenant couché. Mais il fait encore clair. Le commissaire Togo est resté seul sur le banc. Et voici que, en bas à gauche, un personnage apparaît.

Kano Kitawa s'est mis en marche sur le chemin qui serpente à travers les rizières et entame ensuite l'ascension du volcan. Sa silhouette s'amenuise... Le commissaire se lève et fait demi-tour. S'il était peintre, il reproduirait sur un paravent le paysage de Nabari, avec un petit personnage cheminant sur le sentier, en bas à gauche, à contre-jour. Le personnage principal, comme le savent le peintre lui-même et le sage...

Table des matières

Photocomposition Bellepage
Achevé d'imprimer en février 2016
par Grafica Veneta
pour le compte des éditions Calmann-Lévy
31, rue de Fleurus 75006 Paris

PAPIER À BASE DE
FIBRES CERTIFIÉES

calmann-lévy s'engage
pour l'environnement en réduisant
l'empreinte carbone de ses livres.
Celle de cet exemplaire est de :
400 g éq. CO_2
Rendez-vous sur
www.calmann-levy-durable.fr

N° d'éditeur : 5800229/01
Dépôt légal : février 2016
Imprimé en Italie.

Armin Fischer

Sex nach sechs Stunden

So verführen Sie Frauen im Handumdrehen

3. Auflage

humboldt

Bibliografische Information der Deutschen Nationalbibliothek
Die Deutsche Nationalbibliothek verzeichnet diese Publikation in der Deutschen Nationalbibliografie; detaillierte bibliografische Daten sind im Internet über http://dnb.ddb.de abrufbar.

ISBN 978-3-86910-581-9 (Print)
ISBN 978-3-86910-580-2 (PDF)
ISBN 978-3-86910-912-1 (EPUB)

Der Autor: Armin Fischer ist Journalist und Autor. Er hat in seinem Buch „Frauen. Eine Bedienungsanleitung, die selbst Männer verstehen“ bereits das Verhalten des schönen Geschlechts entschlüsselt. Nun widmet er sich voll und ganz der erfolgreichen Verführung.

3. Auflage

Eine Marke der Schlüterschen Verlagsgesellschaft mbH & Co. KG,
Hans-Böckler-Allee 7, 30173 Hannover
www.schluetersche.de
www.humboldt.de

Lektorat: Alexandra Steiner, München
Covergestaltung: DSP Zeitgeist GmbH, Ettlingen
Innengestaltung: akuSatz Andrea Kunkel, Stuttgart
Titelfoto: Shutterstock / Morozova Oxana
Satz: PER Medien+Marketing GmbH, Braunschweig
Druck: Grafisches Centrum Cuno GmbH & Co. KG, Calbe

Hergestellt in Deutschland.
Gedruckt auf Papier aus nachhaltiger Forstwirtschaft.

Inhalt

Vorwort

Wenn du eine Frau willst, geh hin und nimm sie dir. Das könnte die Kurzform dieses Buches sein.
Ja, natürlich ist uns klar, dass Frauen die auswählende Rolle bei der Partnerfindung übernehmen. Das hat tiefere biologische Ursachen, auf die ich später im Detail eingehe. Ein Verführer aber, ein überlegener Mann, der die Interaktion von Frau und Mann verstanden hat, vermag es mehr und mehr, die Selektionsrichtung zu ändern: Vom Ausgewählten wird er zum Auswählenden. Das ist der Kern dieses Buches. Es zeigt Ihnen die Grundlagen, den Weg und die Techniken, die Sie brauchen, um als überlegener Mann aus einer Vielzahl von Frauen auszuwählen. Dass Sex in diesem Zusammenhang keine Frage von Wochen oder Monaten ist sondern von Stunden, versteht sich. Und es deckt sich im Übrigen ziemlich genau mit Erkenntnissen der Flirtforschung: Vom ersten Kennenlernen bis zum Sex vergehen im Durchschnitt nicht viel mehr als sechs gemeinsame Stunden – wobei diese natürlich aufgeteilt sein können in beispielsweise drei Dates.

Sex mit einer fast fremden Frau ist keine Sensation und kein Zauberkunststück, sondern eine natürliche und folgerichtige Zuspitzung des emotionalen Bündnisses, das Sie in den gemeinsamen Stunden geschaffen haben. Wenn Sie es richtig gemacht haben, hat die Frau gar keine andere Wahl.

Leidenschaft, Lust und Hingabe sind keine bewussten Entscheidungen, sondern kommen aus dem Instinkt.
Passen Sie auf: Wenn Sie sich nicht um diese Dinge kümmern und sich nicht mit diesem überlebenswichtigen Thema beschäftigen, kann es sein, dass Ihre Gene für immer und endgültig aus dem Kreislauf des Lebens gelöscht werden. Wollen Sie das? Wohl kaum.
Der Verführer ist „in". Im Fernsehen laufen Reality TV-Shows, in denen die Kamera bekannte „Pickup Artists" dabei beobachtet, wie sie in Bars und auf der Straße schöne Frauen ansprechen und „aufsammeln" („to pick up"). Flirtschulen und Verführseminare speziell für Männer boomen. Es hat gute Gründe: Der Identitätsverlust des Mannes in den letzten drei Jahrzehnten ist deutlich, es fehlt an Initiationsriten und männlichen Vorbildern. Viele Männer orientierten sich eine Weile an Rollenbildern, die für das Verführen von Frauen nur unzureichend geeignet sind. Es entstand ein echtes Wissensdefizit in Sachen **Männlichkeit**. Was früher selbstverständlich war, wird heute neu erlernt.
Männer, denen die natürliche Fähigkeit, Frauen zu verführen im Blut liegt, nennt die „Seduction community", eine weltweite Bewegung, die sich mit der Kunst der Verführung beschäftigt, „Naturals". Mein Onkel, ein echter Münchner „Stenz" wie aus einem Helmut Dietl-Film, war so einer, einige meiner besten Freunde sind es auch. Vielleicht hatten auch Sie prägnante Vorbilder, vielleicht wurden Sie dadurch sogar selbst ein Natural. Gratuliere! Lesen Sie das Buch trotz-

dem, auch Sie können noch was lernen! Vielleicht aber spüren Sie, dass viel mehr in Ihnen steckt, als Sie bisher ausleben konnten. Dann **müssen** Sie dieses Buch lesen, Ihren Genen zuliebe.

Wenn Sie einige Grundregeln und ein von der Natur genau festgelegtes Ablaufschema befolgen (siehe Kapitel 5), ist es ein Kinderspiel, die schönsten Frauen in kürzester Zeit ins Bett zu bekommen. Lernen Sie es und genießen Sie es. Das widerspricht dem Konzept der großen Liebe überhaupt nicht. Denn die Frau fürs Leben werden Sie viel einfacher finden, wenn Sie mehr als eine einzige kennenlernen.
Bedenken Sie aber: Die Wirkmechanismen, die Sie hier erfahren, sind so zuverlässig, dass es für Sie zur bloßen Routine werden kann, schöne Frauen anzusprechen, sie zu verführen und mit ihnen zu schlafen. Ich kann Sie zwar nicht daran hindern, das zu tun, aber ich empfehle es nicht (oder jedenfalls nicht uneingeschränkt). Das Ziel der Übung ist nicht, zum „Sozialroboter“ zu werden, der mit standardisierten und eingeübten Routinen jede Frau „rumkriegt“, aber das Gefühl dabei vergisst. Sondern im Gegenteil: Lieben Sie jede einzelne Frau, mit der Sie schlafen. Dann wird es gut, und nur dann wird übrigens auch der Sex wirklich gut.

Armin Fischer

1 Sucht, Glück, Sex und Biologie

Sex ist antiintellektuell, instinktgesteuert, manchmal wild, verschwitzt und uncool, manchmal schmutzig, gern versaut. Sex ist ein Kristallisationspunkt unserer Existenz, mächtig, allmächtig manchmal, überwältigend – hoffentlich. Und ganz und gar nicht kopfgesteuert – hoffentlich nicht.

Genau so sollten Sie es halten, und viel mehr gibt es eigentlich nicht zu sagen. Wäre da nicht die vertrackte Frage: Wie kommen Frau und Mann eigentlich zusammen, was zieht sie an, was lässt die Sicherungen durchbrennen, was hält sie, was macht sie süchtig und abhängig voneinander? Und was bindet und schweißt sie für immer (Vorsicht!) zusammen?

Bevor es richtig losgeht, ein kleines Brainstorming und einige geniale Erkenntnisse der Wissenschaft, die sich in den letzten Jahren verstärkt auf dem Minenfeld Mann-Frau zu schaffen macht. Einiges wird Sie überraschen, einiges aber ahnten Sie vielleicht auch schon – wenn Sie mit Herz und Körper lieben oder liebten.

1.1 Was uns süchtig macht: Hormone & Leidenschaft

Sex kann süchtig machen. Und nicht nur Sex. Der Geruch des geliebten Menschen, seine Berührungen, seine Stimme, seine bloße Anwesenheit. Der Wunsch, mit einem bestimmten Menschen zusammen zu sein, kann überwältigend werden, wie ein Rausch. Eine Droge, die es nicht auf dem Schwarzmarkt zu kaufen gibt, und die auch der Arzt nicht verordnen kann. Sondern eine, die unser eigener Körper produziert, die uns von innen überwältigt und antreibt, irrwitzige Dinge zu tun, die wir sonst nie getan hätten: aus einem Helikopter kübelweise Rosen über dem Haus der Geliebten abwerfen; plötzlich jeden Morgen 15 Kilometer joggen, um wieder sportlich und schlank zu werden; um die halbe Welt reisen – für eine einzige Nacht, vielleicht nur für einen einzigen Kuss – Beispiele könnten wir hier beliebig viele aufzählen. Was ist los mit uns? Spinnen wir, wenn uns die Liebe überfällt?

Was passiert mit uns, wenn uns die Liebe erwischt?

In gewisser Weise – ja. Die Wissenschaft ist den „Durchdreh-Stoffen" in unserem Körper auf der Spur, und fast an einem Punkt, an dem sie das Geeiere und Gezerre, das Bangen und Hoffen, Schmachten und Sich-Verzehren der Verliebten erklären kann.

Warum es losgeht, durchschaut die Wissenschaft (noch) nicht so genau, sie beobachtet aber, dass dann, **wenn** die Verliebtheit eingeschlagen hat, eine Menge passiert. Deutlicher: Innere hormonelle Dämme brechen, Wolfsrudel fangen an zu heulen, die Titanic sinkt, die Erde bebt. Das Warum ist aber vielleicht auch banal: Wir warten darauf. Wir, unser Körper, unsere Sinne, unser Fleisch und Geist, ist stets auf der Lauer – dass „es“ passiert. Dass wir IHR oder IHM endlich begegnen. Nur ein paar kleine Rahmenbedingungen müssen stimmen – und zack!

Arthur Aron, Psychologe und „Liebesforscher“ (bekannt geworden vor allem durch das „Brückenexperiment“, siehe Seite 106, Kapitel 5), fasst die Ergebnisse seiner jahrelangen Studien so zusammen: „Es scheint, als ob wir einfach nur auf einen attraktiven Menschen warten, der etwas tut, das wir als folgendes Zeichen deuten können: Ich mag dich.“ Attraktivität und Zuneigung – das sind die simplen Grundzutaten, damit die Achterbahnfahrt losgehen kann.

Aber dann! Wenn plötzlich alles passt, wenn man diese Schwingungen spürt, wenn die Luft zittert, wenn man sich immer näherrückt, wenn aus dem konventionellen Ein-Meter-Abstand, den wir üblicherweise einhalten, 50 Zentimeter werden. Dann nur noch 15. Wenn wir nichts weiter wollen, als mehr und näher und enger und … und … und … – dann hat uns zwar noch nicht die Liebe gepackt, aber die Leidenschaft und die Verliebtheit. Dann drehen wir durch. Unsere Hormonpumpen arbeiten, unser Körper kommt ins Schwitzen, Adrenalin jagt durch die Adern und unsere Augen sehen plötzlich nicht mehr klar und deutlich. Wir sehen nur noch „schön“.

Unser Gehirn verändert sich bei Verliebtheit dramatisch.

Was ist los? In unserem Gehirn verändert sich massiv etwas, wenn wir verliebt sind. Der Serotoninwert im Körper Verliebter sinkt dramatisch – und ähnelt damit sehr dem Profil, das man auch von Patienten kennt, die unter neurotischen Zwangshandlungen leiden: fünfmal nachsehen, ob die Tür wirklich abgeschlossen ist, sich fünfzigmal am Tag die Hände waschen, beim Verlassen das Hauses eine exakte Route einhalten und auf keinen Fall aufs falsche Pflaster treten und Ähnliches. Verliebte werden also in gewisser Weise zu Neurotikern – nur sind es hier weniger die Handlungen, die in ein Zwangsraster gepresst werden, sondern die Gedanken: Alles kreist plötzlich nur noch um die Zielperson unserer Begierde. Hochgradig verliebte Studenten, die an einer wissenschaftlichen Studie teilnahmen, gaben an, dass sie mindestens vier Stunden am Tag damit beschäftigt waren, intensiv an das Objekt ihrer Begierde zu denken.

||| Die Glücksboten

Serotonin und Dopamin sind chemisch verwandte Stoffe, die im Körper an vielen Stellen regelnd eingreifen und sich gegenseitig beeinflussen. Beide wirken stimmungshebend. Während Serotonin auch das Blutdrucksystem, den Magen-Darm-Trakt und das Zentralnervensystem positiv beeinflusst, schreibt man dem Dopamin die heftigen Glückserfahrungen zu, die im Gehirn zum Beispiel durch Drogen oder einen Orgasmus entstehen. Unabhängig davon ist Dopamin an zahlreichen grundlegenden und lebensnotwendigen Steuerungs- und Regelungsvorgängen im Körper beteiligt.

Verliebtsein versetzt unser Gehirn also in einen **labilen Unglückszustand**, der nur durch das Wiedersehen des geliebten Menschen vorübergehend geheilt werden kann. Es ist eine innere Pein und ein Schmerz, den der Körper aufbaut – um das Streben nach Erlösung umso drängender zu machen. Die Belohnung folgt auf dem Fuße: Alles löst sich auf in Ruhe, Gelassenheit und Glücksgefühle, wenn wir unseren Schatz endlich wiedersehen. Der Serotoninspiegel steigt vorübergehend, der Glücksstoff Dopamin wird kurzfristig mit dem Rasensprenger im Gehirn verteilt, das Angstzentrum im Gehirn (Amygdala) ist deaktiviert – schlagartig geht es uns gut. Aber nur, solange wir mit unserem Herzblatt zusammen sind.

Leiden und Belohnung: Nichts weiter als einer von vielen biologischen Tricks der Evolution, um uns dazu zu bringen, das zu tun, was wir tun müssen: uns paaren und vermehren. Darum sind die ersten acht Wochen (oder 9½, wie in dem Kinoklassiker) einer Beziehung eine anstrengende, manchmal katastrophale, auf jeden Fall aber aufregende Achterbahnfahrt.

1.2 Was uns glücklich macht: Hormone & Liebe

Wenn die genialen biologischen Mechanismen unserer Körper den ersten Leidenschaftskick erzeugt haben, ist das aber erst der Anfang. Worauf die Biologie abzielte, war Vereinigung, Verschmelzung der Körper, Sex. Wenn das im Turbotempo vor sich ging, sind unsere Gene darüber nicht traurig. Im Gegenteil, sie jubeln. Im evolutionsbiologischen Sinne ist eine Drei-Minuten-Wäschekammer-Affäre ein höchst erfolgreicher Akt: Wham-Bam, thank you Ma'am.

Wham-Bam, thank you Ma'am.

Die Natur belässt es aber nicht dabei. Sie denkt auch an später. Klar, das Zeugen ist das A und O, ohne Beischlaf keine Fortschreibung unserer Gene. Wenn das aber erledigt ist, plant die Natur schon weiter: Der Nachwuchs muss auch aufgepäppelt werden, das Baby braucht Schutz und Versorgung – zumindest für eine gewisse Zeit. Dafür ist es am besten, wenn die beiden Elternteile für eine

Weile zusammenhalten und ein Team bilden. Darum sind wir Wesen, die sich nicht täglich quer durch die Fußgängerzone vögeln, sondern eher temporär-partiell monogam veranlagt. Kurz – wir wollen mehr als Sex: Bindung, Liebe, Verlässlichkeit, eine Partnerschaft, die hält. Auch dafür hat die Wissenschaft den Geheimstoff entdeckt.

||| Oxytocin: Klebstoff der Liebe

Oxytocin ist, populärwissenschaftlich gesprochen, ein Hormon der Bindung, das uns lebenslang begleitet. Durch das Saugen eines Babys an der Brust der Mutter wird deren Oxytocin-Ausschüttung angeregt, was einerseits für einen schnelleren Milchfluss sorgt, andererseits bei der Frau wohlige bis lustvolle Gefühle hervorruft. Dieser angenehme Wirkkreislauf sorgt letztlich für eine stärkere emotionale Bindung von Mutter und Kind. Die Sexualwissenschaft hat herausgefunden, dass ein ähnlicher Effekt der Zufriedenheit und Bindung, ausgelöst durch Oxytocin, auch kurz nach dem Orgasmus von Mann und Frau auftritt und so die sexuelle Vereinigung sozusagen emotional aufwertet. Der Name Oxytocin kommt aus dem Griechischen und bedeutet „schnelle Geburt". Kontraktionen der Gebärmuttermuskulatur, die der Stoff bewirkt, sorgen einerseits beim Orgasmus dafür, dass das Sperma des Mannes regelrecht „eingesaugt" wird; andererseits lassen sich damit bei Schwangeren die Wehen auslösen. Oxytocin wird daher in der Geburtshilfe seit langem als Medikament eingesetzt, das den Geburtsvorgang beschleunigt.

Der Rausch der Leidenschaft kann nicht ewig andauern, das würde unser Körper nicht durchhalten. Ständig gebeutelt zwischen Hoffen und Bangen, Sehnsucht und Wiedersehen. Kurzfristig den Kopf gespült mit Glücksdrogen, dann Entzug, neues Leiden, Angst und Depression. Darum stellt sich nach einer Weile wieder Normalität ein: Die Sucht, der Rausch verfliegt, die Droge wirkt nicht mehr. Damit die Partner aber im evolutionär vorteilhaften Sinne eine Weile zusammenbleiben, hat die Natur eine andere starke Waffe im Arsenal: Oxytocin, das „Bindungshormon" schlechthin. Dieser „Beziehungsklebstoff" macht es möglich, eine leidenschaftliche Affäre in eine beständige Partnerschaft umzuwandeln – wenn die Partner denn überhaupt zusammenpassen und zusammenkommen wollen. Denn was in den leidenschaftlichen ersten paar Wochen passierte, geschah im Rausch. Ob es einer nüchternen Betrachtung standhält, zeigt sich erst danach.

Oxytocin ist ein Dopamin-Ankurbler erster Güte – diesen Glücksstoff des Gehirns hatten wir bereits zuvor erwähnt. Aber im Gegensatz zum suchthaften Wechselspiel des Dopamins mit dem Serotonin, das den rauschhaften Zustand des Verliebtseins kennzeichnet, sorgt Oxytocin auf eine friedvolle Weise für den wohligen Dopamin-Regen im Gehirn. Man kann sagen, es stellt die Beziehung – vorher flatterhaft, unsicher und nervös – auf gesunde Beine. Die Liebe wird erwachsen.

Der Dopamin-Regen im Gehirn macht uns glücklich.

Massenhaft freigesetzt wird das Hormon – raten Sie mal – beim **Orgasmus**. Um das zehn- bis zwanzigfache steigt der Oxytocin-Pegel bei Mann und Frau kurz nach dem Orgasmus an – und ist verantwortlich für die entspannte Zufriedenheit nach dem Sex. Frauen, die multiple Orgasmen erleben, schwingen sich zu einem regelrechten Oxytocin-Rausch auf. Mehr, mehr, mehr …

Wissenschaftler sind heute der Meinung, dass Oxytocin für uns der wichtigste Bindungsklebstoff ist. Zwei Menschen, die aufeinander mit der Ausschüttung dieses Hormons reagieren, sind ziemlich solide zusammengeschweißt. Und das Spiel der Bindungsstoffe scheint sogar eine Eigendynamik zu entwickeln. Nach einiger Zeit ist es nämlich so, dass Partner durch einen einfachen Körperkontakt, eine Umarmung, eine Berührung einen Oxytocin-Ausstoß erleben. Nicht so wuchtig wie bei einem Orgasmus, aber immerhin. Berührungen, die gepflegt werden, und körperliche Nähe sind deshalb auch ein wesentliches Fundament für eine Beziehung, die etwas länger dauert als ein paar Stunden oder heftige Monate.

Berührungen verbinden uns auf einer tieferen Ebene.

1.3 Sex nach sechs Stunden

Von vielen meiner weiblichen Bekannten kam bezüglich des Buchtitels „Sex nach sechs Stunden“ fast standardmäßig (halb scherzhaft) der Satz: „Sechs Stunden? So lange? Das geht doch auch in ein oder zwei Stunden!" Sie haben völlig Recht. Wenn beide es wollen und keine äußeren Hindernisse im Wege stehen, reicht auch eine intensive Stunde in einer Bar oder in einem Café für das präkoitale Beschnuppern. So schnell sind wir bereit, uns mit einem völlig Fremden einzulassen. Zum einen, weil es Spaß macht. Zum anderen sind Flirten und Sex auch Tests, um herauszufinden, ob es der/die Richtige ist. Weil Frauen durch die Pille oder andere Methoden ihr Schwangerschaftsrisiko besser einschränken können denn je, ist auch für sie Sex nicht mehr der letztgültige, ultimative Akt einer Beziehung oder Partnerschaft, sondern eher eine Stufe auf dem Weg dorthin. Für uns Männer war es ja noch nie etwas anderes als eine Suche.

So setzt „Sex nach sechs Stunden" also eher den Zeitrahmen nach oben fest. Wenn es wesentlich länger dauert, wird wahrscheinlich gar nichts mehr daraus. Dann ist irgendwas schiefgelaufen. Diese sechs Stunden müssen aber nicht „am Stück abgearbeitet" werden. Realistischer und lebensnaher ist eine Aufteilung in Liebeshäppchen: ein erstes Date im Park, ein Abendessen, ein gemeinsames Kochen – und hoppla, dann ist es passiert … Zufall oder Notwendigkeit? Die Natur lacht sich eins und sagt: „Da hab ich euch aber mal

Sex nach sechs Stunden ist die Normalität.

wieder schön eingelullt – und am Ende habt ihr guten Sex gehabt, danke! Und hoffentlich funktioniert die Verhütung nicht perfekt, denn es muss doch weitergehen mit der Menschheit.“ (Dass Sie sich, unabhängig von den größeren Plänen der Natur, beim Sex mit einer neuen Partnerin durch ein Kondom schützen sollten, ist klar.)
Beobachtungen und wissenschaftliche Studien zeigen: Wenn es zum Sex zwischen Mann und Frau, die sich neu kennenlernen, kommt – dann geschieht das zu 80 Prozent beim ersten bis dritten Treffen. Passable Chancen gibt es noch beim vierten Treffen, aber danach sinkt die Wahrscheinlichkeit, dass Sex zwischen diesen beiden Kandidaten überhaupt jemals stattfindet, rapide. Und dann ist auch die Sex-entscheidende Sechs-Stunden-Frist abgelaufen. Nichts geht mehr.

Aber egal, wie viele Minuten, Stunden oder Tage bis zum ersten Sex vergehen: Gewisse Stufen der Annäherung müssen auf jeden Fall eingehalten werden – ohne die geht es nicht. Flirtforscher, die erstmals den magischen Moment des ersten Kennenlernens zweier Sexkandidaten unter die Lupe nahmen, waren fasziniert davon zu sehen, dass eine gewisse Reihenfolge im Ablauf der romantischen Geschehnisse unbedingt und in jedem Fall eingehalten werden muss – wenn das Vorhaben denn zum Erfolg (Koitus) führen soll. Als sie die Muster er-

Die Phasen der Annäherung sind ein Grundgesetz.

kannten, sahen sie plötzlich die Paare wie mit festgeklebten Post-its auf der Stirn vor sich: „Fass mich an!", „Erzähl mehr, es erregt mich!", „Komm näher!", „Halt, ich bin noch nicht so weit!", „Ich bin schon ganz heiß!", „Lass uns noch woanders hingehen …" Es war plötzlich alles so klar, dass die Wissenschaftler mit großer Sicherheit vorhersagen konnten, ob ein Paar die Bar gemeinsam verlassen würde oder nicht.

Für den Verführer bedeutet das: Wenn er die Stufen der Annäherung kennt und verinnerlicht hat, muss er gar nicht viel tun. Eher weniger. Nur nichts falsch machen und warten, bis ihm die Frau wie eine reife Frucht in die Arme fällt. Irgendwann gibt es einen Punkt, an dem sie gar nicht anders kann. Wir kommen bald darauf zurück – versprochen!

2 Das erotische Minenfeld

Liebe, Beziehung, Leidenschaft, Affäre, Treue – all diese Worte sind mit Erwartungen behaftet. Und mit Verhaltensmustern verbunden, die wir aus Filmen, Romanen und Geschichten aus Zeitungen kennen. Die Worte sind Hilfskonstrukte, an denen wir uns festhalten.

2.1 Die großen Worte

Die Liebe gehört nicht zu den urzeitlichen Grundgefühlen des Menschen wie Hunger, Sexualtrieb, Angst, Schmerz. Nein, sie ist ein – zwar wunderbares und prima funktionierendes, aber dennoch – soziales Konstrukt, das wir uns wuschgemäß zusammenbasteln. Liebe ist die von uns selbst erschaffene Manege, in der die wilden Pferde Gier, Trieb, Leidenschaft und sexuelle Ekstase brav im Kreis trotten sollen, damit wir alles schön im Griff haben. Die Pferde tun uns bisweilen den Gefallen, aber nicht immer, denn sie sind **wild**. Sie brechen gern mal aus. Brennen durch, in die Prärie, rennen, schnaufen, paaren sich und wollen frei sein. Der Kern der Liebe zwischen Mann und Frau ist die **sexuelle Spannung**, der Trieb, es miteinander zu treiben.

Falls Sie etwas anderes glauben, haben Sie zu viel in der Bibel gelesen oder sind von dem vielen Zuckerguss, den wir über die Liebe kippen, schwindlig geworden. Sex ist die Kraft, die sie zusammengeführt hat, und so sollte es sein und bleiben. Sex zwischen Mann und Frau ist unser Bindungselexier.

Das erste große Wort: Liebe

Populäre Irrtümer über die Liebe

Irrtum Nummer 1: Wahre Liebe hält ewig

Ein verbreiteter Irrglaube: Wenn es nicht gehalten hat, dann war es keine wahre, keine echte Liebe. Doch, das war es. Sonst hättet ihr es wahrscheinlich gar nicht bis ins Bett geschafft, oder jedenfalls nicht mehr als einmal. Es gibt keine größere oder kleinere Liebe – es gibt nur die Liebe. Und wenn sie uns packt, dann ist es für den Moment der richtige Partner. Wie lange dieser Moment andauert, steht auf einem ganz anderen Blatt. Ein guter Verführer wurde gefragt: „Wie viele Frauen in deinem Leben hast du geliebt?" Seine Antwort: „Jede einzelne, mit der ich geschlafen habe." Das ist gleichzeitig eines der Geheimnisse eines jeden guten Verführers, angefangen mit Großmeister Casanova: Lassen Sie sich ganz auf die Frau ein, leben Sie im Jetzt und lieben Sie im Jetzt. Erst eine Frau, die Liebe spürt, wird sich wirklich öffnen.

In einer kurzen, innigen Liebesbeziehung, die vielleicht nur zwei Tage dauert, kann sich alles entfalten, was zur Liebe gehört: Verlangen, Lust, Leidenschaft, Sehnsucht, Erfüllung, tiefes Glück und Vertrauen. Und danach ist es vielleicht vorbei. Vielleicht ist der Urlaub zu Ende, oder ein unerwarteter Dritter taucht auf, oder man verliert sich aus anderen Gründen. Egal. Entscheidend ist, dass Sie der Liebe in diesen zwei Tagen alle Chancen gegeben haben. Starren Sie also nicht auf die Liebe als Zielvorstellung (und nehmen Sie niemandem das Versprechen ab, Sie für immer zu lieben), und trauern Sie auch nicht um eine vergangene Liebe. Sondern leben Sie die Liebe im Jetzt.

Innerhalb von zwei Tagen kann sich eine komplette Liebesbeziehung entfalten und vergehen.

Irrtum Nummer 2: Liebe überwindet alles …

… und wenn die Beziehung nicht funktioniert, dann mangelt es an Liebe. Liebe ist – sehen wir der Sache ins Auge – kein Garant für eine erfolgreiche Beziehung. Liebe kann eine gute Ausgangsbasis sein, um eine dauerhafte Partnerschaft zu schmieden. Aber nicht notwendigerweise. Auch Menschen, die nicht zusammenpassen, die nicht auf einer Wellenlänge liegen, die sich zu sehr voneinander unterscheiden, um auf Dauer ein Paar zu werden, können sich lieben. Und immer, wenn die Gegensätze trotz Liebe zu groß sind, wird es schwierig: Man kämpft um die Liebe, man möchte den anderen behalten, man versucht, sich zu ändern und alles recht zu machen. Man liebt und leidet. Es muss doch klappen! Es ist doch Liebe! Die Wahrheit ist:

Es ist Liebe, aber es klappt trotzdem nicht. Ein Zitat meiner geschätzten Kollegin Nina George, alias Anne West (siehe Literaturverzeichnis): „Eine Beziehung funktioniert nicht von selbst, und die Liebe kann den Job auch nicht für Sie erledigen."

Liebe, diese Mixtur unserer Hormonausschüttungen, unserer Idealvorstellungen und Traumbilder und des gesellschaftlich Erwünschten, trifft zwei Menschen überraschend und relativ wahllos. Es ist einfach ein kleines **Experiment der Natur**, das mehr oder weniger gut klappen kann, Versuch und Irrtum, oder auch Dauererfolg. Der Natur kann das relativ egal sein, sie gewinnt immer, denn für eine Serie von innigen Verschmelzungsvorgängen wird es reichen. Die Menschheit ist wieder mal gerettet!

Liebe ist kein Garant für eine funktionierende Beziehung.

Irrtum Nummer 3:
Nur die Liebe auf den ersten Blick ist die „echte"

Der vielleicht populärste romantische Irrtum. Es ist ja auch eine schöne Vorstellung: Zwei Menschen treffen sich, sehen sich in die Augen – und zack!, sie sind ab sofort quasi verschmolzen, verheiratet oder sonst was. Und tatsächlich, diese Fälle gibt es wirklich, sonst würden sie nicht so gern in der Literatur und in Schnulzenfilmen zitiert. Der Normalfall sieht jedoch ein wenig anders aus: langsames Beschnuppern, ein wenig Flirten, den anderen austesten,

sich körperlich annähern, probeweise den Geruch des anderen inhalieren, ... Darauf kommen wir später ausführlich zu sprechen.
Liebe ist ein Gefühlscocktail, der in der Zubereitung ein wenig Zeit braucht. Darum ist der Ausruck „Liebe auf den ersten Blick“ auch etwas irreführend. Was da passiert, ist noch keine Liebe. Aber die Liebesschleusen öffnen sich vielleicht durch den Blick auf etwas, das man schon so lange gesucht hat. Das interne „Verbandelungsprogramm“ springt an, wir sind ganz „Auge und Ohr“. Dieser Mensch könnte es sein, Achtung! Nein, er ist es! Wenn zwei sich treffen, bei denen es gleichzeitig klingelt, dann kann es wirklich zack-bumm gehen. Das nennen wir dann „Liebe auf den ersten Blick“.
Liebe ist eine Himmelsmacht, einerseits ja. Und andererseits greifen wir (mehr oder weniger bewusst) steuernd ein. Wir können uns vorteilhaft oder weniger vorteilhaft verhalten, attraktiv wirken oder zurückweisend. Ein guter Verführer wird die Liebe, das Mächtigste aller Bindungsinstrumente, immer charmant und liebevoll willkommen heißen – und schauen, dass sie sich wohlfühlt. Er wird das Tor weit öffnen, durch das die Liebe mit einem Mal ganz unauffällig hereinspaziert. Und er sorgt dafür, dass das nicht zwei Jahre dauert, sondern dass die Frau nach zwei Stunden innerlich schreit: „Ich will dich, weil ich dich liebe!“

Verführung hat natürlich auch etwas mit Liebe zu tun.

Irrtum Nummer 4: Wer liebt, ist gut

Wer liebt, erlebt gute Gefühle (oder auch schmerzende), aber er ist kein besserer oder schlechterer Mensch als andere, nur weil er liebt. Die Liebe adelt nicht, sie erhöht uns nicht (nur in Träumen, Gedichten, Romanen und TV-Schnulzen). Sie ist einfach da, und solange sie da ist, können wir in Hormonausschüttungen baden, in unserem Kopf Traumbilder von uns und unserem Schatz malen, und – wenn wir Glück haben – große Geborgenheit und Zufriedenheit spüren. Eine schöne Zeit, um uns selbst durch den anderen Menschen neu zu spüren, auf neue Gedanken zu kommen, sich neue Welten zu eröffnen. Ganze Universen werden durch die Liebe in unserem Geist erschaffen. Es ist eine tolle Sache, ein Super-Ding der kulturellen Evolution des Menschen, das uns turbomäßig nach vorne gebracht hat. Aber es hat nichts damit zu tun, dass der einzelne durch die Liebe „besser" würde. Nur anders. Würden alle Menschen durch die Liebe geadelt und zu besseren Menschen werden, würden nicht so viele kleine Schlechtigkeiten auch in gelebten, geliebten Beziehungen ihren Platz haben.

Liebe ist ein Super-Ding der kulturellen Evolution.

Das zweite große Wort: Treue

Generationen von Moralaposteln haben uns eingebläut, dass Treue für eine funktionierende Partnerschaft unabdingbar ist. Mehr noch, dass eine gute Partnerschaft nur jene ist, die sich auf Treue gründet. Obwohl wir im Herzen an dieser Auffassung sowieso zweifeln, weil wir oft genug etwas anderes spüren, klebt das Treue-Ding doch häufig wie ein Blutegel an unseren Beziehungen und saugt sie aus. Und spritzt stattdessen Eifersucht, Neid, Verlustangst und Unsicherheit in den Liebeskreislauf.

Treue ist eine wunderbare Sache, wenn sie aus ihrem einzigen legitimen Grund entspringt: der absoluten und überbordenden Lust auf genau einen Menschen, nämlich unseren Partner. Doch wie wir schon gelernt haben, sind Beziehungen gewissen Wandlungen unterworfen, und es ist unwahrscheinlich – wenn nicht unmöglich – dass bei einem Paar, das schon fünf Jahre lang wirklich zusammen (also in der gleichen Wohnung) lebt, tatsächlich die Lust noch so da ist wie am ersten Tag. Das ist keine Katastrophe, kein Grund, gleich alles hinzuschmeißen. Nein, das ist normal.

Treue ist eine nette moralische Idealvorstellung.

Und (beinahe) genauso normal ist Fremdgehen – wenn wir schon dieses dezent schuldbesetzte Wort verwenden wollen: Aktuellen Umfragen zufolge gehen 45 Prozent aller Männer und fast genauso viele Frauen (43 Prozent) in ihrer Beziehung fremd. In rund zwei Dritteln aller Dauerbeziehungen geht mindestens einer von beiden fremd. Sind die Sitten so verfallen? Geht es uns so schlecht? Sind wir alle Schweine, oder haben wir alle Partner zum Davonlaufen? Nichts davon. Die Antwort ist eine andere: Es liegt ein Stück weit in unserer Natur.

Wie viele Frauen braucht ein Mann? Viele

„Der Seitensprung", so schreibt Bas Kast (siehe Literaturverzeichnis) in seinem wissenschaftlich sehr fundierten Buch über die Liebe, „gehört zur genetischen Grundausstattung eines Mannes. Gene, die einen Mann zur absoluten Treue veranlassen, pflanzen sich schlicht weniger fort als solche, die ihm eine Tendenz zum Fremdgehen zuflüstern." Warum ist das so? Nun, beim Mann ist es eine einfache Rechnung: Je mehr Sexualkontakte er hat, umso wahrscheinlicher ist es, dass er eine Frau schwängert und somit seine Gene weitergibt. Das war in früheren Zeiten so, und heute ist es trotz Pille und anderer Verhütungsmethoden nicht anders. Denn die Chance, dass irgendwo und irgendwann eben doch mal ein cleveres Spermium durchschlüpft, steigt. Während der strikt monogame Mann alles auf eine Karte setzt, spielt der polygame eben mit einem ganzen Kartenspiel.

Für den Mann gibt es keine absolute Sicherheit, der Vater zu sein.

Ein zweiter, heiklerer Grund: Ein Mann kann sich nie wirklich sicher sein, der Vater des Kindes zu sein, außer er überwacht die Eizellenwanderung seiner Partnerin rund um die Uhr mit einer Webcam. Tatsächlich zeigen immer wieder

Zufallsbefunde, dass die Zahl der Kuckuckskinder erstaunlich hoch sein muss. Vorsichtige Schätzungen gehen von fünf bis zehn Prozent aus. Für das Erbmaterial eines Mannes kann es also überlebensnotwendig sein, sich einen Notfallplan zu schmieden: eine zweite Frau als Reservespeicher für die guten, hauseigenen Gene. Und vorsichtshalber eine dritte, eine vierte Frau.

Frauen beherrschen die Kunst – wir kommen später darauf zurück –, einen Mann in einer Beziehung zu zähmen, zu binden und abhängig zu machen. Das ist in ihrem genetischen Programm verankert, denn die Urfrau brauchte einen Ernährer und Beschützter für den Nachwuchs. Dieser Instinkt beinhaltet aber nicht, dass der Mann nur und ausschließlich mit ihr Sex haben darf. Im Grunde ihrer Gene kann das einer Frau auch ziemlich egal sein, denn ihr eigenes Fortpflanzungsvermögen wird dadurch nicht geschmälert. Gefährlich wird es erst dann, wenn der Mann sich in eine andere Frau verliebt, also wenn die Gefahr besteht, dass sie ihn verliert.

Sexuelle versus emotionale Untreue

Der amerikanische Psychologe David Buss fragte Frauen und Männer, was sie am meisten ins Unglück stürzen würde.

a) zu entdecken, dass ihr Partner/ihre Partnerin eine tiefe emotionale Bindung zu einem anderen Menschen aufbaut, sich also verliebt?
b) zu entdecken, dass ihr Partner/ihre Partnerin leidenschaftlichen Sex mit einer anderen Person hat? (zitiert nach Bas Kast)

Nichts davon ist angenehm, klar. Doch 83 Prozent der Frauen entschieden sich für Antwort a) und fürchteten also eine emotionale Bindung ihres Partners an eine andere Frau mehr als bloßes Fremdgehen. Bei den Männern fiel das Ergebnis genau andersherum aus: 60 Prozent drehten bei dem Gedanken durch, ihre Frau könne Sex mit einem anderen haben. Die Erklärung dafür leuchtet ein: Es ist die nie zu unterschätzende Gefahr, dass ein anderer ihnen ihre Fortpflanzungsmöglichkeit – nicht stiehlt, aber immerhin – für lange Zeit blockiert, indem er ihnen ein Kuckuckskind unterjubelt.

Für den Verführer und überlegenen Mann ist es gut zu wissen, dass Frauen zwar auf emotionale Bindung pochen, dass sexuelle Treue aber nicht unbedingt Voraussetzung für eine Beziehung sein muss – wenn man die Frau richtig zu nehmen weiß.

Wie viele Männer braucht eine Frau? Zwei

Warum gehen dann aber Frauen fremd, schließlich können sie ihr Erbgut nicht streuen, was sollen also die Eskapaden? Einfache Lösung: Frauen können zwar ihr Erbgut nicht versprühen, aber sie können welches einsammeln. Amerikanische Forscher haben diesem Umstand den schönen Namen „Shopping for genes“ (etwa: „Gene einkaufen gehen“) verpasst.

Frauen sind – auch das unterstreichen wissenschaftliche Studien – hin- und hergerissen. Das Gift, das sie anzieht und gleichzeitig abstößt, heißt Testosteron. In ihrer Evolution haben die Frauen nicht unbedingt die besten Erfahrungen damit gemacht: Stark testosterongesteuerte Männer sind tendenziell aggressiver, sie sind untreu und unzuverlässig, nicht die denkbar besten Versorger für den Nachwuchs. Manchmal sind sie sogar brutal und regelrecht gefährlich. Nicht unbedingt rosige Aussichten für eine bindungswillige Steinzeitfrau auf Bräutigamschau. Darum sind Frauen im Umgang mit dem vertrackten männlichen Potenzhormon vorsichtig geworden.

Bei einem interessanten wissenschaftlichen Versuch der Psychologen David Perret und Ian Penton-Voak an der Universität Saint Andrews, Schottland, sollten Männer und Frauen vorgegebene Gesichter und Figuren nach ihren Wunschvorstellungen am Computer mit einem Grafikprogramm weiblicher und männlicher machen. Bei den Männern keine große Überraschung: Sie formten sich

Traumbodys mit üppigen Brüsten und Hüften, ein feminines Gesicht, weit auseinanderstehende Augen und hohe Wangenknochen.

Bei den Frauen erwarteten die Wissenschaftler nun, diese würden ebenso vorgehen und die Männergesichter vermännlichen, kantiger, härter machen – der optische Ausdruck für hohe Testosteronwerte. Doch das Gegenteil passierte: Auch die Frauen feminisierten die Männer ein Stück weit, machten die Gesichter netter und harmloser. Frauen suchen also für den Alltag eher den pflegeleichten, braven Typen mit erträglicher Testosterondosis. Sie greifen ihn sich, stecken ihn in einen Sack und domestizieren ihn vollends – auf das er ein guter Ernährer, Versorger und Kindsvater sei.

Single-Frauen suchen zunächst mal einen alltagstauglichen Kerl.

Aber auch die Gene der Frauen sind ja nicht dumm: Sie wollen sich trotzdem mit den kräftigen, dominanten und durchsetzungsfähigen Genen des Testosteron-Typen mischen. Darum gehen Frauen gern mal shoppen – bezeichnenderweise besonders häufig an den Tagen kurz vor dem Eisprung – dann also, wenn die Chance einer Befruchtung am größten ist. Die Forscher ließen fast ihre Kaffeetassen fallen, als ein nächster Versuch das bestätigte: Genau in jener entscheidenden Phase ihres Zyklus tendierten die Frauen plötzlich zu den männlichen, testosteronstrotzenden Typen. Babyface war plötzlich nicht mehr angesagt. Und auch die Fantasien änderten sich, wie ein anderes Forscherteam herausfand: Genau um diese Zeit dominieren bei vielen Frauen nämlich auch härtere und drastischere Sexfantasien, etwa das Genommenwerden von einem Unbekannten, Sex mit mehreren Männern und so weiter.

Gebundene Frauen sehnen sich nach etwas Härterem zwischendurch.

Damit kamen die Forscher der impliziten, normalerweise unbewussten **Doppelstrategie** der Frauen auf die Spur: Den guten Kerl für die lange Strecke – mit dem kann man es aushalten. Den vermeintlichen Testosteron-Macho aber als Häppchen für zwischendurch, denn gute Gene braucht die Frau. Es muss ja schließlich niemand wissen (siehe Thema Kuckuckskinder). Frauen, die bereits einen Partner haben, stehen übrigens tendenziell noch mehr auf den männlicheren Mann als Single-Frauen. Diese suchen sich als erste Wahl zunächst offensichtlich erst einmal den alltagstauglichen Kerl.

Fazit: Sexuelle Treue ist eine schöne Sache, wenn sie sich als natürliche Folge der übermächtigen Anziehungskraft zweier Menschen einstellt. Aber man kann sie nicht erzwingen. Je mehr sexuelle Begierden unter dem Deckel gehalten werden, umso mehr brodelt es darunter, umso unzufriedener werden wir und umso labiler und anfälliger wird unsere Beziehung. Wir sollten Treue deshalb nicht allzu eng an die Begriffe Liebe oder Partnerschaft knüpfen. Denn Treue ist zwar ein auf den ersten Blick überzeugendes Konzept, aber zu viele der biologischen Mechanismen wirken in eine andere Richtung: bei Mann **und** Frau. Wirklich entscheidend für eine Dauerpartnerschaft ist nicht sexuelle Treue, sondern etwas anderes: **soziale Treue**, wie schon unser großer alter Aufklärer Oswalt Kolle so schön sagte.

Auch wenn Treue für Sie ein Leitmotiv ist: Behalten Sie im Hinterkopf, dass Frauen und Männer Treue unterschiedlich definieren. Das liegt daran, dass für beide die Konsequenzen von physischer Untreue des Partners sehr unterschiedlich sind: Für den Mann kann das Fremdgehen der Frau dramatische Folgen wie ein Kuckuckskind haben, für die Frau macht es aus evolutionsbiologischer Sicht aber keinen Unterschied, ob der Mann seinen Samen auch noch woanders verstreut. Ihre Gene sind gesichert, wenn sie schwanger wird. Ihre Mutterschaft ist eindeutig.

Bedenken Sie, dass diese unbewussten Mechanismen, obwohl uralt, heute noch durchschlagen. Als Verführer und Mann, der Frauen liebt, brauchen Sie, wenn Sie eine selbstbewusste Partnerin haben, Ihr Verlangen nach anderen Frauen nicht zu verstecken. Sie können mit mehreren Frauen schlafen, ohne die Frau Ihres Herzens zu verlieren. Sie müssen ihr aber als Ausgleich sehr viel emotionale Sicherheit schenken.

Das dritte große Wort: Beziehung

Das Wort, das uns am meisten ärgert, auf falsche Fährten führt und an Märchen glauben lässt, ist nicht Liebe oder Treue, sondern: Beziehung.

Beziehung – das klingt irgendwie ernsthaft, hat einen seriösen Anstrich. Es klingt nach Kaufvertrag und Banküberweisung, nach Versicherung und ADAC. Und damit mümmeln wir uns ein, mit dem Märchen, eine Beziehung sei „sicher". Mit dem Glauben, man könne einen Vertrag miteinander schließen – und dann sei alles gut. Und in der Tat tun das viele Menschen, einen Vertrag schließen (Ehe), aber es ist eben dadurch noch längst nicht alles gut, im Gegenteil.

Jede Beziehung, die den Namen verdient, beruht auf funktionierender Sexualität. Das ist die Basis. Je nach Charakter und individuellen Ansprüchen, je nach Übereinstimmungsgrad kann man mehr Zutaten dazugeben: Fürsorge, Anteilnahme, eine gemeinsame Wohnung, Kinder, berufliche Ziele und Projekte, die man teilt, ein gemeinsames Konto. Das sind alles Entscheidungen, die man gemeinsam auf der Wunschliste abhaken kann. Aber nicht muss. Die einzige essentielle Komponente für eine Beziehung jedoch ist Sex. Etwas Beziehung zu nennen, in dem Sex (noch) nicht vorkommt (dann wird es übrigens wahrscheinlich auch nicht mehr passieren) oder nicht mehr vorkommt, ist deshalb hanebüchen und naiv.

Eine funktionierende Beziehung basiert auf Sex.

Nicht das Wort zählt, nicht der „Vertrag", den man miteinander schließt, sondern die Tat. Wir können Frauen nicht dazu überreden, bei uns zu bleiben. Und es hat keinen Sinn, eine Beziehung vertraglich abzusichern, so wie wir uns gegen Hagel oder Wasserschäden versichern. Das einzige, was wir tun können, um unsere Frau an uns zu binden, ist sie zu verführen. Immer wieder. Wie macht man das? Man weckt ihren Appetit, man zeigt ihr, dass man der richtige, der starke Partner ist, auf den sie es abgesehen hat. Und man gibt in der Partnerschaft ihren Versuchen, uns zu zähmen und zu dressieren, nicht nach. Man bleibt der, der man damals war, als man zum ersten Mal Sex mit ihr hatte.

Hüten Sie sich als überlegener Mann vor dem Glauben an einen „Beziehungsvertrag". Das heißt nicht, dass Sie nicht aus anderen Gründen und mit realistischer Einschätzung des Ehedokuments heiraten können. Aber leiten Sie daraus keine Sicherheit ab. Sie haben es auch gar nicht nötig, Ihre Frau mithilfe eines Versprechens oder eines Stückchen Papiers an sich zu binden. Sondern Sie tun es mittels Ihrer männlichen Präsenz. Nur eine Frau, die jederzeit gehen kann – und trotzdem bleibt – ist wirklich Ihre.

Binden Sie eine Frau durch Ihre männliche Präsenz an sich.

Eine funktionierende Beziehung aus der Sicht des überlegenen Mannes sieht so aus: eine sexuelle Partnerschaft (plus gemeinsamer Wunschliste), bei der die Frau versucht, Sie zu binden, zu dressieren und zu zähmen – es aber nie vollständig schafft. Dann hat die Sache Zukunft. Denn falls Sie es doch schaffen sollte, verliert sie über kurz oder lang das Interesse an Ihnen.

2.2 Das Weib, das Weib

Lieben Sie Frauen kompromisslos. Geben Sie sich ganz hin. Seien Sie Mann, seien Sie präsent, dominant und stark. Sehen Sie Frauen um Gottes willen nicht als Gegner an (wie das stehen gebliebene Emanzen mit Männern tun). Frauen sind unsere Partner, unsere Spielgefährten. Wenn Sie Glück haben, können sie Ihnen helfen, eine neue Welt zu erschaffen. Eine liebende, selbstbewusste Frau an Ihrer Seite (Typ: starke-sanfte Frau, siehe Literaturverzeichnis Armin Fischer, „Frauen") kann Sie auf neue Ebenen des Glücks, der Seligkeit und der Wonne führen. Sie kann die Königin Ihres Herzens werden, der Sie jeden Tag huldigen sollten. Indem Sie sie verführen. Sie können all das tun, solange Sie sich nicht dressieren, manipulieren und zähmen lassen (was eine starke-sanfte Frau ohnehin nicht ernsthaft versuchen wird).

Weibliche Energie umgibt uns überall.

Frauen sind die Mutter Natur, die Erde und der Schoß, in dem wir uns verströmen sollen. Weibliche Energie umgibt uns überall, seit der Geburt. Und je mehr weibliche Energie ein Mann atmen kann, umso männlicher wird er. Es ist das Gesetz von Yin und Yang, die Anziehung der Gegensätze. Eine Frau, eine wirkliche, starke, weibliche Frau, ein Weib, ein Vollweib, wenn Sie so wollen, ist der heilige Altar, auf dem wir unser Bestes opfern: unseren Samen.

Echte Kerle wollen echte Frauen. Und da liegt ein kleines Problem: Den Männern hat man mittels emanzipatorischer Heilslehren und Ähnlichem ja schon länger ausgetrieben, echte Kerle sein zu wollen. Zum Glück gibt es noch Restbestände, und momentan wächst eine neue Generation Mann heran, die wieder zu sich steht. Und die Frauen haben plötzlich gemerkt, dass diese Art Mann, die sie da versucht haben heranzuzüchten, so ganz und gar nicht sexy und anziehend ist. Zwischen emanzipatorischer Political Correctness und den eigenen (zum Teil unbewussten) Trieben, Wünschen und Sehnsüchten sind sie hin- und hergerissen. Manchmal haben sie geile, rohe und wilde Sexfantasien und fragen sich, wie das zu ihnen passt, ob sie am Ende vielleicht nicht ganz normal sind. Sie trimmen sich ihre Männer nach altbackenen Emanzipationsspielregeln und wundern sich dann, warum sie schlechten oder keinen Sex haben.

Viele Frauen sind hin- und hergerissen zwischen emanzipatorischer Political Correctness und den eigenen Trieben, Wünschen und Sehnsüchten.

Und so weiter und so fort, Beispiele für das Dilemma könnte man unendlich viele aufzählen. Kurz: Frauen sind heute mindestens genauso durch den Wind wie Männer. Viele haben vergessen, was es heißt, eigentlich Frau zu sein, sind zu „verkopft“, können schwer loslassen und sehen die Beziehung als einen Kampf. Sie stehen neben sich und wissen nicht, wo es langgeht.

Zum Glück trifft dieses düstere Bild nicht auf alle Frauen zu, aber es ist eine Tendenz. Weil ich es nicht besser ausdrücken könnte, hier das Zitat einer Frau: „Es sind so viele Frauen, die ich kenne, die unsicher sind. Sich fragen: Wie soll ich sein? Wie will ich sein? Welche Frau bin ich? Eine Mutter? Eine ewige Singlette? Eine Karrieristin? Eine Schlampe, ein Diva, eine Zu-kurz-Gekommene? Muss ich zwischen diesen Rollen wählen? Muss ich mich anpassen, verändern, um Liebe zu finden? Darf ich das bloß nicht tun, um nicht ins Mittelalter zurückzufallen? Muss ich ein schlechtes Gewissen haben, wenn ich einen Mann erobere, oder eines, wenn ich mich erobern lasse? Bin ich eine Verräterin der Emanzipation, wenn ich einen Stall Kinder will und er bringt die Kohle nach Hause? Bin ich ein Mannweib, wenn ich breitbeinig schmutzige Witze reiße und keine Wohnungsschlüssel austauschen will? Welches ist der Weg für mich, um zufrieden zu sein im Leben; sogar glücklich ab und an?“ (Anne West). Fragen über Fragen! Kaum eine andere Autorin bringt das Dilemma der modernen Frau so gut auf den Punkt.

Die lustvolle Neu- und Gegenemanzipation der Vordenkerinnen ist noch nicht bei allen Frauen angekommen, aber macht Hoffnung. Es geht im Kern darum, die Mann-Frau-Polarität als etwas Essentielles, Naturgegebenes, Lust- und Glückspendendes zu erkennen und anzunehmen. Nicht ständig am Mann herumzumäkeln, ihn (oje, dieses Mängelwesen!) zu ändern und zurechtzubiegen, sondern in hin- und aufzunehmen, wie er ist. Als Mann eben.

Da dies ein Buch für Männer ist, überlasse ich es anderen, ins Detail der fraulichen Verwirrungen einzusteigen. Doch Sie, lieber Leser, können ganz einfach helfen: Nehmen Sie die Frau an der Hand und zeigen Sie ihr, wo es langgeht. Dazu allerdings müssen Sie wissen, wer Sie selbst sind. Vergessen Sie also nicht, das Kapitel „Mann sein“ zu lesen.

3 Mann sein

Der Titel dieses Buches „Sex nach sechs Stunden“ erscheint vielleicht auf den ersten Blick etwas provokant, in Wirklichkeit reden wir aber von der Normalität. Auch Sie können das problemlos erreichen. Sie können sogar so gut darin werden, dass es quasi automatisch passiert – die Frauen werden Ihnen wie reife Früchte vor die Füße fallen.

Es gibt erstaunlich zuverlässige und zielführende Handlungsmuster, die Sie im Kapitel „Verführung“ kennenlernen werden. Situationen, die eine Eigendynamik entwickeln, und die Sie und Ihre neue Flamme spielerisch und wie von selbst dahin führen, wo Sie hin wollen: ins Bett. Das klingt ein wenig nach Tricks und Hütchenspielerei. So einfach ist es aber nicht. Mit bloßen Flirttricks und oberflächlicher Anbaggerei werden Sie keine Frau überzeugen. Fast lächerlich wirken die immer öfter in sogenannten TV-Dokumentationen gezeigten Szenen, in denen Männer sich in Flirtschulen beibringen lassen, wie man es beim Weibe zu etwas bringt. Meist sieht man auf den ersten Blick, dass die traurigen Burschen, die sich da in die Kunst

Mit oberflächlicher Anbaggerei werden Sie keine Frau überzeugen.

des Anbandelns einweihen lassen, auch nach dem Kurs vorwiegend mit sich selbst Sex haben werden. Und der alberne „Lehrer" im Blümchenhemd, den ich da neulich im Fernsehen sah, wirkte wie der Oberguru aller verlassenen, leicht müffelnden männlichen Dauer Singles.

Also Leute! So geht das nicht. (Ein Tipp am Rande: Wenn ihr schon Kurse besuchen wollt, dann geht in einen Tanzkurs, Kochkurs, in einen Chor oder einen Malkurs – und holt die Frauen da ab, wo sie sind. Oder macht es clever und verschmitzt wie Hugh Grant alias Will Freeman im Film „About a boy" und besucht eine Selbsthilfegruppe für Alleinerziehende.)

Im Ernst: Alles Wissen um die richtige Taktik nützt wenig, wenn es bei euch selbst hapert, wenn ihr Luschen und Langweiler seid, wenn ihr euch von Frauen gängeln lasst und versucht, ihnen alles recht zu machen. Nein, es fängt damit an, **Mann zu sein**. Frauen haben einen untrüglichen Sinn dafür, Stärke, Durchsetzungsvermögen, sozialen Rang und „Marktwert" eines Mannes zu erspüren, das sind für sie die vordringlichsten und wichtigsten Kriterien bei der Partnerwahl. Auch wenn dieser urzeitliche Auslesemechanismus halb unbewusst abläuft. Das ändert nichts.

Frauen haben einen untrüglichen Sinn dafür, sozialen Rang und „Marktwert" eines Mannes zu erspüren.

3.1 Von Mr. Ziellos zum Mann

Die Grundvoraussetzungen dafür, ein guter Verführer zu werden, liegen in Ihrer Persönlichkeit. Nicht nur bezogen auf Frauen, Liebe oder Beziehungen, sondern ganz allgemein. Die Grundlagen dafür wurden in Ihrer Kindheit gelegt, aber abgeschlossen ist der Prozess niemals. Sie arbeiten (hoffentlich) nach wie vor an sich. Und falls nicht: Fangen Sie wieder damit an, um den Qualitäten, die einen überlegenen Mann auszeichnen, ein Stück näher zu kommen.

Ziele im Leben

Sie müssen ja nicht unbedingt eine Mission im Leben haben, aber ein Ziel sollte es schon sein! Es ist ziemlich egal was, und es muss auch nicht mit materiellen Interessen verknüpft sein. Nein, es muss etwas sein, dass Sie mit Feuer erfüllt, dass Ihr Herz und Hirn beschäftigt. Ob Sie nun ein Bildhauer sind und an einer Fünf-Meter-Skulptur hämmern, oder sich als Banker auf Ihre Excel-Tabellen stürzen und Geld (hoffentlich) vermehren (nicht verbrennen). Ob Sie anstreben, den Rekord im Apnoe-Tauchen zu brechen, ein Motorrad restaurieren oder nur im Keller Mobiles basteln. Egal. Solange Sie fühlen, dass Sie das tun müssen. Eine Frau wird die Stärke und den Willen fühlen, mit dem Sie Ihr Ziel verfolgen. Sie wird manchmal meckern, weil Sie keine Zeit für sie haben. Aber viel mehr wird sie Sie für Ihre Herzensstärke lieben.

Sie brauchen nicht unbedingt eine Mission im Leben, aber ein Ziel sollte es schon sein.

Autonomie

Seien Sie unabhängig im besten Sinne. Machen Sie Ihr Schicksal und Ihr Wohlbefinden nicht von anderen Leuten abhängig – schon gar nicht von einer Frau. Auch nicht, wenn es die Liebe Ihres Lebens oder die Frau Ihres Herzens ist. Geben Sie zu erkennen, dass Sie Manns genug sind, Ihren eigenen Weg zu gehen, egal, was passiert. Sagen Sie Ihre Meinung zu den Dingen des Lebens und stehen Sie dazu. Zeigen Sie Ecken und Kanten, Menschlichkeit und auch Schwächen. Stehen Sie zu sich. Befreien Sie sich von dem, was andere vielleicht über Sie denken, das ist nicht wichtig. Entscheidend ist, wie Sie selbst über sich denken. (Und über kurz oder lang wird Ihre eigene Einstellung zu sich ohnehin die Sicht der anderen prägen. Fühlen Sie sich klug – Sie werden als klug gesehen, fühlen Sie sich attraktiv – Sie werden so gesehen. Ehrlich, es wirkt!)

Positive Grundeinstellung

Miesepeter und Schwarzmaler haben es schwerer im Leben, denn die Düsternis, die Sie überall sehen, legt sich auf Ihre Seele und spiegelt sich in Ihren Augen wieder. Das macht Sie nicht attraktiv. Sicher, ein Stück weit ist das Charaktersache und Sie können das nur schwer grundlegend ändern. Aber Sie können sich dieses Mechanismus bewusst werden und dagegen angehen. Wenn ich selbst mal schlecht drauf oder miesepetrig

Miesepeter und Schwarzmaler haben es schwerer.

bin, rufe ich mir das Gesicht meines Surfer-Kumpels Andi vor Augen, wie er erwartungsvoll und heißhungrig aufs Meer schaut. Er wartet auf die guten Surfwellen, die bald kommen werden. Um seine Augen sind Lachfältchen, er strahlt, er sprüht vor Energie. Ich verspreche Ihnen: Wenn Sie mit diesem Gesichtsausdruck zum Bäcker gehen, wird die Brötchenverkäuferin dahinschmelzen.

Konsistent sein

„Achte auf deine Gedanken, denn sie werden zu deinen Worten. Achte auf deine Worte, denn sie werden zu deinen Taten. Achte auf deine Taten, denn sie prägen deinen Charakter." (frei zitiert nach Oliver Kuhn). So zumindest verhält sich das bei Menschen, die sich logisch-konsequent verhalten. Menschen, die zu sich selbst und ihren Worten stehen, sind für Dritte ein Stück weit vorhersehbar, man kann sich auf sie verlassen. Wenn Sie dagegen Ihre Einstellungen, Meinungen und Einschätzungen (oder Ihr ganzes Auftreten) alle paar Stunden oder Tage ändern, werden Sie bald lächerlich und unglaubwürdig wirken – gute Beispiele hierfür liefert immer wieder die Politik. Das heißt aber nicht, dass Sie Ihre Meinung **nie** ändern sollten. Wenn es gute Gründe dafür gibt, müssen Sie es tun. Stillstand heißt manchmal Rückschritt. „Was schert mich mein Geschwätz von gestern", muss kein Satz eines Luschis und Angsthasen sein, sondern es kann auch

Wer seine Meinungen ständig ändert, ist unglaubwürdig.

das Wort eines Leitwolfes sein, der sein Rudel auf eine neue Fährte bringt. Reagieren Sie also, wenn es nötig ist, flexibel und elegant, seien Sie aber im Grunde Ihres Herzens konsistent. Man/frau wird es spüren.

Selbstwahrnehmung, Selbstvertrauen

Leben Sie bewusst im Hier und Jetzt. Ziehen Sie nicht den Kopf ein und schleichen zum Supermarkt, sondern betreten Sie die Bühne der Welt wie der Star Ihres Lebens. Gehen Sie raus wie der umjubelte Musicalstar: Spot an, alle Lichter auf ihn, gleich wird er loslegen. Ja, ich übertreibe ein bisschen, um es Ihnen einzubläuen. Aber das Prinzip stimmt. Wenn Sie einen Raum betreten, tun Sie es bewusst, nehmen Sie wahr und werden Sie wahrgenommen. Interagieren Sie mit Ihren Artgenossen. Wir Menschen haben wunderbare subtile Möglichkeiten entwickelt, mit anderen (insbesondere dem anderen Geschlecht) in Kontakt zu treten. Spielen Sie das Spiel auf der ganzen Klaviatur. Menschen, denen man Charisma nachsagt, beherrschen dieses Spiel perfekt. Sie betreten einen Raum und er verändert sich. Das Licht scheint plötzlich nur noch auf diese eine Stelle zu fallen, andere Menschen umkreisen den oder die Begehrte/n wie Satelliten. Diese Menschen lieben es, mit anderen zu interagieren, sie stehen auf ihrer Bühne und spielen, und sie platzen fast vor Selbstbewusstsein. Wenn

Charismatische Menschen beherrschen das Spiel der Interaktion.

Sie schon so weit sind, brauchen Sie sicher dieses Buch nicht zu lesen. Wenn nicht – wie die meisten von uns –, orientieren Sie sich an den Menschen, die eine solche Aura umgibt. Lernen Sie!

3.2 Der Alpha-Mann entfaltet sich in der Gruppe

Das führt uns schon zum nächsten Abschnitt: Neben gewissen Grund- und Charaktereigenschaften, die ich zuvor geschildert habe, zeichnet sich der Alpha-Mann durch seine umfassende soziale Kompetenz aus. Die Gruppe ist sein Territorium, seien es fünf Menschen oder fünfzigtausend. Er fühlt sich wohl in der Gruppe, interagiert ganz selbstverständlich und zwanglos und fungiert durch Autorität als deren Sprecher, Ratgeber und Anführer.

Führungskompetenz

Führungskompetenz ist etwas, das sich aus den zuvor genannten Eigenschaften und einigen weiteren Zutaten ganz von selbst ergibt – nicht durch Anordnung. Eben weil sich diese Führungskompetenz aus so vielen Einzelelementen zusammensetzt, ist sie schwer zu fassen. Es war schon damals in der Schule so: Man konnte es nicht an objektiven Kriterien festmachen, wer das Rennen als Klassensprecher machen würde – und doch ahnten Sie intuitiv, auf wen es hinausläuft. Nicht anders als zu erwarten waren es Kerle, die als cool, unabhängig, wahlweise rebellisch oder clever, einfach als überlegen wahrgenommen wurden. Einige Hauptmerkmale des Alphas sind: Er macht sich keine Gedanken darüber, was andere über ihn denken; er biedert sich nicht an und behandelt alle Menschen in seiner Umgebung gleich – egal ob männlich oder weiblich; er ist humorvoll und schlagfertig und kann dadurch jeden verbalen Angriff ins Leere laufen lassen oder sogar in sein Gegenteil verkehren – elegant wie ein Judokämpfer. Und schließlich: Er liebt den Austausch mit anderen Menschen, er fühlt sich pudelwohl in der Gruppe.

Der überlegene Mann zeichnet sich durch große soziale Kompetenz aus.

Um zum Beispiel der Schulklasse zurückzukommen – in fast jeder Klasse gibt es auch Persönlichkeiten, die zwar einige dieser Eigenschaften mitbringen, aber nicht alle: Sie sind intelligent, unabhängig, schlagfertig. Das einzige, was ihnen fehlt, ist der Drang in die Gruppe. Als Folge lassen sie sich in die Klassenhierarchie nicht einordnen – sie stehen nicht oben, nicht unten, sondern außerhalb. Auch später im Leben werden Ihnen immer wieder solche Menschen begegnen. Sollten Sie selbst zu diesem Typ gehören, fehlt Ihnen nur wenig, um Ihr Alpha-Potenzial voll auszuschöpfen – falls Sie das überhaupt wollen.

Kommunikative Kompetenz, Witz, Ironie

Wir leben nicht mehr in Zeiten, in denen wir uns gegenseitig mit einer Keule den Schädel einschlagen um zu beweisen, wer der Überlegene und Stärkere ist. Und wahrscheinlich war das noch nie ausschließlich so. Wahrscheinlich hatten schon unsere frühen Vorfahren auch subtilere Methoden um klarzumachen, wer der Chef im Ring ist. So bewegen wir uns auch hier in einer langen Tradition. Die Axt und die Keule haben wir (hoffentlich) ganz beiseite gelegt, dafür haben wir unsere kommunikativen Fähigkeiten und Möglichkeiten enorm ausgeweitet. Aber missverstehen Sie mich nicht: Ein überlegener Mann muss kein rhetorisch brillanter Redner sein, und auch nicht fehlerfrei wie ein Tagesschau-Sprecher seine Texte vortragen (schadet aber auch nicht) – nein, er ist vor allem glaubwürdig, mitreißend und humorvoll. Die Glaubwürdigkeit kommt aus der **Autonomie**, die Kraft mitzureißen aus der **Selbstwahrnehmung**, und der Humor aus der **positiven Grundeinstellung**.

Sie müssen nicht fehlerfrei sein. Aber seien Sie glaubwürdig, mitreißend, humorvoll.

Schlagfertigkeit, Witz und Ironie sind die wichtigsten Waffen des überlegenen Mannes, sowohl wenn es darum geht, sich lästige Konkurrenz vom Leibe zu halten, als auch beim forcierten Flirten nach dem Muster „cocky & funny“ (mehr dazu in Kapitel 5). Es gibt Frauen, die man durch einen gezielten, leicht anzüglichen oder abwertenden Spruch regelrecht ködern und zu einem bestimmten Handlungsschema verleiten kann. Ehe Sie so was aber versuchen, sollten Sie noch ein Stück weiterlesen. Konkurrenten bremst der Alpha-Mann dadurch aus, dass er ihre Angriffe nicht ernst nimmt. Statt in eine Verteidigungshaltung zu gehen (nie!), dreht er den Angriff verbal um, deutet ihn um und gibt ihn humorvoll zurück. Subtext: Ich nehme dich nicht ernst.

Großer Freundeskreis

Aus vielen der zuvor genannten Eigenschaften ergibt sich schon, dass der Alpha-Mann einen relativ großen Freundeskreis hat. Nicht weil er muss oder sich irgendwie privat oder beruflich verpflichtet fühlt, sondern weil es seine Natur ist, sich zu sozialisieren. Meist hat er mindestens so viele weibliche Bekannte wie männliche, und beileibe nicht jede weibliche Bekanntschaft ist für ihn ein potenzielles Sexualobjekt. Da er über einen großen Vorrat an – gehen wir mal wieder auf die biologische Ebene – fortpflanzungs- und verschmelzungswilligen Damen verfügt, kann er es sich (unterbewusst) leisten, andere Frauen sexuell links liegen zu lassen. Das macht ihn umso begehrenswerter.

3.3 Offener Umgang mit Sexualität

Überlegene Männer stehen zu ihrer Sexualität. Logisch, sie prägt und definiert unser Mannsein. Das ist aber gar nicht so selbstverständlich. Männliche Gruppenmitglieder mit geringem Status gehen üblicherweise dem Thema erstmal aus dem Weg, schleichen sich irgendwie über Umwege an ihre Beute heran. Oder sie protzen – und wirken oft genug lächerlich. Offener Umgang mit Sexualität heißt nicht, dass ein überlegener Mann immer und überall seine Sexualität thematisiert – im Gegenteil. Aber er spürt sie, nimmt sie an und spielt damit. Genauso unbefangen wie er über die Qualität des Rotweins sinniert oder seine Meinung zur neuen Skulptur auf dem Rathausplatz abgibt, so spricht er auch über die Qualität verschiedener Aphrodisiaka oder die Vorzüge einer bestimmten Sexstellung. Sexualität ist ein Thema von vielen, es wird nicht tabuisiert.

||| Der Subtext

Genau diese offene Einstellung zum Sex und zum Leben ist es, die vom ersten Augenblick an mitschwingt, wenn eine Klasse-Frau auf einen überlegenen Mann trifft: der Subtext, der im Zucken eines Mundwinkels, in einem minimalen Augenzwinkern oder einer versehentlichen Berührung liegen kann. Und dieser Subtext besagt: Zwischen uns könnte alles passieren. Alles. Der überlegene Mann hat keine Angst davor – auch halb unbewusst und nonverbal – diese Aussage zu treffen. Denn er ist der Rudelführer, und diese Frau steht ihm zu.

3.4 Frauen

Ja, und da sind wir, folgerichtig, schon bei Frauen. Ein überlegener Mann tut sich irgendwie leicht bei Frauen. Sie umschwärmen ihn, sie wollen ständig was vom ihm, rufen ihn an und hängen sich an ihn. „Verdammt", werden Sie jetzt vielleicht sagen, „was hat dieser Kerl nur an sich?" Ganz einfach, er hat eine ganze Menge der schon zuvor erwähnten Eigenschaften in deutlicher Ausprägung. Und nicht nur das, er ist auch willens, etwas daraus zu machen. Er gibt Frauen das, was sie lieben: Er flirtet mit ihnen, gibt ihnen das Gefühl, sexuell attraktiv zu sein, spielt mit ihnen, ködert sie. Das alles aber gar nicht zielgerichtet, sondern eher nebenbei, so im Vorbeigehen.
Sein Kapital ist seine Präsenz und seine Unabhängigkeit. Eine Frau, die etwas von ihm will, wird schnell merken, das sie seinen Regeln folgen muss. Sie kann sich mitreißen lassen oder zurückbleiben. Die mächtigen instinkthaften Urkräfte in uns, die uns Männer gelegentlich irrwitzige Dinge tun lassen, überfallen auch Frauen, wenn man sie richtig erwischt. Wenn sie das Gefühl hat, dass ihr eine extrem wertvolle Beute gleich unwiederbringlich entschwindet, setzt die Löwin zum Spurt an.

Ob es den Aufwand lohnt, weiß sie längst, denn Frauen testen Männer beim Kennenlernen (und auch später) subtil aber ständig auf ihre Alpha-Qualitäten – mehr dazu im nächsten Kapitel.

Jedenfalls kommt noch ein weiterer entscheidender Punkt hinzu, der der Sache zusätzliche Dynamik verleiht: Wenn Sie es erst einmal bis zu einem bestimmten Punkt geschafft haben, wenn Sie ein gewisses Ansehen in Ihrer Gruppe haben und Frauen sich gerne an Sie schmiegen, wird es in Zukunft immer einfacher. Denn nichts erhöht Ihr soziales Prestige in den Augen einer Frau so sehr wie zahlreiche Frauen, die sie umgeben.

Erfolgreiche Männer befinden sich in einem positiv-rückkoppelnden Prozess: Das Verführen klappt besser, als Folge davon wächst ihr männliches Ego und ihr Ansehen. Das wiederum hat zur Folge, dass sie mit Alpha-Eigenschaften ihre Umwelt, ihren Freundes- und Bekanntenkreis erfreuen. Und ganz nebenbei zu einer begehrten Beute für Damen, die auf der Suche nach gutem Genmaterial sind, werden.

Sie kommen in einen positiv-rückkoppelnden Prozess.

3.5 Körpersprache, Haltung, Stimme

Selbstsichere Körpersprache kommt von selbst. Sie ist nicht aufgesetzt und antrainiert, sondern entsteht im Wechselspiel des überlegenen Mannes und den Menschen, denen er begegnet. Ein überlegener Mann nimmt den Raum ein und tut dies ganz selbstverständlich. Stehen drei Stühle zur Auswahl, wird er sich wahrscheinlich automatisch auf den mittleren setzen. Den Schutz einer Wand braucht er nicht.

Seine Haltung ist aufrecht, aber nicht angespannt, der Kopf ist oben, denn er will etwas sehen. Wenn er um sich blickt, tut er das nicht verstohlen aus den Augenwinkeln, sondern dreht den Kopf in die Richtung des Interesses.
Im Gespräch sieht er seinem Gegenüber meist in die Augen und gibt ihm starkes Feedback. Sei es durch Kommentare, Gesten oder ein Anfassen des Armes oder der Schulter. Wenn er frei im Raum steht, hängen seine Arme lässig an den Seiten nach unten, ohne sich irgendwo krampfhaft festzuhalten. Mit den Füßen sucht er festen Bodenkontakt, und er bewegt sich eher langsam als hektisch.

Sicherheit verändert auch die Stimme. Klar, zu einem gewissen Grad ist sie Ihnen angeboren, aber Sie haben auch die Möglichkeit, sie in die richtige Richtung zu trainieren. Maskulin und anziehend wirkt eine ruhige, eher tiefe Stimme. Wenn Sie herumzappeln und nervös sind, wird die Stimme automatisch höher. Wenn Sie ruhig und langsam aus dem Bauch atmen, klingt sie tiefer und sicherer. Je sicherer Ihr Wesenskern auch in einer kritischen Situation bleibt, umso ruhiger und überzeugender wirkt Ihre Stimme. Bei Männern, die als Führungspersonen anerkannt sind, entwickelt sich die dominante und eher tiefe Stimme fast von selbst.

Die Körpersprache ist entscheidend für den ersten Eindruck.

Eine Menge lächerlicher Kleinigkeiten? Es mag Ihnen so erscheinen, aber in der Summe ergeben sie ganz klar und deutlich das Profil des sozial (und genetisch) wertvollen Mannes, das von jeder Frau instinktiv und unbewusst auf fünf Meilen ohne Fernglas erkannt wird. Wie eine Studie der University of California zeigte, sind Körpersprache und äußere Erscheinung zu 55 Prozent entscheidend für den ersten Eindruck im Gespräch, der Klang unserer Stimme zu 38 Prozent, und das, was wir sagen, wirkt nur mit sieben Prozent – und ist also tatsächlich kaum der Rede wert. Wow! Die Körpersprache ist eine mächtige Waffe des Verführers, nicht vergessen!

Was so einfach erscheint – sich vor eine attraktive Frau hinzustellen, ihr gerade und lächelnd in die Augen zu schauen, ein paar Worte mit ihr auszutauschen, wieder zu lächeln und ihr nochmal in die Augen zu schauen –, ist tatsächlich für viele Männer eine fast unlösbare Aufgabe, ohne dabei in irgendwelche unruhigen Verlegenheitsgesten zu verfallen. Überlegene Männer tun es, ohne einen Gedanken daran zu verschwenden. Und Sie? Wenn Sie nicht sicher sind, machen Sie den Test einfach mit der nächsten wirklich attraktiven Frau, die Ihnen begegnet.

3.6 Körperkontakt

Wie schon gesagt interagiert ein überlegener Mann deutlich mit seinen Gesprächspartnern: Er fasst sie an, klopft auf den Arm, legt die Hand auf die Schulter. Es ist ganz selbstverständlich. Als Chef der Gruppe hat er das Recht dazu, alles und jeden anzufassen. Im Gespräch mit Frauen ist es nicht anders: Er fasst an, weil er das Recht dazu hat. Er betatscht nicht, er berührt nur, so wie er auch seine männlichen Kumpels berührt – und so ist es auch gemeint, zunächst. Für Frauen stellt diese offene selbstbewusste Körpersprache des Mannes eine starke Dominanzgeste dar – und kann je nach Typ extrem anziehend wirken. Aber nur – ich wiederhole vorsichtshalber! –, wenn es nicht sexuell zielgerichtet ist und die Frau sich nicht begrapscht vorkommt.

Der Übergang von hier zum Flirt ist fließend. Dann werden die Berührungen allmählich doch zielgerichtet eingesetzt, aber dann will die Frau das ja ohnehin auch. Bedenken Sie aber: Die meisten Flirtabbrüche kommen deswegen zustande (das haben wieder schlaue Flirtforscher herausgefunden), weil Männer körperlich zu schnell zu viel wollen. Wenn Frauen sich bedrängt fühlen, beenden sie das Spiel. Darum müssen Sie beim Flirt und bei der Verführung in jedem Fall gewisse Levels einhalten und nacheinander von einem zum nächsten gelangen. Hey, bei der Video-Ballerei können Sie das doch auch! Ach so, da haben wir je mehrere „Leben" zur Verfügung. Die Frau gibt uns aber nur eine Chance.

Zu schneller sexuell gerichteter Körperkontakt führt zum Spielabbruch.

3.7 Mühelos zum Erfolg

Merke also: Eine gelungene Verführung ist so etwas wie ein Videospiel, bei dem Sie ins höchste Level gelangen (Orgasmus), ohne dabei ein einziges Mal Ihr Leben zu verlieren. Ein „Abschuss" durch die Frau bedeutet zumindest den Neustart bei Level Eins, normalerweise aber das sofortige Ende des Spiels. Frauen sind gnadenlose Spielmanagerinnen. Warum das so ist, habe ich im zweiten Kapitel erklärt.

Dennoch kommen überlegene Männer mühelos ans Ziel, man merkt nicht die geringste Anstrengung, es ist, als ob ihnen die Frauen zufallen. Und so ist es. Sie lassen nämlich nicht mit sich spielen, sondern spielen selbst. Sie sind die Aktiven, Steuernden. Sie führen, die Frau folgt. (Für die politisch Korrekten sei zwischendurch mal wieder angemerkt, dass die meisten dieser Prozesse unbewusst ablaufen, tief verwurzelt in den ältesten Schichten unseres Gehirns.) Frauen werden von dieser männlichen Präsenz und Stärke magisch angezogen. Um ein Wort des amerikanischen Flirtgurus David deAngelo (siehe Literaturverzeichnis) aufzugreifen: Ab einem bestimmten Punkt haben Frauen nicht mehr die freie Wahl, ob sie sich in einen Mann verlieben. Sie müssen einfach. Um im Bild des Videospiels zu bleiben: Nachdem der Mann einige der entscheidenden Levels bravourös gemeistert hat, denkt die Frau gar nicht mehr ernsthaft daran, ihn abzuschießen, sondern zeigt ihm durch subtile Wegweiser und Signale den Zugang zum himmlischen Level X. Und ein überlegener Mann ist geübt darin, diese Signale zu erkennen und zu deuten.

3.8 Das Aussehen

Gutes Aussehen verschafft Ihnen bei Frauen lediglich ein erstes, schnelles Ticket, um überhaupt auf den Bahnsteig zu kommen. Ob der Zug tatsächlich abfährt, hängt von anderen, wichtigeren Faktoren ab.

Dennoch darf man das Aussehen, oder besser, das Erscheinungsbild, nicht vernachlässigen. „Das Aussehen war damals und ist heute noch die Informationsquelle, die uns bei der Begegnung mit einem fremden Menschen als erstes zur Verfügung steht", schreibt Bas Kast. Unser Körper, unser Gesicht, unsere Haltung, unsere Kleidung, das sind die ersten Visitenkarten, die wir einem fremden Menschen entgegenhalten.

Auf der Visitenkarte „Aussehen" steht so einiges drauf.

Es dauert nur den Bruchteil einer Sekunde, bis wir wissen, ob uns eine Frau gefällt. Der Urzeitmensch konnte sich wahrscheinlich auch nicht auf hochphilosophische Gespräche mit seiner Anvisierten einlassen, um ihren Wert herauszufinden. Nein, er schaute sie einfach an. Und bezeichnenderweise korrespondiert das, was wir als

Schönheit erkennen – etwas verknappt ausgedrückt –, in vieler Hinsicht mit Fruchtbarkeit. Östrogen, das Hormon, das auch für die Fruchtbarkeit zuständig ist, macht die Haut glatt und weich, sorgt für volle Lippen und hemmt das Knochenwachstum, so dass Kinn und Kiefer schmal bleiben. Es steht also tatsächlich auf der weiblichen Visitenkarte „Aussehen" so allerhand drauf. Kast: „Der Empfehlungsbrief namens Schönheit ist relativ fälschungsresistent, und vor allem lässt er sich leicht lesen, ein Blick genügt." Auch Testosteron lässt sich im Gesicht eines Mannes ablesen: hohe Symmetrie, kantiger Kiefer, ausgeprägtes Kinn. Die Augen wirken kleiner, die Lippen sind eher schmal. Wie wir im vorhergehenden Kapitel schon gehört haben, sind Frauen aber bezüglich des Testosterons hin- und hergerissen. Im Zweifelsfall entscheiden sie sich für etwas weniger. Darum funktionieren in Hollywood (und in allen Frauenherzen) die „Mischtypen", die zwar durchaus männlich wirken, aber nicht zu sehr, am besten. Beispiele hierfür sind Brad Pitt oder der Jungstar Zac Efron.

Jetzt sind Sie so schlau wie zuvor, oder? Der Punkt ist eben: Aussehen ist für Frauen nicht das entscheidende Kriterium, wenn es ernst wird. Dann zählen andere Selektionskriterien. Nicht das Aussehen, sondern das gesamte Erscheinungsbild. Und dazu gehören: sozialer Status, Körpersprache, Kleidung, und – als eines von vielen – auch gepflegtes Aussehen.

So selektieren wir

Männer und Frauen selektieren bei der Partnerwahl. Bei uns allen laufen Programme zur Selektion eines geeigneten Partners ständig unterbewusst mit, wenn wir mit anderen Menschen zusammenkommen. Frauen und Männer haben jeweils strenge, aber unterschiedliche Selektionskriterien:

Männer ——————→ Frauen
Selektionskriterien

Aussehen = Schönheit, Ebenmäßigkeit, frauliche Formen

Frauen ——————→ Männer
Selektionskriterien

Erscheinung = Sozialer Status, Körpersprache, Kleidung, Aussehen

Ein Beispiel: Vielleicht gibt es irgendwo auf der Welt einen ziemlich hässlichen Meisterverführer. Er steht vor dem Problem, dass er kein Ticket für den Bahnsteig bekommt, die Frau lässt ihn gar nicht erst an sich ran. Wenn er es schafft, innerhalb der ersten paar Sekunden die Distanz trotzdem zu überwinden und die Aufmerksamkeit der Frau irgendwie auf seine anderen Qualitäten zu lenken, hat er gewonnen. Er muss ohne Ticket über die Schranke und dann in die schon fahrende U-Bahn springen. Als Meisterverführer schafft er es, weil er weiß, worauf es ankommt.

Wenn Sie ganz normal und okay aussehen, brauchen Sie sich über dieses ganze Thema weiter keine großen Gedanken zu machen. Nur: Machen Sie das Beste aus sich, behandeln Sie Ihren Körper gut. Seien Sie nicht geizig, wenn es um Ihr Äußeres geht (übrigens: Seien Sie überhaupt nicht geizig!). Frauen sehen das sofort. Gute Pflege ist ein Ausdruck von hohem Status.

Kleine Randbemerkung: Warum sehen eigentlich viele schwule Männer so gut aus? Ganz einfach: Sie benehmen sich zwar in vielen Dingen wie Frauen, aber selektieren bei der Partnerwahl wie ein Mann: Das Aussehen ist das A und O. Daraus resultiert der Zwang (der als solcher natürlich nicht wahrgenommen wird), sich „aufzuhübschen" – wie Frauen das für uns (Heteros) tun. Frauen machen sich für Männer schön, und schwule Männer machen sich auch für Männer schön, so einfach ist das.

3.9 Echte Frauen riechen echte Kerle

Besser: Alle Frauen riechen echte Kerle. Aber echte Frauen lieben es auch, sich auf das ewige und unendliche Spiel des Jagens und Gejagtwerdens, des Flirtens und Verführens einzulassen. Eine Frau mit einem gesunden Selbstbewusstsein und unverkrampftem Verhältnis zum eigenen Körper liebt die männliche Aufmerksamkeit, das Angesprochenwerden, den leisen Hauch von Interesse, den Flirt, das Verführen. Frauen sind darauf geprägt, nach dem Haken zu schnappen, nach der besseren Beute zu jagen (als die, die sie schon zu Hause haben) und wie ein neugieriger Haifisch auch mal einen Probebiss zu wagen. (Nur: Viele würden das nicht zugeben.) Vorsicht aber: Wenn der Probebiss nicht schmeckt, lässt der Hai sofort von seiner Beute ab und ist schneller weg, als man „Hi, Fisch!" sagen kann.

Frauen lieben den leisen Hauch von Interesse.

Frauen, die das alles entsetzt von sich weisen, jedes nette Lächeln als persönlichen Angriff empfinden und grundsätzlich nur giftige Blicke in die Männerwelt schleudern, sind dagegen als potenzielle Partnerinnen sowieso nicht die erste Wahl, so leid es mir tut, das so deutlich zu sagen. Eine Frau, die schon auf einen netten Flirt überzogen aggressiv reagiert, ist auch als Dauerpartnerin nicht geeignet. Aber ich denke wirklich, dass Sie, wenn Sie sich erst ein wenig mit der Materie beschäftigt haben (auch durch dieses Buch), eine ganze Reihe erstklassiger Frauen zur Auswahl haben werden.

Lassen wir zu dem Thema nochmal eine kompetente Frau zu Wort kommen: „Es geht darum, das Weibliche und Männliche zu leben, und vor allen: leben zu lassen … dann erledigen sich nämlich einige Probleme ziemlich rasch – unter anderem erotischer Leistungsdruck, Beziehungsgequäle und Partnerschaftsdebatten … Akzeptiere unsere Unterschiedlichkeit, lass uns damit umgehen und sie lustvoll zusammenwerfen, anstatt einander gleich zu machen, das geht nämlich sowieso schief. Keiner ist das bessere oder schlechtere Geschlecht. Lass mich deine Frau sein, sei du mein Mann, mit allen guten und weniger gelungenen Eigenschaften, denn zusammen sind wir: besser." Schön gesagt von Anne West, einer Vordenkerin einer neuen und entstaubten Emanzipation. „Echte Frauen" wie diese sind seit einiger Zeit wieder auf dem Vormarsch – wie schön, nach einer Frauengeneration mit skeptischen Knittergesichtern –, und das ewige Spiel mit dem anderen Geschlecht ist längst in eine neue, lustvolle Runde gegangen. Genießen wir es.

3.10 Zwei Wege zum Alpha

Weg eins, und dann sind Sie zu beneiden: Es ist Ihnen zugefallen. Sie haben die natürliche Autorität eines Anführers, und zwar schon immer, so lange Sie denken können. In der Schule, an der Uni, in Ihrem Job. Wobei man „zugefallen" doch etwas präzisieren muss. Es war wahrscheinlich eine gelungene Mischung aus dominanten Genen und (mindestens) einem prägnanten männlichen Vorbild in Ihrer Kindheit. Darüber, eine Leit- und Vorbildfigur für andere zu sein, machten Sie sich nie Gedanken, es war einfach so. Und mit den Frauen war es nicht anders: Sie fielen Ihnen einfach zu, und daran hat sich auch nichts geändert. Gratuliere! Dieses Buch kann Ihnen, wenn Sie das überhaupt möchten, nur dabei helfen, zu analysieren, warum Sie eigentlich ein geborener Verführer sind. Und vielleicht den einen oder anderen guten Tipp liefern, den Sie noch nicht kennen.

Weg zwei: Sie spüren zwar Potenzial in sich, aber Sie wissen, dass Sie hier und da scheitern. Die natürliche Autorität ist Ihnen nicht so zugefallen wie der ersten Gruppe, aber Sie haben ein Gespür dafür. Sie zweifeln vielleicht sogar an sich und versuchen herauszufinden, was mit Ihnen los ist. Oliver Kuhn schreibt in „Der perfekte Verführer“: „Wir durften nicht brüllen, nicht fluchen und nicht spucken. Wir durften eigentlich nie Mann sein. Es gab in meinem Leben keinen Moment, an dem mir bewusst wurde, dass ich zum Mann geworden bin. Ich bin groß, aber nie erwachsen geworden … Die Rollenbilder, die wir gelernt haben, sind für das Verführen von Frauen nur bedingt brauchbar … und die Strategie ‚netter Junge‘, die uns unsere Mütter mit auf den Weg gegeben haben, klappt erstaunlich schlecht.“

Einer ganzen Generation fehlt es an männlichen Vorbildern.

Ich kann recht gut nachvollziehen, was Kuhn meint. Das Schlimme: Die Tendenz von Frauen, ihre Söhne in Richtung politisch korrekte Wesen im Sinne einer verstaubten Emanzipation zu trimmen, können Sie heute leider immer noch auf Spielplätzen in ganz Deutschland beobachten.

Einer ganzen Generation fehlte es an männlichen Vorbildern, an Initiationsriten, an einem prägnanten männlichen

Rollenbild. Das „Mann sein" musste eine Weile richtiggehend unterdrückt werden. Und damit ist auch die soziale Kompetenz als Mann im Umgang mit Frauen ein Stück weit abhanden gekommen. Wenn Sie die Lage so einschätzen, wird Ihnen dieses Buch ganz bestimmt noch einige nützliche Tipps liefern.

Dennoch: Auch geborene Verführer mussten eine Menge dazulernen im Laufe ihrer Erfahrungen mit Frauen. Sie hatten aber einfach genug Gelegenheit, zu trainieren. Nicht alles fällt einem zu. Zum Beispiel kommt die Angst vor Zurückweisung beim Ansprechen einer fremden Frau aus ganz tiefen Schichten unseres Bewusstseins. Aus der Zeit, als es noch viel weniger Menschen auf der Erde gab, und die Gruppen und Stammesgesellschaften überschaubar waren. Holte sich damals ein Mann einen Korb bei einer Frau aufgrund von Verhalten, das wenig Überlebens- und Reproduktionsqualitäten erwarten ließ, bestand sehr leicht die Gefahr, dass die ganze Gruppe davon erfuhr, und keine einzige Frau sich mehr mit ihm einlassen wollte.

Auch geborene Verführer müssen dazulernen.

Verführungskünstler „Mystery" Erik von Markovic (siehe Literaturverzeichnis) schreibt: „Die Angst, die mit einem sogenannten ‚Cold approach' – der Kontaktaufnahme mit einer Frau, die bisher noch keine Notiz von einem genommen hat – verbunden ist, wird nie vergehen. Sie ist fest in

Ihrem Gehirn einprogrammiert. Das Ziel heißt also nicht Selbstvertrauen. Das Ziel heißt Kompetenz."
Sagen wir es anders: Selbstvertrauen **und** Kompetenz sind die Basis. Das eine haben Sie mehr oder weniger, das andere können Sie sich zulegen. Das Ziel – in der Sprache der Evolutionsbiologie – ist Reproduktion. Die Ziele in der Sprache des überlegenen Mannes sind ein selbstbestimmtes schaffenskräftiges Leben, Frauen und schöne Nächte (und Nachmittage).

Ich habe für Sie auf den vorangehenden Seiten den Prototypen eines Alpha-Tiers entworfen. Niemand von uns wird all diese Eigenschaften in Perfektion in sich vereinen, aber das ist auch gar nicht schlimm. Es geht darum, dass Sie Ihre Stärken – die Sie zweifellos haben – erkennen und weiter ausbauen und Ihre Schwachstellen wahrnehmen. Einen überlegenen Mann zeichnet es auch aus, dass er seine Schwächen anerkennt und zu ihnen steht. Inwieweit Sie sich dann verändern wollen, ist Ihre eigene Entscheidung. Und wenn Sie dieses Buch in die Ecke feuern, kann das auch ein ziemlich deutliches Alpha-Verhalten sein. Aber halt, warten Sie noch, vielleicht können Sie ja doch noch was lernen!

4 Verführung: Frauen durchschauen

Kommen wir zum Eingemachten. Sie sehen eine attraktive Frau, deren Aussehen und sexuelle Ausstrahlung in Ihnen unmittelbar das Gefühl weckt, sie haben zu müssen. Ihr Reproduktionsprogramm springt an. Sie wollen sie an einem geeigneten (romantischen/ungestörten) Ort haben, und Ihre sexuellen Fantasien in die Tat umsetzen, so schnell es geht.

Ich glaube, Sie wissen ziemlich genau, wovon ich spreche. Theoretisch könnten Sie jetzt hingehen und sagen: „Ich will mit dir schlafen! Und zwar sofort." Eine Variante, die – in Ausnahmefällen – sogar klappen kann. In der Regel werden Sie mit so einem überfallartigen Spruch aber leer ausgehen – insbesondere, wenn Sie kein umjubelter Hollywoodstar oder Rockmusiker sind, der sich nur ein Groupie aus der Menge herauszupicken braucht. Dennoch können Sie genauso zuverlässig zum Erfolg kommen, mit ein wenig mehr Strategie und Einfühlungsvermögen.
Auch Frauen haben – logischerweise – ein Reproduktionsprogramm, das genauso drangvoll und mächtig anspringen kann wie bei Ihnen. Wenn Sie die richtigen Schalter umlegen, wird die Frau letztlich gar keine andere Wahl haben

als sich Ihnen hinzugeben. Denn sexuelle Leidenschaft und Liebe sind keine Phänomene, für die wir uns bewusst entscheiden, sie überfallen uns. Wenn die Frau schließlich mit Ihnen schläft, musste sie es einfach tun. Es war die logische Konsequenz aus ihrer Gefühlslage, gesteuert durch die Einflüsterungen des Unbewussten.

Unsere Kultur, die Errungenschaften der Zivilisation, das alles ist in evolutionsbiologischer Hinsicht ziemlich jung, begann sich vor rund zehntausend Jahren zu entwickeln. Das instinktive Unbewusste aber ist alt, es geht auf die Anfänge der Menschheit zurück, als kleine Gruppen unserer Vorfahren die Steppe durchstreiften. Im täglichen Überlebenskampf, jeden Tag gefährdet, zu verdursten oder gefressen zu werden. Das instinktive Unbewusste kennt darum keine Political Correctness oder emanzipatorischen Abwägungen. Aber es ist nicht unsere einzige bestimmende Komponente, sonst wären wir ja nichts weiter als instinktgesteuerte Überlebensmaschinen. Das zweite Element, das unser Sein bestimmt, ist das rationale Selbst. Hier, auf der Seite des vermeintlich wachen Geistes, geschehen Abwägungen, rationale Überlegungen, Kalkül und Analyse.

Wenn Sie die richtigen Schalter umlegen, springt das weibliche Reproduktionsprogramm an.

Die Wahl des richtigen Partners ist etwas Überlebenswichtiges, das sich im Prinzip bis heute nicht verändert hat. Sie basiert in erster Linie auf den Entscheidungen des instinktiven Unbewussten der Frau. Die Ratio, also die Vernunft, kommt nur als überlagernder, meist bremsender Faktor ins Spiel. Wahrgenommen wird das natürlich in der Regel anders. Wir versuchen, für unser instinktives Verhalten vernünftige Gründe zu finden. Das nennt man Rationalisierung. Eine Frau kann Ihnen tausend (vorgeschobene) rationale Gründe nennen, warum sie nicht mit Ihnen schlafen will. Den wirklichen Grund kennt sie vielleicht selbst nicht, oder sie nennt ihn nicht. Er kommt aus dem Instinkt.

Die Partnerwahl ist etwas Überlebenswichtiges.

Das Geheimnis eines Verführers ist es, das Doppelspiel zwischen dem instinktiven Unbewussten und dem rationalen Selbst zu kennen. Sobald er den Mechanismus durchschaut hat, liegt die Frau wie ein aufgeschlagenes Buch vor ihm, in dem er nicht nur lesen, sondern auch nach Belieben umblättern kann. Er spielt das Spiel mit den Instinkten. Er legt die richtigen Hebel um. Er wird dadurch eigentlich nicht zum Verführer, denn das klingt so ein wenig nach täuschen und vortäuschen, sondern zum Attraktor: Die Frau fühlt sich plötzlich magnetisch angezogen, ehrlich, und aus tiefstem Herzen.

4.1 Was flüstert das weibliche Unbewusste?

Bei der Partnerwahl kommen zwei entscheidende Komponenten ins Spiel: der Überlebens- und der Reproduktionswert. Beide sind ungemein wichtig, aber auffallend ist, dass Männer vorwiegend nach dem Reproduktionswert auswählen (das Aussehen der Frau gibt Aufschluss darüber, zum Beispiel ihre Figur, ihre Haut, die Gesichtsform, siehe Kapitel 3), während Frauen vorwiegend nach dem Überlebenswert selektieren. Das heißt, nach der Fähigkeit des Mannes, den Alltagskampf zu bestehen, sich seinen Platz in der Gruppe zu sichern, schlicht und einfach für das tägliche Überleben zu sorgen. Auch das lässt sich bis heute am Mann ablesen: an seinem Auftreten, seiner Stellung in der Gruppe, dem sozialen Status, seiner Körpersprache und dem ganzen Erscheinungsbild.

Männer und Frauen selektieren unterschiedlich.

Der Wiener Autor Thomas Obrecht alias Lodovico Satana (siehe Literaturverzeichnis) bringt es so auf den Punkt: Die Aufgabe der Urfrau „bestand darin, mit dem aggressivsten, stärksten und erfolgreichsten Mann Sex zu haben, um ihn anschließend zum Zweck des Schutzes dauerhaft und verlässlich an sich und die eigenen Nachkommen zu binden. Der Wunsch, diesen Weg zu beschreiten und darin erfolgreich zu sein, ist noch immer in jeder einzelnen Frau auf diesem Planeten als Teil des instinktiven Unbewussten angelegt."

Das also flüstert das Unbewusste der Frau: Such dir den Mann mit dem besten Überlebenswert! Denn erstens kann er dich beschützen, und zweitens ist er ziemlich sicher auch der mit den besten Genen (Reproduktionswert). Und es flüstert weiter: Wenn du ihn gefunden hast, binde ihn an dich.

Weil für Frauen diese Auswahlkriterien so wichtig, ja überlebenswichtig sind, wurden sie zu Meisterinnen in der Interpretation sozialer Dynamik. Genauso wie uns ein Blick genügt, um herauszufinden, ob wir eine Frau schön finden, erspürt eine Frau in Sekunden unseren Wert, selbst wenn sie uns alleine, auf offener Straße und ohne die Interaktion einer Gruppe trifft: Mimik, Körpersprache, Haltung, Gang, Blick, Haarqualität, Kleidung, Dutzende von Eindrücken werden parallel verarbeitet, und das Urteil ist – so wie das männliche Urteil schön oder nicht schön – ziemlich zuverlässig. Ein weiterer Grund, warum Frauen so gut darin sind: Sie können sich – wenn sie nur halbwegs gut aussehen – nie aus diesem Spiel ausklinken. Sie werden ständig und überall von irgendwelchen Typen angesprochen, ob sie wollen oder nicht. Ihre bloße Anwesenheit genügt, und oft genug kommt eine soziale Interaktion in Gang. Männer dagegen müssen, wenn sie

Frauen wurden zu Meisterinnen sozialer Dynamik.

annähernd ähnlich viele Erfahrungen sammeln wollen, aktiv werden. Ein Mann, der aufhört aktiv zu sein, zieht sich aus dem Spiel zurück, wird unsichtbar.
Weil Frauen uns also so gut lesen können, können Sie sie nicht oberflächlich täuschen. Was Sie in Kapitel 3 über „Mann sein" gelesen haben, können Sie nicht anziehen wie ein Kostüm. Sie müssen es leben. Sicher, es ist nicht möglich, sich von heute auf morgen radikal zu ändern. Aber man kann an sich arbeiten. Besser noch: Man kann an seinem Leben arbeiten. Dann haben Sie eine gute Basis geschaffen für alles weitere. Und wenn Sie nach und nach erfolgreich bei Frauen sind, werden Sie merken, wie Sie vom Selektierten zum Selektierer werden.

Als erfolgreicher Mann werden Sie vom Selektierten zum Selektierer.

Im nächsten Kapitel werden Sie genauer erfahren, wie man das weibliche Unbewusste anspricht, wie Sie die richtigen Schalter umlegen. Zunächst aber noch einige andere **Basics**. Schauen wir nochmal den zweiten Teil dessen an, was das instinktive Unbewusste den Frauen sagt: „Wenn du ihn gefunden hast, dann binde ihn an dich." Das klingt doch schön, oder? Ja, sie will uns an sich binden, sie will uns verwöhnen, bekochen und den Rücken kraulen, für alle Zeiten, hurra!

4.2 Betaisierung

Irrtum, Irrtum! Sie will den Mann an sich binden, ja, das ist wahr. Das war in Urzeiten überlebensnotwendig. Eine Frau, hochschwanger, geschwächt vor und nach der Geburt, war ohne Partner verloren. Darum haben sich evolutionäre Mechanismen herausgebildet (Paarbildung, Bindung, siehe Kapitel 1), um der Sache für eine gewisse Zeit Stabilität zu verleihen. Für eine gewisse Zeit! Lebenslange Partnerschaften sind von der Natur nicht vorgesehen und beinahe ein Widerspruch in sich, denn: Ein Mann, der sich an eine Frau (zu sehr) bindet, verliert damit automatisch für sie an Wert. War er früher der begehrenswerte, starke Kerl, dessen Gene sie einfach haben **musste**, ist er jetzt nur noch der notwendige Versorger. Die interessanten frischen und starken Gene aber, die streunen irgendwo da draußen durch die Gegend. Diesen Mechanismus, dass Männer ausgerechnet durch die erwünschte Bindung an die Frau für diese an Wert verlieren, wird in der einschlägigen Literatur „Betaisierung“ genannt. Aus dem (vormals) begehrenswerten Alpha-Männchen wird im schleichenden Prozess ein … oje … Beta.

Die interessanten, frischen Gene streunen irgendwo da draußen herum.

„Normale“ Männer lassen sich von Frauen im Laufe einer Beziehung allzu leicht betaisieren. Überlegene Männer, und ich hoffe, dazu gehören Sie bald, haben Mittel und Wege, das zu verhindern. Der Kernsatz lautet: Gib der

Frau genug Aufmerksamkeit, Liebe, Zuwendung und gute Gefühle, sodass sie bei dir bleibt. Lass sie aber deiner nie völlig sicher sein. Halte ihr die Belohnung hin, aber sie muss sich danach strecken. Wenn sie sich nicht mehr um dich bemühen muss, wenn sie denkt, sie hat dich „im Kasten", bist du schon so gut wie abgeschrieben. Je mehr eine Frau in die Beziehung investiert, umso sicherer bleibt sie.

Was hat das mit Verführung zu tun? Sind das nicht Prozesse, die eher in der Mitte/am Ende einer Beziehung greifen? Ja und Nein. Eine Beziehung ist nichts weiter als eine fortgesetzte Verführung, wir geben ihr nur ab einem gewissen Punkt einen anderen Namen. Jede Frau wird Sie, sobald ihr Interesse geweckt ist, auf Ihre Standfestigkeit und Ihr männliches Selbstbewusstsein hin testen – bewusst oder unbewusst. Wenn sie feststellt, dass Sie bereits ein betaisiertes Hündchen sind, wird sie sofort das Interesse verlieren. Wenn sie dagegen auf Widerstand stößt, wenn sie auf Alpha-Qualitäten stößt, wird sie nichts unversucht lassen, um Ihre Grenzen weiter auszuloten. Das Motto heißt: „Ich kriege dich doch! Bis jetzt hat es vielleicht noch keine geschafft, dich zu zähmen (ein Glück für mich!), aber ich schaffe das, warte nur ab." Genau in dem Moment haben Sie sie an der Angel.

4.3 Weibliche Schutzmechanismen

Wer eine begehrte knappe Ressource besitzt, muss Schutzmechanismen haben, um sie vor dem Zugriff von Hinz und Kunz zu schützen. Die knappe Ressource von Frauen sind ihre Eizellen, und sie sind tatsächlich gesichert wie die Tresore von Fort Knox (wogegen die Samenzellen am liebsten ungehindert durch die Gegend streunen). Empörter Zwischenruf: „Hat der noch nie was von Pille und anderen Verhütungsmitteln gehört? Also so was!“ Doch, hab ich. Aber der Punkt ist, das sich diese Schutzmechanismen vor ewigen Zeiten entwickelt haben, als von Verhütung noch nicht die Rede war – aber bis heute wirken.

Frauen sind die Gatekeeper, also die Wächterinnen der menschlichen Evolution, die Männer wollen was von ihnen, nämlich ihren Samen in sie „reintun“. So war es schon immer, und so ist es nach wie vor. Männer sind in den Augen der meisten Frauen eine im Überschuss vorhandene Ressource. Die meisten davon muss frau schon im Vorfeld ausselektieren, ehe sich überhaupt eine Interaktion, die ja doch nur Zeit und Nerven kosten würde, ergibt. Einige kommen dann in die engere Wahl, und da werden sie erst einmal wie in einem Assessment Center durchgetestet. (Freilich laufen viele dieser Prozesse unbewusst ab.) Nur, wer alle Prüfungen besteht, darf zum begehrten und gut bewachten Tresor vordringen.

Frauen sind die Gatekeeper der menschlichen Evolution.

Das mächtigste Instrument der Frauen zum Selektieren eines geeigneten Partners sind **Tests**. Bevor Sie aber überhaupt in die Testrunde kommen, müssen Sie oft genug den weiblichen Schutzschild (Hauptbestandteil: Zickenmodus) überwinden.

4.4 Zickenmodus

Ich bin mir ziemlich sicher, dass es echte Zicken gibt. Oft werden Frauen aber auch zu Unrecht als Zicken abgestempelt – von Männern, die nicht bei ihnen landen können. Das sind im Allgemeinen ganz wunderbare, charmante und gesprächige Frauen, wenn man erst ein Stück an sie rangekommen ist. Der Zickenmodus ist nichts weiter als ein Schutzschild, um sich unerwünschte Männer vom Hals zu halten.

- „Hallo, ich bin der Patrick!"
- „Lass mich in Ruhe!"

- „Darf ich mich dazusetzen?"
- „Hier sitzt schon meine Freundin!"

- „Du gefällst mir!"
- „Zisch ab!"

Frauen, besonders schöne Frauen, haben schon tausende von Anmachsprüchen gehört. Sie haben auch gelernt, dass meist nicht viel dahinter steckt, und der Kerl einfach nur ein Langweiler ist, der Zeit kostet und nervt. Sie müssen sich schützen, um nicht in einer Flut von nichtigen Gesprächen mit zweitklassigen Kerlen zu ertrinken. Diese fast schon automatisierte weibliche Abwehr hat deshalb nichts mit Zickigkeit zu tun, sondern einfach mit Selbstschutz.

Der Schutzschild der Frau wirkt so lange, bis Sie ihr Interesse gewonnen haben, und dazu haben Sie nicht viel Zeit, nur ein paar Sekunden. Der Verführer kennt Kniffe und Listen, die eine Frau dazu bringen, ihren Schutzschild herunterzunehmen, ich gehe darauf genauer im nächsten Kapitel ein. Nur grundsätzlich: Sie können eine Frau nicht mit Beharrlichkeit und Penetranz dazu bringen, ihren Schutzschild zu senken. Im Gegenteil, das macht ihn nur noch massiver.

Was Sie stattdessen schon in den ersten paar Sekunden demonstrieren müssen, ist **Einzigartigkeit und Mehrwert**. Zeigen Sie ihr, dass Sie anders sind als der Durchschnitts-Anbagger-Typ. Treten Sie überhaupt nicht als Anbagger-Typ auf. Werfen Sie der Frau einen Köder hin, der ihr Interesse an Ihnen weckt, statt selbst Interesse zu signalisieren. Sie sind da, Sie sind präsent und bieten eine Angriffsfläche. Frauen lieben Herausforderungen. Geben Sie ihr eine. Provozieren Sie sie, reizen Sie sie, necken Sie sie, beleidigen Sie sie scherzhaft, wenn es sein muss. Spielen Sie mit ihr. Sie wird, sollten Sie später Ihr

Nehmen Sie den weiblichen Schutzschild nicht persönlich.

Date vertagen, nachts in ihrem Ehebett neben ihrem langweiligen Ehemann von der Fortsetzung des Spiels mit Ihnen träumen. Was Sie aber nicht tun sollten: Gehen Sie nicht ab der ersten Sekunde Ihres Kennenlernens auf Schmusekurs – sonst werden Sie nämlich höchstwahrscheinlich wie eine harmlose Eintagsfliege am Schutzschild der Frau abgeschmettert.
Egal, wie die Frau reagiert: Nehmen Sie es nicht persönlich. Sie wissen ja jetzt, dass es für sie nötig ist, so einen Abwehrschild zu haben. Selbst wenn sie versucht, Sie mit einem gnadenlosen Spruch wegzubügeln: Wenn Sie sich wegbügeln lassen, weiß die Frau schon, dass Sie nicht der echte Kerl sind, den sie sucht. Lassen Sie sich nicht im Inneren erschüttern, bleiben Sie standfest, geben Sie humorvoll Kontra, lachen Sie sie aus, nehmen Sie sie nicht ernst. Wenden Sie ihr den Rücken zu und reden Sie mit jemand anderem, statt beleidigt von dannen zu ziehen, oder noch schlimmer: beleidigt-penetrant mit ihr zu streiten. Die Chance, dass Sie später wieder zu Ihnen herüberkommt, ist nicht gering. Wenn nicht: Es kann Ihnen egal sein, es gibt so viele schöne Frauen hier in dieser Bar/diesem Club/diesem Kaufhaus/dieser Fußgängerzone/auf dieser Welt.

4.5 Wie Frauen testen

Tests sind das mächtigste Instrument der Frau, um aus der Masse der Bewerber einen für sie geeigneten Genpartner herauszufiltern. Die amerikanische Pickup-Literatur hat diesen Tests den netten Namen „Shit Tests“ gegeben, man kann auch etwas vornehmer Kongruenztest, also Übereinstimmungstest sagen. Diese Tests können äußerst vielfältig sein, sie treten in der gesamten Bandbreite der Interaktion zwischen Mann und Frau auf. Im Prinzip geht es dabei immer um eine (oft unbewusste) Manipulation des Mannes, die darauf abzielt, seine Grenzen auszuloten, sein Innerstes anzukratzen, ihn irgendwie aus der Bahn zu werfen und sein Ego zu erschüttern.

Je **weniger** der Frau das gelingt, umso **interessanter** wird der Mann für sie. Und sie wird sich noch mehr ins Zeug legen, um ihr Ziel zu erreichen. Tests sind also nichts weiter als eine Überprüfung des Mannes auf Alpha-Qualitäten hin. Welche das sind, habe ich Ihnen in Kapitel 3 dargelegt. Wenn ein Mann bei so einem Test richtig reagiert, wird das Unbewusste der Frau dies instinktiv erkennen und ihr zuflüstern: „Wertvoll, den musst du haben!“ Reagiert der Mann falsch, ist es wie ein eingehandelter Treffer beim Videospiel: Das „Leben“ ist enorm geschwächt, und man ist vielleicht bald raus. Game over.

Eine Frau erkennt die richtige Reaktion des Mannes instinktiv und unterbewusst.

Sind Frauen also gnadenlose Spielmonster? Nein. Vergessen Sie nicht, dass wir Männer dasselbe tun. Auch wir selektieren und testen bei der Partnerwahl, nur läuft es bei uns wesentlich einfacher und durchschaubarer ab: Wir sehen die Frau an. Das war's im Prinzip schon. Dann wissen wir, ob sie uns gefällt oder nicht, wir fühlen eine sexuelle Anziehung, oder eben nicht. So einfach, so schnell. (Aber natürlich auch nicht immer zuverlässig. Viele Frauen lassen wir jeden Tag durchs Raster fallen, sie interessieren uns einfach nicht. Wer weiß, vielleicht hätten sie in einer Partnerschaft ungeahnte Qualitäten entwickelt.)

Wir Männer testen also optisch, Frauen aber testen psychologisch – diffizil und ausgefeilt. Und das macht Sinn. Denn wie ich zuvor schon erklärt habe, war die richtige Wahl für eine Frau enorm wichtig: Ließ sie sich vom Falschen schwängern, war sie für Jahre für den besseren, „richtigen" Genpartner blockiert. Was verliert dagegen ein Mann, wenn er mit der „Falschen" schläft? Genau, nur ein paar Teelöffel Sperma. Das war's.

Männer testen optisch, Frauen psychologisch.

Doch zurück zu den Tests der Frauen. Wie läuft das in der Praxis? Tests können in allen möglichen Formen in Erscheinung treten. Frauen sind meisterhaft darin, jede Situation, jede Lebenslage und jeden Vorfall in einen Test umzuwandeln, sie müssen es geradezu tun, es ist ihre Natur. Und es macht keinen Unterschied, ob sie sich am Beginn einer Verführung befinden oder in einer bereits Jahrzehnte währenden Partnerschaft, der Testmodus der Frauen läuft wie ein verstecktes Computerprogramm im Hintergrund mit. Weil die Tests so vielfältig sind und man unmöglich alle auflisten kann, hier eine kurze Auswahl der markantesten.

Wenn Sie das Prinzip erkannt haben, werden Sie andere Tests leicht identifizieren können.

Warten lassen. Sehr beliebter Test, vor allem am Anfang einer Beziehung. Sie haben die Frau gerade in einer Bar kennengelernt, und haben sich bereits recht angeregt mit ihr unterhalten. Doch dann wurden Sie durch einen Freund abgelenkt oder mussten auf die Toilette. Sie sieht Sie zurückkommen, wendet Ihnen aber bewusst den Rücken zu und unterhält sich mit einer Freundin, wirft Ihnen ein kurzes „Moment" hin. Bleiben Sie jetzt bitte nicht wie ein Hampelmann daneben stehen und warten, bis Sie an der Reihe sind. Gehen Sie lieber ein paar Meter weg und fangen Sie an, mit einer anderen Frau zu flirten. Sie wird bald kommen.

Ein anderes Beispiel: Bernadette aus Hamburg erzählt ganz freimütig: „Bei unserem ersten Date habe ich Georg fast eine halbe Stunde lang im Café warten lassen, mein Handy hab ich ausgemacht. Ich wollte wissen, wie er reagiert."

Schauen wir uns die Situation an: Wie könnte Georg reagieren? Als guter Junge würde er geduldig warten, sich, wenn sie endlich kommt, fadenscheinige Erklärungen fürs Zuspätkommen anhören – und sich am Ende noch dafür entschuldigen, dass er zu früh da war. Nicht sehr antörnend. Zweitens könnte er sauer werden, versuchen, sie telefonisch zu erreichen und dann nach einer gewissen Zeit das Café verlassen. Angemessen.

Kontern Sie elegant, überlegen und humorvoll. Aber nie beleidigt.

Wenn sie Interesse hat, wird sie sich wieder melden. Der ultimative Konter aber war der von Georg.
Bernadette: „Als ich ankam, saß er da, vertieft ins Gespräch mit einer Frau, die zugegebenermaßen recht gut aussah. Als er mich sah, stand er auf, begrüßte mich und sagte so etwas wie: ‚Darf ich dir Susanne vorstellen? Ich habe sie gerade eben kennengelernt. Sie wartet auf jemanden, und wir haben uns die Zeit vertrieben.'" Bernadette weiter: „Ich blieb zwar ruhig und freundlich, aber innerlich flackerten alle verfügbaren Alarmlampen. Ich hatte das Gefühl, dass es besser ist, Georg nicht allzu lange alleine warten zu lassen. Heute bin ich mit ihm zusammen, felsenfest. Es ist meine erste lange Beziehung seit zehn Jahren."
Respektlosigkeit. Wenn Sie die schlechte Behandlung einer Frau einfach so hinnehmen, dokumentieren Sie, dass Sie einen geringen Wert haben. Wir alle, Frauen und Männer, wollen höflich behandelt werden. Wir wünschen uns Gesprächspartner, die uns schätzen und uns einen gewissen Respekt zeigen, das ist ganz selbstverständlich. Wenn eine Frau sich herausnimmt Sie anzuschnauzen, nur weil sie gemerkt hat, dass Sie ein gewisses Interesse an ihr haben – oder noch schlimmer: weil Sie schon einmal Sex mit ihr hatten, und das wiederholen möchten –, sind Sie völlig auf dem Holzweg. Sie geraten in eine Abhängigkeitsfalle, wenn Sie nur noch auf Sex mit dieser einen Frau fixiert sind und sich im Gegenzug

Die Gesetze von Anstand und Höflichkeit gelten auch für Frauen.

dafür alle möglichen Schikanen gefallen lassen. Deshalb gibt es bei schlechter Behandlung und Respektlosigkeit durch die Frau eigentlich nur eine Möglichkeit: ein offenes Gespräch, dass Sie das Spiel so nicht mitspielen. Wenn sie das nicht einsehen will, müssen Sie die Beziehung beenden. Glauben Sie mir, es ist besser.

Kleinere, zwischendurch eingestreute Respektlosigkeiten, die knapp unterhalb der Schmerzgrenze liegen, gehören jedoch zum Standard-Testprogramm jeder Frau. Die sollten Sie ihr nicht übel nehmen. Sie müssen nur richtig darauf reagieren: humorvoll kontern, oder falls Ihnen gerade nichts einfällt, ignorieren.

Befehle/Dominanzverhalten. Eine Frau, die Ihnen ständig Befehle erteilt, testet Sie nonverbal mit der Frage: „Bist du wirklich so schwach? Lässt du dich wirklich so gängeln und schikanieren?“ Wenn Sie jedes Mal mit „Ja“ antworten, indem Sie tun, was sie will, disqualifizieren Sie sich. Sie können mit Wohlverhalten eine Frau vielleicht eine Weile halten – weil es für sie so bequem ist. Mittelfristig aber ist es die falsche Strategie. Das Unbewusste wird der Frau einflüstern: „Dieser Mann ist schwach, er kann sich nicht durchsetzen, er ist kein Partner, der mir Sicherheit geben kann. Ich will mich nach einem anderen, nach einem richtigen Kerl umsehen.“

Wohlverhalten ist kein Mittel, um eine Frau zu binden und zu halten.

Nehmen Sie nie, wirklich nie Befehle einer Frau entgegen, mit der Sie eine sexuelle Beziehung haben möchten! Kontern Sie sie aus, nehmen Sie sie nicht ernst, schlagen Sie eine Alternative vor, wechseln Sie das Thema – ganz egal. Aber ignorieren Sie den Befehl. Natürlich können Sie trotzdem viel für Ihre Partnerin tun: Wenn Sie wollen, können Sie sogar Berge für sie versetzen, oder ihr die Sterne vom Himmel holen – aber aus Liebe. Tun Sie alles für sie aus Liebe, und nichts auf Anordnung hin.

Eifersucht erzeugen. Die vielleicht schärfste Waffe, die eine Frau zur Verfügung hat. Frauen lieben es, Männer in Konkurrenz zueinander zu bringen. Nirgendwo offenbart sich der Charakter eines Mannes deutlicher als in einer Konkurrenzsituation mit einem anderen Mann. Die Frau schafft es mit diesem simplen Trick, zwei Männer gleichzeitig zu testen. Es ist, als ob sie zwei Fotobände ihrer Lieblingsstadt vor sich auf den Tisch legt und parallel durchblättert, um zu sehen, welcher ihr besser gefällt.

Als überlegener Mann haben Sie keinen Grund, eifersüchtig zu sein.

Eifersucht ist zwar eine evolutionär notwendige Strategie, wie Bas Kast in seinem Buch darlegt, aber es ist die Reaktion des Durchschnittsmannes. Als überlegener Mann haben Sie keinen Grund, eifersüchtig zu sein. Warum nicht? Weil Ihnen die Ressource Frau in mehr als ausreichendem Maß zur Verfügung steht. Eifersucht erwächst aus Verlustangst und schlechtem Selbstwertgefühl. Sie befürchten (vielleicht zu Recht), dass da draußen Männer rumlaufen, die Ihnen überlegen sind, die Ihnen Ihre Frau

wegnehmen könnten. Wobei das wegnehmen hier ganz wörtlich gemeint ist. Ein einziger Seitensprung einer Frau kann dramatische Folgen haben. Wenn Sie Pech haben, wird Ihnen ein Kuckuckskind untergejubelt und Ihr Erbgut wird ausgelöscht. Deshalb fürchten Männer nichts so sehr wie das tatsächliche, körperliche Fremdgehen ihrer Frau.
Die beste Methode dies zu verhindern ist aber – so paradox es klingt – eine lässige Einstellung dazu zu haben. Zu den Qualitäten des überlegenen Mannes gehört, dass er nicht eifersüchtig ist. Er weiß, dass er stets genügend Sexpartnerinnen zur Verfügung hat. Wenn Ihre Freundin merkt, dass sie Sie nicht eifersüchtig machen kann, ist das ein starkes Signal: Es deutet auf einen überlegenen Mann mit Alpha-Qualitäten hin. Einen Mann, der nicht auf sie alleine angewiesen ist, sondern der auch so ganz gut klarkommt. Genau das wird sie magisch anziehen, und sie wird gar nicht erst auf die Idee kommen, andere ranzulassen.
Also, nächstes Mal, wenn Sie in einer Bar an den Tresen zurückkommen und bemerken, dass ein unbekannter Mann gerade ihre Begleiterin anbaggert: Blaffen Sie ihn nicht an, sondern begrüßen Sie ihn herzlich, mit einem Klaps auf die Schulter. Und dann zwinkern Sie Ihrer Freundin zu. Machen Sie durch Ihre Souveränität deutlich, dass Sie hier der Rudelführer und Chef im Ring sind.
Schwachstellen anpieksen. Jeder von uns hat kleine Schwachstellen, Punkte, an denen er nicht mit sich im Reinen ist, Sachen, die man vielleicht für den Moment ver-

drängt und nach hinten schiebt. Vielleicht läuft es bei Ihnen im Job zur Zeit nicht so gut, Sie fühlen sich wie in einer Sackgasse und kommen irgendwie nicht weiter. Vielleicht haben Sie sich beim Autokauf eine gebrauchte Schrottkarre andrehen lassen, müssen aber jetzt erstmal eine Weile damit leben. Vielleicht stimmt Ihre Wohnsituation nicht, Sie wollen schon lange umziehen, finden aber nichts Passendes. Vielleicht aber leiden Sie unter Höhenangst und haben sich bei der letzten Bergwanderung (Brücke, Schlucht) wie ein Feigling benommen. Egal – sobald Ihre Freundin eine Schwachstelle bemerkt hat, wird sie sie immer und jederzeit gerne herauskramen, um sie als kleinen Psychotest gegen Sie ins Rennen zu schicken. Immer wieder. Gnade oder Aufschub ist da nicht zu erwarten. Wenn die Frau das Gefühl hat, die Zeit ist reif, einen Pfeil abzuschießen, wird sie es tun. Bleiben Sie einerseits möglichst gelassen, nehmen Sie es humorvoll oder kontern Sie sie aus, indem Sie Ihrer kleinen Schwäche auch was Gutes abgewinnen. Aber vergessen Sie anderseits nicht: **Es sind gerade die besten Frauen, die uns am meisten testen.** Und sie tun das nicht, um uns zu ärgern oder zu schikanieren. Nein, Sie wollen, dass wir wachsen. Sie wollen den Kämpfer, den Krieger in uns locken und herausfordern. Nehmen Sie dieses Sticheln also als ernsthaften Hinweis, wo in Ihrem Leben Sie bald etwas verändern sollten.

In einer Beziehung: Gerade die besten Frauen testen am meisten.

4.6 Fortgeschrittene Manipulationen

Bei einer Beziehung, die schon eine Weile andauert, können noch zwei machtvolle Werkzeuge ins Spiel kommen, die mehr sind als Tests. Es sind manipulative Instrumente der fortschreitenden Betaisierung eines Mannes, der den Überblick verloren hat: Ködern und Warten und Double Binds.

Ködern und Warten. Diese Manipulation ist nichts weiter als eine Dressurtechnik, die darauf hinausläuft, den Mann wie ein Pawlowsches Hündchen zappeln und schnappen zu lassen – und das mit minimalem Aufwand. Es beginnt mit einem positiven Reiz, einer Zuwendung der Frau. Das kann ein schöner Spaziergang sein mit einem guten, tiefgründigen Gespräch, ein nettes Abendessen, oder aber, und dann ist die Sache natürlich am wirkungsvollsten: heißer, leidenschaftlicher Sex (Ködern). Nach diesem eindeutigen positiven Reiz folgt der Reizentzug: Die Frau ist einfach für eine Weile nicht mehr greifbar, hat keine Zeit, oder geht vielleicht nicht mal ans Telefon (Warten). Nach einer Weile sendet sie dann erneut ein positives Signal oder kommt vielleicht für eine Stunde vorbei, um Sex zu haben (Ködern).

Alles entscheidend für den weiteren Ablauf ist, wie sich der Mann in der zweiten Phase (Warten) verhält. Wenn die Frau Anzeichen von Abhängigkeit des Mannes erkennt (er telefoniert ihr ungeduldig hinterher, bespricht immer wieder ihren Anrufbeantworter, bittet sie, zu kommen und so weiter), wird ihr sexuelles Interesse umgehend nachlassen. Als Folge davon wird sie das Ködern und War-

ten noch verstärken, und für sich die Situation praktikabler und bequemer machen: Die Köderhäppchen werden kleiner (weniger leidenschaftlicher Sex), gleichzeitig die Wartephasen immer länger.
So gerät ein Mann in einen fatalen Abhängigkeitskreislauf, ehe er überhaupt begreift, was vor sich geht. Schwache Männer mit wenig ausgeprägtem Selbstbewusstsein werden viel häufiger Opfer dieser Manipulation, weil sie das Gefühl haben, „diese Frau oder keine". Sie fixieren sich auf genau diese eine Frau und sehen nicht, dass sie das Spiel mit so vielen Frauen spielen können.

Eine Frau, die Sie liebt, wird Sie nicht zu Tode manipulieren.

Es ist nicht nötig, sich von einer einzigen drangsalieren zu lassen, um Sex zu bekommen. Aber auch selbstbewusste Männer stolpern in die Falle, und zwar dann, wenn sie meinen, sie hätten jetzt einfach die Liebe ihres Lebens gefunden. Die Frau, die es wert ist, jeden psychischen Preis zu bezahlen. Aber glauben Sie mir: Das ist keine Frau wert. Und die Liebe Ihres Lebens ist – wenn überhaupt – eine Geschichte, die auf Gegenseitigkeit beruht. Dann wird eine Frau Sie nicht so manipulieren.
Das beste Rezept, um nicht in diesen Abhängigkeitssog zu geraten, ist ein interessantes, ausgefülltes Leben. Viele Menschen, die man beruflich oder privat trifft. Und dabei natürlich nicht zuletzt viele schöne Frauen, die zumindest theoretisch in Reichweite sind. Wenn eine Frau Sie nach dem schmackhaften Ködern (sagen wir Sex) warten lässt,

ignorieren Sie das einfach. Kümmern Sie sich um andere Dinge, Ihr Leben, Ihren Beruf, oder am besten: um andere Frauen. Sobald Ihre Freundin merkt, dass sie mit Ködern und Warten bei Ihnen nichts ausrichten kann, wird sie ihre Anstrengungen ins Gegenteil verkehren und in die Beziehung investieren (schöne Abende, Geschenke, Sex, ein selbstgekochtes romantisches Dinner etc.). Dann haben Sie sie an der Angel statt umgekehrt.

Double Binds. Das sind die härtesten Waffen, die eine Frau einsetzen kann. In der Psychologie sind sie als Verhaltensmuster bekannt, die – von Eltern praktiziert – bei Kindern Schizophrenie auslösen können. Wenn sie in einer Mann-Frau-Interaktion, in Verbindung mit Sex und Liebe eingesetzt werden, können sie verheerende Folgen haben, bis hin zu Mord und Totschlag oder Selbstmord. Bei einem Double Bind wird das Opfer mit zwei Aussagen oder Handlungen konfrontiert, nach denen es sich richten soll, die sich aber widersprechen.

Double Binds können verheerende Folgen haben.

- „Ich begehre dich."/„Fass mich nicht an."
- „Ich vermisse dich!"/„Komm bloß nicht vorbei heute Abend!"
- „Ich liebe dich."/„Ich liebe Franz."

(Zusatz: „Ich bin verwirrt, brauche Zeit …")

Beide Aussagen werden meist über verschiedene Ebenen kommuniziert, die eine verbal, die andere nonverbal, durch

Gesten, Mimik oder Handlungen. Ein Beispiel: Roger aus Bern erinnert sich: „Meine Exfreundin war einerseits eine Traumfrau, nie hatte ich so innigen und heißen Sex wie mit ihr – andererseits war sie ein Albtraum. Oft schickte sie mir abends noch eine SMS – wir wohnten nicht zusammen – und sagte mir, wie sehr sie mich vermisse und begehre … Wenn ich es am nächsten Tag nicht mehr aushielt und zu ihr fuhr, war es oft so, dass sie mich – obwohl sie Zeit hatte – nicht mal anfasste, sondern mich nach fünf Minuten mit irgendeiner Ausrede wieder aus der Wohnung schob. Schlimmer noch: Oft genug ließ sie mich gar nicht rein, sondern wimmelte mich schon an der Tür ab." Sex gab es nur, wenn sie ihn besuchte, und den Zeitpunkt bestimmte ausschließlich sie.

Roger, der früher vielleicht sogar mal ein kantiger und selbstbewusster Mann gewesen war, war in der Endphase der Betaisierung durch seine Freundin nur noch ein hilfloser Spielball. Ihr Machtmittel: inniger und heißer Sex. Ihre Instrumente: ködern und warten lassen plus ein Double Bind („Vermisse dich"/Tür vor der Nase zuschlagen). Schlimmer kann es kaum noch kommen.

Geballten Manipulationsmechanismen kann auch ein selbstbewusster Mann schwer widerstehen.

Seine Freundin trennte sich nach einem Jahr von ihm, „weil die Beziehung zu einseitig war". Sie fand es „enttäuschend und deprimierend", dass er sich von ihr so gängeln ließ. Er war „zu schwach“. Aber Vorsicht: Diesen geballten Manipulationsmechanismen kann auch ein selbstbewusster Mann schwer widerstehen. Auch eine Gegenmanipulation macht wenig Sinn, denn wir können Frauen auf diesem Feld niemals das Wasser reichen. Männer, die gezwungen sind, selbst zu Manipulationen zu greifen, sind schon auf der Verliererstraße. Erkennen Sie das Muster deshalb rechtzeitig und beenden Sie das unschöne Spiel.

Zum Trost sei gesagt, dass derart perfide Manipulationen meist nur von Frauen mit geringem Selbstwertgefühl über längere Zeit ausgeübt werden. Frauen, die an schweren Problemen ihrer Persönlichkeit knabbern oder etwas auszugleichen haben. Wenn Sie deshalb hier einen radikalen Schlussstrich ziehen, haben Sie nicht viel verloren. Starke, selbstbewusste Frauen manipulieren uns viel subtiler, sie führen uns, ohne dass wir es merken, und am Ende haben beide etwas davon. Und das ist gut so.
All die weiblichen bewussten und unbewussten Strategien, von denen hier die Rede war, treten natürlich nicht gleichzeitig auf. Und besonders die letztgenannten schweren Geschütze spielen in einer Verführ- und Flirtsituation selbstverständlich noch keine Rolle. **Bedenken Sie aber, dass die Tests in der Verführungssituation beginnen. Sobald nämlich die Frau Interesse für Sie entwickelt.** Ob der Abend erfolgreich verläuft, hängt im Wesentlichen davon ab, ob Sie die Tests der Frau bestanden haben. Das

Geheimnis des erfolgreichen Verführers ist es, die in Jahrtausenden entstandenen Selektionkriterien der Frauen zu kennen und zu seinem Vorteil zu nutzen. Er weiß, wie er die Tests mühelos besteht. Wichtiger noch: Er weiß es nicht nur, sondern er hat das erfolgversprechende Verhalten verinnerlicht.

Einiges, was Sie in diesem Kapitel lasen, klingt danach, als ob Frauen schlimme berechnende Biester wären, die nichts anderes im Kopf hätten, als uns zu schikanieren und zu manipulieren. Wenn Sie das denken, haben Sie mich missverstanden. Die Tests liegen in der Natur der Frau, so wie es in der Natur des Mannes liegt, eine schöne Frau anzusehen. Wenn eine Frau Sie testet, ist das ein gutes Zeichen! Denn dann haben Sie den weiblichen Schutzschild bereits überwunden und ihr Interesse geweckt. Eine erste Anziehung ist vorhanden, Sie kommen als potenzieller Kandidat in Frage. Der **Flirt** ist von Anfang an nichts weiter als ein Schlagabtausch weiblicher Teststrategien mit den Alpha-Qualitäten des Mannes, der sie neckisch abblitzen lässt. Genau hier baut sich das sexuelle Spannungsfeld zwischen beiden auf, hier fühlt die Frau plötzlich: „Den will ich." Spielerisch und neugierig loten beide ihre Potenziale aus, raufen sich zusammen. Am Ende ist es, als würde man sich schon ewig kennen. Darum, lieber Leser, ist es nur ein kurzer Weg von hier bis zum Sex.

Wenn eine Frau Sie testet, ist das ein gutes Zeichen.

Dass die Tests auch später, in einer Beziehung, die entscheidende Rolle spielen, bringt diese kleine Geschichte des amerikanischen Autors und Partnerschaftscoaches David Deida wunderbar auf den Punkt:
Mann, kommt freudig von der Arbeit nach Hause: „Ich habe heute eine Million Dollar gemacht!"
Frau: „Das ist ja schön."
Mann: „Was?"
Frau: „Hast du daran gedacht, die Milch mitzubringen? Ich habe sogar einen Zettel in deine Aktentasche gelegt. Wie konntest du das vergessen!"
Mann: Versteht die Welt nicht mehr. Schließlich hat er eben eine Million Dollar verdient.

Deida: „Sie weiß natürlich, wie viel dieser Erfolgsmoment Ihnen bedeutet. Genau aus diesem Grund macht sie ihn herunter. Nicht, weil sie Sie verletzen will … Sie will Ihre Wahrheit spüren, sie will Ihre Liebe spüren. Und sie will spüren, dass Ihre Wahrheit und Ihre Liebe stärker sind als die Pfeile, die sie auf Sie abschießt. Dann kann sie sich entspannen und sich der männlich-weiblichen Polarität hingeben. Sie kann Ihnen vertrauen!" Alle Frauen wollen das, immer. Und alle Männer brauchen nur eins zu tun, immer: Mann sein. Konkret: Wie hätte der Millionen-Dollar-Mann am besten reagiert? Er hatte gelacht, sie umarmt und aufs Bett geschubst und gesagt: „Ich gebe dir gleich deine Milch!"

5 Verführung: Als Mann agieren

Die Praxis zeigt es Tag für Tag, und die Wissenschaft hat es bestätigt: Eine gelungene Annäherung von Mann und Frau, die in einer sexuellen Vereinigung endet, muss zwangsläufig bestimmte Stufen durchlaufen, in einer ganz bestimmten Abfolge. Wird die Abfolge durchbrochen oder versucht man, eine Stufe auszulassen, führt das fast zwangsläufig zum Scheitern der Interaktion.

Nur in absoluten Ausnahmefällen gelingt etwas, was „Mystery“ Erik von Markovik „Narrenmatt“ nennt. Wie beim Schachspiel, das man in einer bestimmten Konstellation in nur vier Zügen gewinnen kann, springt der Mann vom ersten Ansprechen unmittelbar zur körperlichen Verführung und lässt alle Zwischenstufen aus. Ich brauche nicht zu betonen, dass das eher ein Glücksspiel mit einer Gewinnchance von 1:99 ist. Genau wie ein erfahrener Schachspieler im Spiel mit einem ernst zu nehmenden Gegner kein Narrenmatt versucht (denn

Ein erfahrener Verführer baut sein Spiel solide auf.

der Gegner wird ihn auskontern), so setzt auch ein guter Verführer auf ein **solides Spiel**.

In den Achtzigerjahren begannen amerikanische Verhaltensforscher das Ablaufmodell einer Verführung erstmals zu verifizieren. David Givens und Timothy Perper, zwei Vorreiter auf diesem Gebiet, beobachteten jahrelang in Bars, Restaurants und auf Partys systematisch das Annäherungsverhalten von Mann und Frau. Je nachdem, wie sich die Situation entwickelte, konnten sie nach kurzer Zeit schon vom äußeren Anschein her mit neunzigprozentiger Treffsicherheit einschätzen, ob das Paar gleich gemeinsam die Örtlichkeit verlassen würde oder nicht. Eine Verführung, so ihr Fazit, durchläuft immer die gleichen Phasen. Und falls sie diese Phasen nicht durchläuft, dann wird es keine Verführung.

Das wussten wir schon. Sorry, ich habe den kleinen wissenschaftlichen Exkurs nur eingelegt, um Ihnen zu verdeutlichen, wie wichtig diese Phasen sind. Sie sind kein Hirngespinst. Sie sind vielmehr die Dramaturgie der Erweckung unbewusster Wünsche, der Anziehungskraft und der Leidenschaft. In diesen Phasen wird wie bei einem Cocktail die Mixtur angerührt, die in einer Frau **Lust** erzeugt – die wesentliche Zutat für einen positiven Verlauf des Abends. Unser leckerer Cocktail heißt zwar nicht wie der fruchtige orangerote Longdrink „Sex on the beach" (Zutaten: Wodka, Pfirsichlikör, Cranberry-Nektar, Orangensaft), aber nennen wir ihn „Sex on the beach oder ganz egal wo".

Die Stufen der Annäherung im Überblick

Phase 1: Der erste Kontakt
Phase 2: Anziehung erzeugen
Phase 3: Emotionen auslösen
Phase 4: Abschließen & Wiederverabreden (optional)
Phase 5: Isolation, Vorspiel, Sex

Doch nicht nur die Abfolge der Stufen ist festgelegt, auch der **Zeitrahmen**: Normalerweise durchläuft ein Paar die zuvor genannten Stufen der Annäherung in etwa sechs bis sieben Stunden. Danach ist die Frau bereit für Sex. Diese Zeit kann natürlich auch auf mehrere Treffen aufgesplittet sein, denn es ist doch unwahrscheinlich, dass Sie eine Frau nachmittags im Supermarkt ansprechen und abends mit ihr im Bett sind. Dagegen sprechen zu viele äußere Hindernisse: Termindruck, ein durchgeplanter Tagesablauf, Konventionen (deshalb klappt das so viel besser im Urlaub, wo diese Hindernisse wegfallen). Die sechs bis sieben Stunden sind aber ein realistischer Wert. Anders gesagt: Wenn die Voraussetzungen stimmen und die bereits erwähnten Phasen erfolgreich durchlaufen wurden, passiert Sex entweder sofort, oder beim zweiten oder dritten Treffen. Spätestens beim vierten. Danach sinkt die Wahrscheinlichkeit rapide – irgendetwas ist schiefgelaufen.

Nach dem vierten Treffen nimmt die Wahrscheinlichkeit für Sex rapide ab.

Der erfahrene Verführer setzt in jeder der Phasen spezifische Werkzeuge und Methoden ein, um zielsicher ins nächste Level zu gelangen. Auf die wichtigsten dieser Instrumente werde ich an der entsprechenden Stelle eingehen. Vergessen Sie aber nicht: Das Hauptwerkzeug eines Verführers ist der männliche Rahmen, den er setzt (sein Alpha-Verhalten), also all die Eigenschaften, über die Sie bereits in Kapitel 3 gelesen haben.
Schauen wir uns die Phasen genauer an:

5.1 Phase 1: Der erste Kontakt

Der Moment der ersten Kontaktaufnahme. Es kommt dabei nicht auf einen dreisten Spruch an, sondern auf **soziale Kompatibilität**. Im Allgemeinen (es gibt situationsbedingte Ausnahmen) sollten Sie versuchen, sich der Frau „harmlos" zu nähern. Die meisten Männer machen den Fehler, gleich beim ersten Satz einen Flirt, oder noch schlimmer, eine sexuell eindeutige Aktion zu starten. Starten Sie lieber mit einer Konversation, mit einem beiläufigen Gespräch, wie Sie es beispielsweise auch mit Ihrem Obsthändler führen. Es geht jetzt erstmal darum, die Frau dazu zu bringen, ihren Schutzschild herunterzunehmen. Das schaffen Sie am besten mit Gelassenheit, Humor und ohne gerichtetes sexuelles Interesse. Schenken Sie der Frau beim ersten Ansprechen auch **nicht zu viel** Aufmerksamkeit, es reicht, wenn Sie ihr den Kopf zudrehen, nicht den ganzen Körper.

Zeigen Sie keine Anzeichen von Bedürftigkeit, sondern das Gegenteil. Sie haben sie angesprochen, weil Ihnen danach war, jetzt kann sie den Köder schnappen oder nicht. Je mehr sie spürt, dass Ihnen das letztlich ganz egal ist, umso sicherer wird sie zuschnappen.

Die Harmlosigkeit erübrigt sich natürlich, wenn man sich ohnehin bereits in einer sexuell aufgeladenen Situation befindet, sagen wir in einer heißen Bar, wo es klar ist, dass Frauen und Männer sich suchen und beschnuppern. Dann machen Sie sich lächerlich, wenn Sie das Gespräch mit Ihrer Lieblingsbrotsorte eröffnen. Bei der Frau, die beim Bäcker neben Ihnen steht, kann es aber ein perfekter Anfang sein. Also: Der Einstieg muss der Situation angemessen sein, mehr oder weniger harmlos daherkommen und auf keinen Fall zu viel Interesse an der Frau oder gar Bedürftigkeit verraten.

Je beiläufiger das Ansprechen läuft, umso besser.

Mehr oder weniger harmlos – was soll das heißen?

Beides kann eine Erfolgsstrategie sein, das harmlose Vorgeplänkel ebenso wie der dominante Spruch: „Du gefällst mir, ich will dich und ich kriege dich!“ Wie weit Sie gehen können, hängt – neben der Situation – im Wesentlichen von Ihrer männlichen Präsenz, Ihrer Ausstrahlung und Ihren Erfahrungen in vorhergegangenen Flirtsituationen ab. Der Anmachspruch, der daherkommt wie ein Donnerschlag, kann nur wirken, wenn er authentisch ist, wenn aus jeder Ihrer Poren Männlichkeit strömt und Sie ein unerschütterliches Ego haben (dann macht Ihnen auch eine Abfuhr auf so einen Spruch hin nichts aus). Die wenigsten Männer aber sind Super-Terminatoren, die sich mit zwei Groupies im Handgepäck durch die Gegend beamen und bei deren Anblick jede Frau vor Verzückung in Ohnmacht fällt. Deshalb sind Sie mit der harmlosen Strategie auf der sicheren Seite. Sie sollten aber unbedingt die dominante Strategie zwischendurch üben und zum Einsatz bringen – wenn die Situation es erlaubt. Als überlegener Mann haben Sie das Recht, eine Frau immer und überall frontal anzusprechen und ihr zu sagen, dass Sie sie attraktiv finden und sie kennenlernen wollen. Wie sanft Sie schließlich die Türklinke drücken, wie leise Sie eintreten, ist allein Ihre Entscheidung.

Wann ansprechen? Sofort!

Wenn Ihnen eine attraktive und begehrenswerte Frau begegnet und Sie sie ansprechen möchten, müssen Sie es sofort tun. Sie haben nur wenige Sekunden Zeit, etwas zu unternehmen, nachdem die Frau Sie bemerkt hat. Wenn Sie abwartend und unsicher herumstehen, aber nicht aktiv werden, haben Sie schon verloren. In den ersten paar Sekunden zeigen Sie der Frau, dass Sie sie wollen, und ob Sie auch Manns genug sind, sie zu bekommen. Die Chance kommt nicht wieder.

Sprechen Sie eine Frau, die Ihnen gefällt, sofort an.

Bernd geht durch den Park. Auf einer Bank sieht er eine Traumfrau sitzen, umschmeichelt von den Strahlen der Nachmittagssonne, vertieft in einen Schmöker. Ein üppig gebauter Engel, eine Frau wie ein Bild. Sie besetzt die eine Hälfte der Bank. Er schlendert herbei, setzt sich mit einem „Hallo" auf die andere Seite der Bank, schaut sie verstohlen von der Seite an und überlegt, wie er sie wohl ansprechen könnte. Mit jeder Sekunde, die vergeht, verliert er durch sein Zögern an Wert. Als er sich dann endlich dazu aufgerafft hat, den Mund aufzumachen, steht sie gerade auf, wirft ihm ein „Schönen Tag noch" hin und geht. Was soll sie denn mit so einem Loser auf ihrer Bank? Der besetzt doch nur den Platz, auf den sich ein richtiger Kerl setzen könnte. Sie wird sich alsbald mit ihrem Buch woanders niederlassen und ihre Schönheit verstrahlen. Frauen spüren die Unsicherheit von Männern zuverlässig wie ein Seismograph. Der Mann disqualifiziert sich damit als potenzieller Partner. Die Frau geht einer Kommunikation umgehend aus dem Weg, sie will nicht ihre Zeit verschwenden, sondern lieber ihr Buch lesen.

Frauen wittern die Unsicherheit von Männern zuverlässig.

Also Bernd, lassen wir dich nochmal losziehen, du bekommst eine zweite Chance. Da sitzt wieder diese umwerfende Frau auf der Bank, friedlich lesend, unglaublich schön. Du bist an der Reihe!

Bernd kommt herbei, noch während er sich hinsetzt, sagt er: „Ich hätte nicht gedacht, dass du **so** ein Buch liest!" (Sie hat den historischen Erotikroman „Die Kosakensklavin“ in der Hand, das Cover zeigt, ziemlich freizügig, eine liegende schwarzhaarige Schönheit). Sie, erst irritiert, dann lächelnd: „Hmm. Ha-ha, ja, normalerweise verdecke ich das Cover immer, aber diesmal habe ich es vergessen …“ Bernd: „Worum geht es denn eigentlich in dem Buch, ich wollte das schon lange mal lesen …“ Die beiden sind, ehe sie es merken, mitten im Gespräch, und es passiert, was passieren muss. Wer weiß, vielleicht war es kein Zufall, dass Britta – so heißt die Frau – an diesem Tag ausgerechnet in einem erotischen Roman schmökerte.

Zu schön, um wahr zu sein? Sie haben Recht! Wann haben wir schon mal das Glück, die „Kosakensklavin“ auf einer Parkbank zu treffen? Eher selten. Also, Bernd zum Dritten: Noch während er sich setzt, sagt er: „Ich setz mich hier mal aufs schattige Ende der Bank, okay? Mir ist nämlich ganz heiß.“ Sie schaut auf und sagt: „Es ist doch gar nicht heiß!“ Er: „Das dachte ich auch, aber ich wusste ja nicht, wem ich heute noch begegne.“ Wichtig: Bernds Spruch bleibt zweideutig, die Frau weiß noch nicht genau, ob sie das auf sich beziehen soll oder nicht. Der Spruch: „Ja, aber seit ich **dich** gesehen habe, ist mir heiß!“ wäre um einiges direkter, umso größer auch die Gefahr, dass er an ihrem Schutzwall abprallt.

Humor und Zweideutigkeit sind Mittel gegen den weiblichen Schutzschild.

Fazit: Es gibt kein Patentrezept, aber Sie können sich vorteilhaft oder unvorteilhaft verhalten. Ein gutes Gefühl für den angemessenen und fast immer erfolgreichen Einstieg bekommen Sie nur durch Übung, durch die ständige Interaktion mit Frauen in der Praxis. Wichtig aber, und das gilt immer: Lassen Sie keine Zeit vergehen, wenn Sie eine Frau ansprechen möchten, tun Sie es **sofort**!

Wo ist der richtige Ort, wann die richtige Zeit? Immer und überall!

Sie können Frauen immer und überall ansprechen, und sollten dies, um Ihre kommunikativen Fähigkeiten zu verbessern, auch tun. Es gibt fast keinen Ort, der für eine erste Kontaktaufnahme nicht geeignet wäre. Ob es der Supermarkt ist, die Bäckerei, der Park, die Bibliothek oder die U-Bahn. Oder tausende andere Gelegenheiten: Es geht immer. Nur, manche Umgebungen machen es etwas schwieriger, das sind die, in denen die Frau in Hektik und Eile ist und dringend wieder weg muss. Also etwa kurz vor der Abfahrt eines Zuges auf dem Bahnsteig oder an einer Tankstelle wird es nicht ganz so einfach sein. Andere Umgebungen machen es einfacher, das sind jene, in denen Frauen ohnehin Zeit haben und sich die Zeit vertreiben: etwa beim Schaufensterbummel, beim Shopping oder beim Lesen im Park. Und dann gibt es noch die Situationen, die einen Flirt beinahe erzwingen: Das ist immer dann der Fall, wenn die soziale Kontrolle etwas heruntergefahren ist, etwa beim Karneval und großen Festen und Partys aller Art. Und schließlich noch die Gelegenheiten, bei denen ohnehin große Gefühle im Spiel sind: Hochzeiten, Beerdigungen, Angst und Krisensituationen (siehe Kasten). Um Letzteres zu verdeutlichen: Wenn Sie ein wirklich aufregendes, adrenalingetränktes Leben führen, werden Sie dieses Buch nie in die Hand nehmen müssen. Aber wer von uns tut das schon noch?

Aufregung und Erregung gehen ineinander über

Ein Klassiker der Psychologie ist das Brückenexperiment von Donald Dutton und Arthur Aron von 1974. Die Forscher schickten dabei Männer über die längste Hängebrücke der Welt, 140 schwankende Meter in schwindelnder Höhe über den Capilano Canyon in der Nähe der kanadischen Stadt Vancouver. Auf dem gefährlichsten Punkt des Weges wurden die nichtsahnenden Brückengeher von einer sehr attraktiven Mitarbeitern des Psychologenteams unter dem Vorwand gestoppt, einen (belanglosen) Fragebogen auszufüllen. Als das erledigt war, gab die Schöne ihre Telefonnummer und sagte, man könne sich ja mal verabreden, wenn mehr Zeit sei. Die gleiche Versuchsanordnung wiederholte man auf einer soliden, nichtschwankenden Holzbrücke in der Nähe. Ergebnis: Viermal mehr Männer von der Hängebrücke riefen bei der schönen Assistentin an, um sich mit ihr zu verabreden! Die Aufregung, die die Männer auf der Hängebrücke spürten, so schlossen die Psychologen, übertrugen sie auf die Frau. Die Frau war für sie erregend geworden, weil die Situation es war.

Machen Sie sich aber klar, dass es nicht **den** passenden oder unpassenden Moment gibt, dass es nie die perfekte Situation geben wird. Letztlich sind Sie es, der die Situation bestimmen muss, und das müssen Sie der Frau, die Sie anpeilen, auch vermitteln. Wenn Sie eine Frau ansprechen, dann tun Sie das äußerlich beiläufig, aber innerlich schnell und gezielt. Mit Ihrer Körpersprache, mit Ihrem ganzen Auftreten bringen Sie zum Ausdruck, dass es für Sie das Normalste der Welt ist, eine fremde Frau anzusprechen. Und so sollte es auch sein.

Instrumente gegen den Schutzschild

Mit einigen gezielt eingesetzten Hilfsmitteln kann man eine Frau dazu verleiten, ihren Schutzschild etwas herunterzunehmen. Praktisch allen ist gemein, dass man der Frau unbewusst vermittelt, dass man gerade **kein besonders großes Interesse an ihr hat.** Ausdrücken kann sich das durch eine desinteressierte Körpersprache: Man wendet sich ihr nur halb oder kaum zu. Man spricht mir ihr und dreht ihr dann sogar den Rücken zu und redet mit einer anderen, um kurz danach „im Vorübergehen" wieder bei ihr hängen zu bleiben. Oder man deutet an, dass man in Eile ist. Man würde sich jetzt zwar gern mit ihr unterhalten, aber es geht unmöglich, man muss dringend zu einem Termin. Man wechselt ein paar Worte, sagt, man würde das Gespräch gerne fortsetzen, und hat im Handumdrehen die Telefonnummer, die man sonst nie bekommen hätte.

Die **bewusste Zeitverknappung** ist also ein kleiner Hebel, um den weiblichen Schutzschild wegzuschieben. Daneben gibt es natürlich tatsächlich Situationen, die es einfach nicht ermöglichen, das Geschehen unmittelbar fortzusetzen. Auch ein Ortswechsel kommt nicht in Frage, es scheint, als hätte uns das Schicksal nur ein paar Sekunden mit dieser Frau geschenkt. Dem ist nicht so. Es kommt nur darauf an, was Sie daraus machen. Nehmen Sie die Telefonnummer, akzeptieren Sie die **Zeitbrücke** und machen Sie später mit frisch aufgeladenem Akku weiter.

Frauen alleine oder in der Gruppe ansprechen? Sowohl als auch

Natürlich ist es das Beste, wenn Sie die Gelegenheit haben, Frauen alleine anzusprechen, ungestört von deren Freundinnen oder männlichen Begleitern. Nur werden Sie feststellen: Wirklich schöne Frauen sind selten allein anzutreffen, und wenn, dann haben sie ihren Schutzschild oft sehr hochgefahren. Sie sollten also auf jeden Fall auch üben, Frauen in der Gruppe anzusprechen und sie später daraus zu lösen. Typische Gruppensituationen gibt es oft in Bars, Kneipen und an anderen geselligen Orten. Auch hier gilt: Beobachten Sie nicht lange, sondern sprechen Sie die Frau sofort an, vielleicht im Vorbeigehen. Achten Sie darauf, dass Ihr Ansprechen reaktiv ist, so also, als hätte die Gruppe Ihnen irgendwie Grund

Wirklich schöne Frauen sind selten allein unterwegs.

gegeben, eine Bemerkung einzuwerfen. Es kommt darauf an, dass Sie in den ersten paar Sekunden soziale Akzeptanz finden, platzen Sie also nicht barsch und unhöflich in die Runde, sondern machen Sie sich interessant. Oft ist es vorteilhaft, nicht direkt die Frau anzusprechen, die Sie anpeilen, sondern eine etwas weniger attraktive in der Runde. Die Schöne wird sich unwillkürlich fragen: „Warum redet der nicht mit mir, ich bin doch die Interessanteste (Schönste) hier!"
Ich will Ihnen nichts vormachen: Frauen in einer Gruppe anzusprechen und dann auch noch erfolgreich daraus zu lösen, ist kein ganz einfaches Unterfangen. Auch wenn Sie dieses Buch und andere fünfmal gelesen haben, hilft Ihnen letztlich nur die Praxis, um Ihre Erfolgsquote zu verbessern. In Bruchteilen von Sekunden müssen Sie die richtigen Entscheidungen treffen, um das Interesse der Dame Ihrer Wahl zu wecken und nicht als einer von vielen zur Seite geschoben zu werden.
Sehen Sie Gruppen aber nicht als lästige Blockaden an, die man überwinden muss. Sie sind im Gegenteil die Wellen, auf denen ein erfolgreicher Verführer geschmeidig surft, um genau da sein Brett zu wenden, wo er will. Auch Sie sind ja vielleicht nicht alleine in dem Club, sondern mit Ihrer Gruppe unterwegs. Die Gruppe aber spiegelt das Wichtigste, das Sie als Verführer brauchen: Ihren Wert und sozialen Status

Gruppen sind die Wellen, auf denen gute Verführer erfolgreich surfen.

(„social proof"). Frauen lesen die dynamischen Interaktionen, die in Gruppen stattfinden, ständig, und sie ziehen ihre Rückschlüsse.

Was erhöht Ihr soziales Prestige am meisten? Frauen

Ein guter sozialer Rang in Ihrer Gruppe ist also ein äußerst wichtiges Signal, das Sie aussenden. Aber fast unwiderstehlich wird das Signal, wenn es Frauen sind, die Sie umgeben. Nichts wertet Ihr Image so sehr auf wie Frauen. Wenn Sie ein wenig Meisterschaft erlangt haben, werden Sie merken, wie Sie Frauen spielerisch einsetzen können, um an andere, neue Frauen heranzukommen. Oliver Kuhn bringt es in „Der perfekte Verführer" mit dieser Geschichte auf den Punkt: Der amerikanische Flirtguru „Mystery" sieht an einer Bar eine echte Traumfrau stehen, die er gerne haben möchte. Sie ist umgeben von schicken Typen, die auf sie einreden. Er weiß, dass er bei einer einfachen Anmache höchstwahrscheinlich abblitzen würde. Was tut er? Er geht zunächst zu zwei anderen Frauen, die an der anderen Seite der Bar stehen und kommt mit ihnen ins Gespräch (das fällt ihm leicht, schließlich ist er ein Flirtguru). Nach einiger Zeit bringt er die beiden dazu, mit ihm quer durch den Raum zu gehen. Sie lachen, halten sich links und rechts an ihm fest, scherzen. Erst dann, als sie vor der Traumfrau angekommen sind und ihr Blick auf die Gruppe fällt, lässt er die beiden Mädels stehen und geht schnurstracks auf die Auserwählte zu …

Hier noch einmal die wichtigsten **Instrumente**, *die Sie in Phase 1 einsetzen oder optional einsetzen können: Alpha-Verhalten; schnelles Ansprechen; Humor; Wert demonstrieren; desinteressierte Körpersprache; kein deutliches Interesse zeigen; Umgehen des Schutzschilds durch Harmlosigkeit; Social Proof durch die Gruppe; „aufgeladene" Situationen nutzen.*

Zwischenphase: Smalltalk

Der Smalltalk, der sich ans erste Ansprechen anschließt, hat so etwas wie eine Pufferfunktion, ehe es auf der Rolltreppe der Mann-Frau-Interaktion weiter nach oben geht. Im Smalltalk sagt man zwischen den Zeilen nicht weiter als: „Schau her, ich bin friedlich. Wenn es zwischen uns weitergehen sollte, hast du nichts zu befürchten." Die Phase des Smalltalk ist nur ein paar Minuten oder ein paar Sätze lang. In manchen Situationen, nämlich da, wo das Kennenlernen von Menschen und soziale Interaktion sowieso im Zentrum stehen – etwa auf Partys oder in einer dicht gedrängten Bar –, kann man diese Stufe komplett auslassen und zur nächsten übergehen.
Ebenso überflüssig ist Smalltalk, wenn eine Frau auf einen Anmachspruch sehr selbstbewusst, neckisch und offensiv reagiert.
Dann steigt man gleich ein in die nächste Phase: Anziehung erzeugen im Gespräch.

5.2 Phase 2: Anziehung erzeugen

„Girls just wanna have fun." Der Satz stimmt. Frauen wollen sich **gut unterhalten**, sie wollen unterhalten werden, sie wollen einen geselligen Abend und Spaß, aber keinen Stress. Wenn Sie dieses so einfache Prinzip im Hinterkopf behalten, sind Sie schon ein Stück weiter. Frauen sehnen sich auch (je nach Temperament mehr oder weniger) nach Spannung und Abwechslung. Sie unterhalten sich gern mit jemandem, dessen Energieniveau einen Tick höher liegt als ihr eigenes. Sie sind doch nicht rausgegangen, um sich zu langweilen und Gespräche zu führen, bei denen ihnen die Füße einschlafen. Nein, sei wollen ein wenig spielen, die Grenzen ausloten, spüren, dass sie Frau sind. Sie wollen gekitzelt und geneckt werden. Denn einen ungefährlichen langweiligen Abend können sie auch zu Hause vor dem Fernseher erleben. Davon haben sie genug. So gesehen sind Frauen „auf der Piste" wie offene Türen, durch die man nur hindurchzugehen braucht.

Wichtiger, als was Sie sagen, ist wie Sie es sagen.

Na ja, ganz so einfach ist es nicht. Diese Türen sind für den ungeübten Spieler eher so etwas wie Fallen: Man wähnt sich in Sicherheit, will gerade hindurchgehen, da schießen plötzlich aus allen Seiten des Türrahmens tödliche Spieße hervor und machen einem den Garaus. Die Spieße ziehen sich zurück, das Opfer wird abtransportiert, der nächste Kandidat bitte. Aber so wie Indiana Jones weiß, wie man die Spieße

umgeht, weiß der gute Verführer, wie er elegant und gefahrlos eintreten kann.
Den Einstieg haben Sie schon geschafft, die Frau ist auf Sie aufmerksam geworden und bereit, ein wenig Zeit zu investieren. Im **Gespräch** kommt es nun darauf an, das bestehende Interesse langsam aber sicher überzuführen in **Anziehung**. Es ist also naheliegend, dass Sie als guter Verführer geübt und souverän in Gesprächssituationen sein sollten, um voranzukommen. Aber das ist nur ein Teil der Wahrheit. Viel wichtiger, als was Sie sagen, ist, wie Sie es sagen. Ihre Körperhaltung, Ihr Ausdruck, Ihre Stimme, Ihre Gelassenheit. Auch falls Ihnen mal nichts einfällt und Sie der Frau nur tief in Ihre schönen braunen (wahlweise: grünen, blauen) Augen sehen, kann das mehr sagen als tausend Worte. Überhaupt: Reden Sie nicht zu viel, bringen Sie die Frau lieber dazu, etwas zu erzählen, schenken Sie ihr Ihre Aufmerksamkeit. Und je mehr sie sich Ihnen öffnet und zuwendet, belohnen Sie sie dadurch, dass Sie Ihre Aufmerksamkeit vertiefen.

Beginnen Sie mit beiläufigen Berührungen so früh wie möglich.

Das Ziel des Gesprächs ist bei jedem guten Verführer die Herstellung einer **Vertrauensbasis** und damit verbunden zunehmender **Körperkontakt**. Grundsätzlich gilt: Beginnen Sie mit Berührungen so früh wie möglich. Wenn es geht, schon beiläufig beim ersten Kontakt oder beim Smalltalk. Je länger Sie damit warten, umso schwieriger wird es. Sie kennen sicher die Situation, dass Sie in einem Café einer Frau gegenübersitzen und das Gefühl haben, Sie müssten jetzt endlich mal ihre Hand nehmen – aber die kriegen Sie nicht zu fassen. Dann sind Sie viel zu spät dran! Die Frau lässt Sie gerade auf der Rasierklinge tanzen – und wahrscheinlich abstürzen.

Wenn Ihnen das alles unglaublich schwerfällt, dann machen Sie alltägliche Berührungen zur Selbstverständlichkeit: Umarmen Sie auch Ihre männlichen Freunde, legen Sie dem Obstverkäufer die Hand auf die Schulter, umarmen Sie weibliche Bekannte, die Ihnen nahestehen. Als überlegener Mann, und das sind Sie als guter Verführer, ist es für Sie nicht nur eine Selbstverständlichkeit, fremde Frauen anzusprechen, sondern sie auch – mit gebotener Sensibilität – anzufassen. Aber vermeiden Sie zu Beginn jede sexuelle Intention. Die meisten Flirts scheitern in dieser Phase, weil Männer zu schnell zu viel wollen und es nicht erwarten können, der Frau an den Busen oder sonst wohin zu fassen. Eine Frau, die sich derart bedrängt fühlt, wird sich zurückziehen, auch wenn sie den Kerl eigentlich ganz okay fand.

Die beiden grundlegenden Dimensionen sind Anziehung und Ablehnung.

Grundlagen des Gesprächs

Ein Gespräch, das weiß die Kommunikationswissenschaft, ist ein extrem komplizierter Rückkopplungsprozess, der sich in beliebig viele Richtungen entfalten kann. Die Gesprächs-

partner gehen dabei zum einen von impliziten Vorstellungen (Vorurteilen) dem anderen gegenüber aus, zum anderen tarieren sie diese Vorstellungen aufgrund der neuen, im Gespräch hinzugewonnenen Informationen ständig neu aus. Das Gespräch zwischen einer Frau und einem Mann kann sich in unendlich vielen Varianten entwickeln und in beliebige Richtungen gehen. Die beiden grundlegenden Dimensionen sind aber, wie auf einem Diagramm, das sich nach links und rechts entfaltet, **Ablehnung** und **Anziehung**.
Viele Männer sagen: „Das ergibt sich einfach, ob man zusammenkommt." Damit haben Sie zum Teil Recht, denn sich mit jemanden auf eine intensive Unterhaltung einzulassen, den man von Anfang an nicht riechen kann, macht keinen großen Spaß – und das merkt man. Mit Frauen, die Sie aus irgendeinem Grund sexuell so gar nicht ansprechen, reden Sie höflich und interessiert, aber das war's dann auch. Doch wenn Sie die Frau wirklich wollen, geben Sie ihr Zuckerbrot und Peitsche, je nachdem. Nur eine Frau, die Sie emotional berühren, wird auch ein Stück des Weges weiter mit Ihnen gehen.
Wenn ein guter Verführer eine Frau erkannt hat, die ihn wirklich anspricht, lässt er die Dinge nicht einfach so laufen. Er steuert das Gespräch, er setzt kleine Techniken und Routinen ein, die das Gespräch kontrolliert in genau eine Richtung steuern: **Anziehung**. Einige Hinweise:
Wer bestimmt die Richtung des Gesprächs? Sie. Übernehmen Sie von Anfang an die Führung im Gespräch,

erlauben Sie sich, das Thema zu wechseln, wann immer Sie wollen. Wenn die Frau Sie etwas fragt, geben Sie nicht umfassend Auskunft wie Mr. Brockhaus (dabei schlafen ihr die Füße ein), sondern seien Sie kurz, prägnant, und, insbesondere wenn die Frau Sie etwas Persönliches fragt: Bleiben Sie vage. Und statt sich ihre langweiligen Abhandlungen über japanische Zwergbäume oder die Zusammenfassung ihrer Diplomarbeit anzuhören, geben Sie lieber ein eigenes, interessanteres Thema vor.

Seien Sie nicht umfassend wie Mr. Brockhaus, sondern prägnant und witzig.

Welche Themen sollte man behandeln? Sie können über Gott und die Welt reden, wie man so schön sagt. Ganz egal. Aber reden Sie nie argumentierend oder problembeladen. Seien Sie stattdessen wertfrei beschreibend, und vor allem kreativ und assoziativ. Verbinden Sie Gesagtes mit neuen, überraschenden Gedanken zum Thema. Das ist auch ein wunderbares Mittel, um spielerisch ein neues Thema zu eröffnen, und von den lästigen Zwergbäumchen wegzukommen. Themen, die man meiden sollte: Politik, die Exbeziehung, Geldsorgen, Niederlagen aller Art. Das Ganze noch kombiniert mit Kritik an allem und jedem, Gejammere, Humorlosigkeit und schlechter Laune wird jede Frau zuverlässig in die Flucht schlagen.

Bestätigung. Falls die Zwergbäume es Ihnen aber auch angetan haben, geben Sie der Frau eine Bestätigung des Gesagten, loben Sie sie für ihre Umsicht und ganzheitliche Sicht der Dinge. Viel besser aber als Sachthemen zu bestätigen ist es, wenn Sie etwas Persönliches, das die Frau äußert, bekräftigen. „Manchmal fühle ich mich so verloren in dieser Stadt. Ich habe zwar eine Menge Bekannte und gehe aus, aber ab und zu überkommt mich so eine Stadtdepression, schlimm!" Bestätigen Sie: „Das Gefühl kenne ich zu gut. Ich bin auf dem Land aufgewachsen, mit Seen und Bergen vor der Haustür. Als Kinder sind wir kilometerweit durchs Gelände gestreift. Ja, ich vermisse das auch!"

Blickkontakt. Schauen Sie der Frau, wenn Sie mit ihr sprechen, gerade und sicher in die Augen. Schweifen Sie nicht mit dem Blick umher, schauen Sie nicht verlegen nach oben oder unten. Manche Menschen tun sich schwer damit, dem anderen unverwandt in die Augen zu sehen, wenn sie ihre Gedanken formen. Sie schauen irgendwo schräg oben neben dem Gesprächspartner ins Leere. Überprüfen Sie Ihr eigenes Verhalten und korrigieren Sie es. Je mehr sie sich Ihnen zuwendet, je tiefer und bedeutsamer das Gespräch wird, umso mehr vertiefen Sie den Blickkontakt. Wenn Sie sich erst mal Ihrer selbst bewusst sind, können Sie den Augenkontakt nutzen, um die Frau zu konditionieren: Wenn Sie über etwas Negatives sprechen, blicken Sie weg. Bei positiven Themen schauen Sie ihr tief in die Augen. Auf diese Weise wird „Wegschauen" nach und nach mit schlechten Gefühlen verbunden, die Zuwendung und das Ansehen aber mit guten.

Mit Blicken können Sie die Frau konditionieren.

Körpersprache. Zunächst einmal – stehen Sie mit beiden Füßen fest auf dem Boden, zappeln Sie nicht herum. Eine zentrierte ruhige Position, eine Haltung, die genauso unerschütterlich ist wie Ihr Ego, ist ein starkes Signal eines überlegenen Mannes. Wenden Sie sich einer Frau zu Beginn nicht vollständig zu, sondern öffnen Sie sich erst nach und nach, wenn sie sich als interessant herausstellt. Schauen Sie sich mal einen James Bond-Film an und beobachten Sie, wie Bond, die Verkörperung des Alpha, eine Frau neben sich an der Bar anspricht. Er dreht nur den Kopf in ihre Richtung und wirft ihr eine Bemerkung hin. Nie würde er sich einer Frau sofort ganz zuwenden. (Übrigens, auch falls Sie kein Fan der Filme sind: Von Bond und seiner Interaktion mit Frauen können Sie was lernen!)

Behalten Sie eine zentrierte, ruhige Position bei.

Nicht zu viel reden. Die Richtung des Gesprächs zu lenken bedeutet nicht, ohne Unterlass zu quasseln. Im Gegenteil. Geben Sie das Thema vor und lassen Sie dann die Frau darüber reden. Je emotionaler es wird, umso besser. Wichtiger, als dass Sie interessant sind, ist, dass Sie interessiert sind. Widmen Sie der Frau Aufmerksamkeit als Belohnung für ein freundliches Verhalten Ihnen gegenüber. Lernen Sie zuzuhören und behalten Sie die Denkstrukturen von Frauen im Hinterkopf: Wenn Sie Ihnen ein Problem, eine Sorge schildert, erwartet sie keine schnelle Problemlösung – sondern, dass Sie das Problem mit ihr teilen, ihre Gefühle bestätigen und ein Stück weit mit ihr leiden. Ehe Sie sie mit einem neuen Thema ablenken.

Sie muss sich wohlfühlen. Eine Frau will eine gute Gesprächsatmosphäre, sie will Lachen und Bestätigung. Sie möchte sich selbst in ein gutes Licht rücken und dabei angenommen und verstanden werden. Wenn wir die Frau **positiv spiegeln**, wenn wir ihr gute Gefühle verschaffen, ist das die Basis, um weiterzugehen. Frauen können durch ein angenehmes positiv-rückkoppelndes Gespräch in einen Glückszustand versetzt werden. Ein Zustand, den sie behalten und fortsetzen wollen, mit Ihnen! Im Kopf werden dabei die Glückshormone und Botenstoffe der sexuellen Anziehung ausgeschüttet, die so wichtig für den weiteren Verlauf der Dinge sind. Wohlfühlen, vertrauen, annehmen und angenommen werden – wenn Sie so weit sind, ist das schon fast die halbe Miete. Das jedoch erreichen Sie am zuverlässigsten nicht durch langweilig und brav sein, sondern auch durch kleine emotionale Wechselbäder, durch die Sie sie schicken (dazu gleich mehr). Und ebenso wichtig: Seien Sie humorvoll. Nehmen Sie weder die Frau noch sich selbst allzu ernst. Seien Sie kein bierernster Langweiler, der mit düsterer Mine über die amerikanische Außenpolitik referiert, sondern zeigen Sie Witz und Humor. Lachen Sie!

Necken und anfassen

Ein Schlüssel zur Eroberung einer Frau ist ein Verhalten, das der amerikanische Verführungsguru David deAngelo cocky & funny genannt hat, frei übersetzt „selbstbewusst und neckisch“. Wir können dieses Verhalten auf jedem Schulhof beobachten: Die Jungs versuchen, die Aufmerksamkeit ihrer Auserwählten zu bekommen, indem sie sie triezen und necken. Sie sagen etwas, das das Mädchen auf die Palme bringt, sie ziehen sie ins Lächerliche, ärgern sie mit derben Sprüchen oder betatschen sie.

Cocky & funny ist ein bewährtes Rezept zur Eroberung.

Nach dem gleichen Muster, aber natürlich in abgeschwächter und zivilisierter Form, funktioniert das ein Leben lang, auch wenn es uns vielleicht nicht bewusst ist. Ziel des Spiels ist auch hier: Man kommt sich näher, vor allem körperlich. Die Frau wird den Mann vielleicht scherzhaft in den Arm boxen, weil sie über irgendetwas pikiert ist, das er sagt. Er wird ihr lachend den Arm um die Schulter legen – und zum nächsten Thema wechseln. Wenn Sie die Strategie von cocky & funny verinnerlicht haben, wird es Ihnen tausendmal leichter fallen, einer Frau näherzukommen.

Bitte nicht nachmachen: Ein Negativbeispiel

Ein Mann lernt auf einer Party eine Frau kennen, die ihm sehr gefällt, der er gerne näherkommen würde. Sie ist nicht abgeneigt – und die beiden setzen sich in einem ruhigeren Nebenraum auf ein Sofa und reden miteinander. Er findet die Frau so toll, so hinreißend, dass er ihr alles von sich aufrichtig erzählen will. So redet er also über sich, über seine Vergangenheit, was er bisher so gemacht hat, vielleicht sogar über seine Exbeziehungen. Kurz: Er schüttet sein ganz Leben vor ihr aus. Schon nach kurzer Zeit merkt er aber, dass die Frau anfängt zu gähnen und ihr Interesse stark nachlässt. Wo liegt das Problem? Ganz einfach: Er war das Gegenteil von cocky & funny, er war bierernst und langweilig. Er hat sich in doppelter und dreifacher Hinsicht disqualifiziert:
Er hat die Frau nicht unterhalten, er hat keine Spannung erzeugt, er hat sogar noch von seinen Niederlagen in der Vergangenheit berichtet! Schlechter kann man es kaum noch machen. Für die Frau eignet er sich jetzt allenfalls noch als Statist, während sie sich nach einem echten Kerl umsieht.

Cocky & funny heißt zum Beispiel: nicht immer auf eine Frage der Frau antworten – oder jedenfalls nicht so, wie sie es erwartet. Sie mit zweideutigen Komplimenten necken. Nicht alles von sich erzählen. Lieber eine gute Fantasiegeschichte als eine triste Wahrheit. Übertreiben Sie, aber relativieren Sie gleich wieder. Das hat nichts mit Protzen zu tun. Sie tun nichts weiter, als die Intelligenz der Frau ein wenig auf die Probe zu stellen. Nehmen Sie sie auf den Arm, erzählen Sie eine dreiste Lügengeschichte – lösen Sie aber hinterher auf, dass es ein Scherz war. Nehmen Sie die Frau nicht so ganz ernst – oder geben Sie ihr jedenfalls dieses Gefühl. Seien Sie scherzhaft und humorvoll. Lachen Sie über die Frau und über sich selbst. Altmeister Jerry Lewis sagte: „Die meisten Frauen lachen gern, bevor sie anfangen zu küssen."

Und genau darauf läuft es hinaus. Wenn sie eine Frau spielerisch und neckisch behandeln, geschehen Berührungen ganz automatisch. Sie stößt Sie im Scherz weg, knufft Sie in den Arm oder zwickt. Und Sie haben die Gelegenheit, sie zu besänftigen, indem Sie ihr die Hand auf den Oberarm oder auf die Schulter legen. Wenn Sie schon etwas weiter sind, streichen Sie ihr über das Haar …

Paradox: Neckisches Verhalten schafft Vertrauen.

Cocky & funny ist – bei psychisch intakten Frauen – der Königsweg, um auf der schleichenden Mann-Frau-Eskalation voranzukommen. Zum einen zeigen Sie, dass Sie humorvoll sind und eine eigene Meinung haben, weil Sie nicht bierernst der Frau nach dem Mund reden, sondern sie auch mal veralbern oder auflaufen lassen. Sie nehmen sie nicht so besonders ernst und demonstrieren dadurch Unabhängigkeit und Alpha-Verhalten. Zum anderen: Nur Menschen, die einem nahestehen, dürfen uns normalerweise so triezen, Geschwister oder gute Freunde. Wenn Sie eine Frau cocky & funny behandeln, und sie spielt das Spiel mit, müssen Sie ihr zwangsläufig nahestehen. Und einem Menschen, der einem nahesteht, öffnet man sich. Man fühlt sich berührt, man zeigt Gefühle.

Je weiter Sie im Gespräch fortschreiten, umso wichtiger werden Emotionen. Ein reines cocky & funny-Verhalten, das in nichts mündet, verpufft. Die Anziehung in der ersten Gesprächsphase erreichen Sie durch ein Wechselbad von neckischem, dreistem und offenem, emotionalem Verhalten. Die Emotionen fangen die Frau da auf, wo sie durch cocky & funny verunsichert oder strapaziert wurde. Als Meister der Verführung lassen Sie die Frau also nach einer Weile in den geschützten Hafen der Emotionen einlaufen. Sie wird plötzlich spüren, dass Sie alles andere als oberflächlich und nur witzig sind. Sie wird Geborgenheit spüren.

Die wichtigsten **Instrumente** *in Phase 2 sind: Necken; cocky & funny-Verhalten; Körpersprache; Blickkontakt; Bestätigung; nicht-sexuell gerichtete Berührungen; interessante und spannende Gesprächsthemen und Humor.*

5.3 Phase 3: Emotionen auslösen

Es gibt einen netten deutschen Film, ich habe den Titel vergessen, in dem ein südamerikanischer Tanzlehrer reihenweise die Mütter seiner jungen Tanzschülerinnen (und selbige ebenfalls) verführt. Nachdem er sie angesprochen und ein wenig gescherzt und geneckt hat (Phase 1 und 2) kommt er, meist bei einem ungestörten Spaziergang, zielstrebig zu Phase 3: Er zieht ein dünnes Buch hervor, und erzählt eine anrührende Geschichte, wie ihm sein Vater in seinem Heimatland zum Abschied dieses Buch gegeben hätte. Darin steht, wie er sich im Leben verhalten solle und wie er es in dem fremden Land zu etwas bringe. „Es ist alles, was mir von meinem Vater geblieben ist. Jeden Tag lese ich darin und bin dankbar. Aber jetzt brauche ich es nicht mehr, ich möchte es dir schenken. Nimm!"

Klingelt es bei Ihnen? Ja, genau, der Tanzlehrer, nennen wir ihn Pablo, drückt hier ganz gezielt und unverfroren den Emotionsknopf. Die Frauen lauschen seiner Geschichte, sind gerührt, schauen ihn mit großen Augen an, beben innerlich, als er ihnen das Buch sogar schenkt. Und ein paar Stunden später liegen sie in seinem Bett. Zufall? Nein. Erst bei einem Tanzabend einige Zeit danach stellt sich heraus, dass jede zweite Frau im Raum dieses Buch inzwischen zu Hause im Regal stehen hat. Massenware.

Emotionen sind ein mächtiger Auslöser für sexuelles Begehren.

Ein gemeiner, billiger Trick? Ja, aber die Geschichte bringt auf den Punkt, mit welchem Mittel es in Phase 3 zielgerichtet und fast mit Erfolgsgarantie weitergeht: **Emotionen**.

Stellen Sie eine **emotionale Verbindung** zwischen sich und der Frau her, indem Sie etwas von sich preisgeben. Tauchen Sie – vielleicht ganz überraschend – in die Tiefe

Ihres Wesens ein. Zeigen Sie der Frau, dass hinter dem unterhaltsamen und schlagfertigen Typen, den sie eben kennengelernt hat, eine tiefe, tiefe Seele steckt. Ein Mann, der nicht nur oberflächlich erheiternd ist, sondern den man für seine Wahrhaftigkeit lieben muss. Im Gegensatz zu dem Schlingel von Tanzlehrer können Sie ja wirklich wahrhaftig sein. Der Wirkmechanismus ist der gleiche.

Das Herstellen dieser emotionalen Verbindung nennen Fachleute **Rapport** – und es ist der Gegenpol zum cocky & funny-Verhalten. Man könnte auch sagen, es ist die Belohnung dafür, dass die Frau bisher unser lustiges Spiel so begeistert mitgespielt hat. Verwenden Sie dieses Mittel gezielt und überlegt. Nicht alle Frauen reagieren positiv darauf, besonders solche, die nicht ganz mit sich selbst im Reinen sind. Bei starken, selbstbewussten Frauen ist das Herstellen einer emotionalen Verbindung aber ein notwendiger (und schöner) Schritt auf der Stufe des Kennenlernens.

Eine Frau will Ihre Wahrhaftigkeit spüren.

Ein Beispiel: Sie haben die Frau eben in einer Bar kennengelernt und treten zusammen auf die Straße. Sie blicken nach oben und sagen: „Was für eine klare Nacht heute. Sieh mal die vielen Sterne. Ich war mal auf einer Insel, da konnte man das Band der Milchstraße wie eine magische Deckenbeleuchtung über sich sehen. Milliarden von Sternen. Das relativiert einen, da merkt man, dass man gar nicht so wichtig ist. Kennst du auch solche magischen Momente?“

Oder: Bernd sitzt jetzt mit der Frau, die er im Park entdeckt hatte, auf der Parkbank. Mit etwas Smalltalk und Necken hat er sie für sich interessiert. Dann schaut er versonnen nach oben und sagt: „Diese Bäume erinnern mich an die Spaziergänge mit meiner ersten Freundin. Wir waren noch Kinder, aber es war eine große Liebe. Ich glaube, wir wären heute noch zusammen, wenn nicht …“ Sie: „Wenn nicht was?“ „Sie ging mit ihren Eltern nach Kanada, als sie 16 war. Ich hab nie wieder was von ihr gehört … Hast du auch schon mal so was erlebt?“
Berühren Sie die Emotionen der Frau. Und dann lassen Sie sie reden und ihre Gefühle mit Ihnen teilen. Hören Sie aufmerksam zu und seien Sie ganz da.

Synchronisierung

Wenn die Kommunikation stimmt, wird sich wie von selbst eine Synchronität Ihrer beider Bewegungen einstellen. Sie sitzen einander zugewandt, Sie greifen sich ans Kinn, sie wird es auch tun. Sie lehnen sich zurück, sie wird es ebenfalls tun. Sie greifen zum Glas, sie folgt unmittelbar. Bas Kast: „Das Körperecho wiederholt sich, wobei die Phasen, in denen die zwei auf einer Wellenlänge schwingen, immer länger werden … Der Höhepunkt des Werbetanzes ist dann erreicht, wenn die Körper in einen vollkommenen Gleichtakt geraten, als wollten sie sagen: Ich empfinde ähnlich.“ Beobachten Sie einmal Paare in einer Bar: An der gegenseitigen Spiegelung der Körpersprache

lässt sich leicht ablesen, wie weit die beiden in ihrer Annäherung bereits sind.
Je mehr wir uns auf einen Gesprächspartner emotional einlassen, je aufrichtiger und wahrhaftiger er uns erscheint, umso stärker spiegeln wir ihn. Ein gelungener Flirt ist zwangsläufig durch eine hohe körperliche und emotionale Synchronizität der Partner geprägt. Unbewusst. Als erfahrener Verführer können Sie das Mittel aber auch gezielt einsetzen: Folgen Sie zuerst den Bewegungen der Frau. Nach einiger Zeit übernehmen Sie dann die Führung. Sie wird Ihnen unbewusst folgen.

Die Bewegungen synchronisieren sich.

Wenn Sie gut darin sind, werden Sie es nach einiger Zeit schaffen, die Frau in eine Stimmung zu versetzen, in der sie sich besser fühlt als je zuvor im Leben – etwas überspitzt ausgedrückt. Aber genau diese Stimmung ist es, die dazu führen wird, dass die Frau sich nichts sehnlicher wünscht, als mit Ihnen zusammen zu sein, so innig es geht. Sie ist (bald) bereit für Sex. Übrigens: Das ist jetzt genau der richtige Moment, um ihr zu sagen, dass Sie sie mögen.

Den Kick im Kopf erzeugen

Ein Gespräch mit einer Frau wird wirklich gut, wenn sie sich in unseren Worten baden und spiegeln kann. Wenn in ihrem Gehirn Wohlfühlstoffe ausgeschüttet werden, sie ein Kribbeln in der Schläfengegend fühlt und ihr leise Schauer über den Rücken laufen ... Dazu ist es nötig, ihre

Seele ein wenig anzukratzen, ihre verborgenen Wünsche zu enttarnen und ihnen Nahrung zu geben. Jede Frau hat verborgene Wünsche, vielleicht auch nur unterbewusst, aber sie sind da. Führen Sie sie in Versuchung. Führen Sie sie sanft und fast unbemerkt auf die Spur ihrer Wünsche. Dazu sind Fragen gut wie: „Was würdest du in deinem Leben auf jeden Fall noch gerne machen?“, „Was war das Schönste, was du bisher erlebt hast?“, „Was bedeutet Glück für dich?“, „Was ist das traurigste Erlebnis deines Lebens?“
Wenn Sie einige der verborgenen Wünsche der Frau enttarnt haben, kommt es darauf an, ihr zu signalisieren, dass Sie ähnlich ticken, dass Sie sich nach dem Gleichen sehnen. Und Sie brauchen dabei nicht mal zu lügen, denn die innersten Wünsche der meisten Menschen sind sich sehr ähnlich: Unabhängigkeit, ein erfülltes Leben, eine angenehme Umgebung, Austausch mit Freunden, Kreativität und die Möglichkeit, anderen zu helfen, wenn man es selbst geschafft hat.

Führen Sie sie unbemerkt auf die Spur ihrer heimlichen Wünsche.

Und auch die sexuellen Wünsche der meisten Frauen gehen in eine ähnliche Richtung: mehr Abwechslung, mehr Spannung, mehr und bessere Orgasmen. Irgendwo in dieser Matrix der Möglichkeiten werden Sie Ihre neue Bekanntschaft bald einordnen können. Dann ist es an Ihnen, durch Ihre Reaktion und Ihre eigenen Geschichten zu vermitteln (nicht direkt zu sagen), dass Sie genau der Mann sind, der ihre Wünsche, welche auch immer, erfüllen könnte.

Sie sehen, das Gespräch ist jetzt an der richtigen Stelle, um in die Tiefe zu gehen. Damit die Frau sich Ihnen öffnet, müssen auch Sie offen sein. Erzählen Sie etwas sehr Privates, etwas Anrührendes aus Ihrer Vergangenheit. Aber stellen Sie sich nicht in den Mittelpunkt. Das ist nur der Teaser, ein Reiz, den Sie der Frau liefern, um ihre eigenen Emotionen zu offenbaren. Frauen lieben das.
Aber Vorsicht: Übertreiben Sie das Spiel mit den Emotionen nicht. Dienen Sie sich nicht als „beste Freundin" an, der man alles erzählen kann. Sonst disqualifizieren Sie sich. Würzen Sie das Gespräch mit Neckereien, Dominanzgesten und Ironie. Zeigen Sie sich männlich, aber mit einer tiefen Seele (oder wahlweise auch mit einer geheimnisvollen oder vielschichtigen). Heben Sie durch Ihre Emotionalität das Selbstwertgefühl der Frau und wecken Sie ihre Lust.

Mischen Sie Emotionalität mit Neckereien und Dominanzgesten.

Sexuelle Spannung

In dieser Phase ist es auch angebracht, das Sexkino im Kopf der Frau allmählich zu aktivieren. Das machen Sie am einfachsten, indem Sie über Sex reden. Viele Frauen tun das gerne und problemlos, selbst mit Männern, die sie gar nicht oder noch kaum kennen. Wichtig ist nur, erst einmal vage zu bleiben. Doppeldeutige Aussagen, bei denen die Frau nicht genau weiß, ob sie sie auf sich beziehen soll, sind in dieser Phase des Gesprächs die deutlich bessere

Strategie. „Aber ich kann doch nicht unvermittelt anfangen, von Sex zu quatschen, oder?“ Nein, aber Sie können eine Brücke schlagen. Wir sprechen über alles mögliche, aber Sex ist nicht tabu, es ist ein Thema von vielen. Es ist erlaubt, es anzusprechen.

Sex ist eines von vielen möglichen Themen im Gespräch.

Ich will Ihnen ein klassisches Beispiel für eine kunstvolle Brücke im Gespräch zeigen, die geradezu dreist ist und damals auch durchaus nicht tabufrei war. Dennoch hat Giacomo Casanova, der Urvater aller Pickup Artists, diese Brücke geschlagen: Mit Hedwig, einer 22-jährigen Theologiestudentin, entwickelt sich die Streitfrage, zu welchen Teilen Jesus Christus ein Mensch und wie viel Gott in ihm war, und ob er fähig gewesen wäre, ein Kind zu zeugen. Ein anwesender, erfahrener Theologe mischt sich ein und behauptet, Jesus hätte keine Kinder zeugen können. Als Casanova mit Hedwig allein ist, greift er das Thema wieder auf: „Nun gut, reizende Hedwig, Ihr Theologe wollte Ihnen sagen, dass Jesus Christus einer Erektion nicht fähig war. Was ist denn das? Geben Sie mir Ihre Hand. Jetzt fühle ich es, und so dachte ich es mir auch … Und der dumme Theologe behauptete, das sei eine Unvollkommenheit.“ (zitiert nach Wolfgang Hantel-Quitmann, siehe Literaturverzeichnis).

Okay, jetzt sind wir ein wenig übers Ziel hinausgeschossen, denn um eindeutig sexuelle Handlungen geht es hier noch nicht. Aber das Beispiel ist einfach zu schön, um es nicht zu erzählen. Es zeigt ganz einfach, dass es immer eine Brücke gibt, über die man gehen kann. Und stellen Sie sich die Erregung der jungen Hedwig vor, die, gerade noch mit theoretischen Überlegungen beschäftigt, plötzlich mit der harten Realität konfrontiert wird. Wenn Casanova das vor 250 Jahren konnte, können Sie das heute erst recht. Das Übertragen dieses Spiels in die freizügige und enttabuisierte Jetztwelt ist kein Kunststück.

Als überlegener Mann dürfen Sie mit jedem über alles sprechen.

Bringen Sie das Gespräch auf Gefühle. Erotik, Sex. Als überlegener Mann dürfen Sie über alles sprechen, und Sie dürfen mit jedem sprechen. Wenn Sie sich auch beruflich mit diesem Thema beschäftigen – wie ich das tue –, ist es natürlich doppelt einfach. Wenn ich auf meiner Website einen neuen Artikel mit dem Titel „Wie Sie jede Frau zum Multiorgasmus führen" gepostet habe, werde ich das nach einer Weile nicht mehr verschweigen. Aber es reicht auch, wenn Sie kürzlich so etwas in der Art gelesen haben und davon erzählen. Wenn Sie bisher die Frau in die richtige Stimmung gebracht haben, wird Sie wahrscheinlich ziemlich auf das Thema anspringen. Bei allem, was Sie in dieser Phase erzählen, bleiben Sie noch vage: Deuten Sie zwar an, dass Sie sich vorstellen könnten, so einiges Schönes mit ihr zu machen, es aber eigentlich nicht wirklich vorhaben. Sie muss erst noch etwas mehr in Sie investieren: Zeit, Gefühle, Aufmerksamkeit. Sie muss Sie sich erst verdienen.

Push & pull

„Push & pull" (etwa: „wegstoßen und ranziehen") ist so etwas wie die Fortsetzung von cocky & funny auf emotionaler Ebene – und das heißt: Jetzt kann es richtig weh tun. Darum sollten Sie dieses Mittel auch sehr gezielt und überlegt einsetzen. Nicht alle Frauen kommen damit klar, nicht alle springen darauf an, aber gerade die besten Frauen von allen sind manchmal richtig süchtig danach. Sie können die Dominanz und Stärke des Mannes, die er ihnen vermittelt, genießen, weil sie nämlich selbst stark sind. Sie schätzen einen ebenbürtigen Partner, der machtvoll genug ist, sie in ein Wechselbad der Gefühle zu stürzen. Sie lieben Sie dafür, dass Sie sie führen.

Lodovico Satana, ein Meister des push & pull, vergleicht es mit dem Vor und Zurück beim Geschlechtsverkehr, nur geht es hier um die Seele, nicht um den Körper. Satana: „Du kannst ihr beispielsweise ein Kompliment machen (du schnupperst an ihrem Hals und sagst: ‚Du riechst gut …') und ihr gleich darauf einen Dämpfer verpassen (‚Aber deinen Mantel hast du mit Papis Socken gewaschen, oder?'). Du kannst sie disqualifizieren (‚Du meine Güte, war das mal ein Kleid?') und kurz darauf loben (‚Ich mag, wie du tanzt. Du hast viel Energie.'). Du kannst sie spielerisch wegschubsen und sie unmittelbar darauf durchs Haus jagen wie der Satyr die Nymphe."

Push & pull schickt die Frau durch ein Wechselbad der Gefühle.

Push & pull sendet zwei sich widersprechende Botschaften in kurzer Abfolge: „Du bist wertvoll genug für mich!" und „Du bist unqualifiziert, du genügst mir nicht!" Frauen tun das übrigens sehr oft, um Männer aus der Reserve zu locken und zu testen. Sie kennen das Spiel, und es bringt sie deshalb nicht um, wenn man es auch mal mit ihnen spielt. Im Gegenteil: Die meisten werden froh über eine kleine Herausforderung sein.

Verfeinerte Psychotechniken

Der amerikanische Autor Ross Jeffries (siehe Literaturverzeichnis) war einer der ersten, der die Theorie des Neurolinguistischen Programmierens (kurz: NLP), das Einüben von Kommunikationsmustern, auf die Interaktion von Mann und Frau in einer Verführsituation übertragen hat. Im Grunde sind viele der zuvor schon beschriebenen Techniken ohnehin auch NLP-Methoden. Sie brauchen sich damit also eigentlich nicht groß zu beschäftigen. Vielleicht aber hilft Ihnen ein vertieftes Verständnis als Rahmen für Ihre eigenen Verführszenarien. Die Grundüberlegung von NLP ist, dass jeder Mensch bestimmten Grundmustern folgt, die sein Verhalten ganz entscheidend bestimmen. Diese Muster beruhen auf Prägungen, die wir im Laufe des Lebens bekommen haben, von Eltern, Lehrern, Exbeziehungen, allen Menschen, die uns nahestanden und auf uns einwirkten.

Unsere **Programme** drängen uns dazu, genau so und nicht anders zu handeln. Auch Ihre Gesprächspartnerin

folgt solchen Programmen. Wenn Sie die Muster lesen und interpretieren können, wird es Ihnen gelingen, die Frau unbewusst zu steuern. Nicht viel anders habe ich das bereits zuvor – etwas lebensnaher – ausgeführt.
NLP ermöglicht es Ihnen aber nicht nur, Ihr Gegenüber zu leiten, sondern auch mit neuen, für Sie vorteilhaften Mustern zu programmieren. Dazu aber brauchen Sie einige Übung und Kenntnisse in der Technik und einiges an vorgestanztem Material, das Sie ins Gespräch einfließen lassen. Wegen Ihrer suggestiven Qualität nennt man diese Standards auch Hypnosemuster. Ein sehr schönes, das „Achterbahnmuster", schildert Oliver Kuhn. Mann: „Neulich habe ich eine interessante Dokumentation gesehen. Da wurden Leute interviewt, die ihr Geld damit verdienen, sich Attraktionen für Vergnügungsparks wie Disneyland auszudenken. Ist das nicht ein cooler Job?" Frau: „Ja, hört sich interessant an." Er: „Also, jedenfalls haben sie darüber geredet, was eine ideale Attraktion ausmacht," Mann deutet auf sich selbst und erzählt weiter, „und wenn du die Spitze der Bahn erreichst und ausgeklinkt wirst, lässt du los und gibst dich diesem Gefühl der Aufregung hin, und manchmal ist es so gut, dass du dabei schreist. Weißt du, nach der Dokumentation habe ich mir gedacht: Passt das nicht als Beschreibung der idealen Verbindung zu einer anderen Person?", auf sich selbst zeigend. „Du weißt schon, wenn es einfach klick

NLP-Muster transportieren große suggestive Kraft.

macht, und du fühlst dich total zu dieser Person hingezogen“, wieder auf sich zeigend. Und so weiter …
Der Verführer schlägt die Brücke von der Attraktion und Spannung des Achterbahnfahrens zu sich selbst. Unbewusst suggeriert er der Frau durch das Zeigen auf sich selbst, dass er selbst diese **Attraktion** und die **ideale Verbindung** ist. Sie meinen, die Frau wird das im Gespräch bemerken? Nein, normalerweise wird sie es nicht bemerken. Und falls doch, dann haben Sie schon ein nächstes Gesprächsthema: Verführung mit ganz schön fiesen Suggestivmethoden.

Ortswechsel

Je mehr Neues und Unterschiedliches Sie in der gemeinsam verbrachten Zeit erleben, umso länger wird sie Ihnen erscheinen. Umso eher wird auch die Frau das Gefühl haben, sie kenne Sie schon seit einer Ewigkeit und sei schon sehr vertraut mit Ihnen. Deshalb ist der Ortswechsel in Phase 3 immer eine gute Sache, um zielsicher und zügig voranzukommen. Wenn Sie die Frau in einem Club kennengelernt haben, schlagen Sie noch eine andere Bar in der Nähe vor. Falls Sie um 23 Uhr Hunger verspüren, machen Sie den Vorschlag, noch im Bistro gegenüber was zu essen. Falls Sie die Frau in einem Kaufhaus kennengelernt haben, bleiben Sie nicht da stehen, sondern zeigen Sie ihr die kleine interessante Fotogalerie gleich hier um die Ecke. Es

Je mehr Sie erleben, umso länger erscheint die gemeinsam verbrachte Zeit.

müssen keine gewaltigen Ortswechsel sein, aber sorgen Sie für Abwechslung. Falls sie den nächsten Ortswechsel nicht mitmachen kann oder will, oder Sie selbst weg müssen (Hunger, Termine, ein anderes Date etc.), landen Sie bei Phase 4. Bleiben Sie noch eine Weile, steigern Sie die Spannung noch etwas, und nehmen Sie dann eine Zeitbrücke in Kauf.

Und dies sind nun, zusammengefasst, die ***Instrumente****, die Ihnen in Phase 3 zur Verfügung stehen: Emotionen wecken; Belohnung durch Emotionen; Spiegelung; mit verborgenen Wünschen arbeiten; push & pull; NLP-Techniken; Suggestivmethoden; Ortswechsel.*

Wenn Phase 3 auf ihren Höhepunkt zusteuert, ist es nicht mehr weit ins Bett. Leider aber sind die Rahmenbedingungen nicht immer so, dass Sie hier nahtlos weitermachen können. Andere Termine drängen, man hat vielleicht noch etwas Wichtiges zu erledigen, vielleicht ziehen die Freundinnen Ihrer neuen Flamme diese nun weg, oder auch sie selbst hat das Gefühl, das geht jetzt etwas zu schnell. Darum geht es jetzt entweder weiter mit dem sogenannten Close, also dem positiven Abschließen der Begegnung mit einer Wiederverabredung (Phase 4), oder aber – wenn weder Zeit, Termine noch andere Störfaktoren entgegenwirken – direkt mit Phase 5: Intimitäten, Vorspiel, Sex. Phase 4 beinhaltet eine Zeitbrücke, der Schritt zu Phase 5 ist dagegen mit einem Ortswechsel verbunden (von denen es auch schon vorher in Phase 3 welche geben kann und sollte).

5.4 Phase 4: Abschließen & Wiederverabreden

Grundsätzlich ist der direkte Übergang zu Phase 5 die bessere Wahl, denn eine Zeitbrücke bedeutet, dass die Rolltreppe der Interaktion, auf der Sie zusammen mit der Frau bisher so schön nach oben gefahren sind, ihre Fahrtrichtung ändert und Sie langsam aber sicher wieder nach unten befördert. Bei einem nächsten Treffen müssen Sie also in der Regel wieder ein Stück weiter unten anknüpfen und Terrain, das Sie eigentlich schon hatten, neu erobern. Das kostet Zeit und Mühe. Gehen Sie also den Weg der Eskalation der Emotionen und Berührungen, wenn immer es geht, schnurstracks weiter zu Phase 5.

In den Fällen, in denen das aber nun einfach nicht geht, sollten Sie einige Regeln für den Abschluss und das Wiederverabreden beachten.

Resultat. Ihre Begegnung mit der Frau endet mit einem greifbaren Resultat. Das kann in Ausnahmefällen die gezeichnete Wegbeschreibung zu ihrer Wohnung sein (wie ich es einmal erlebt habe) oder eine feste Wiederverabredung an einem bestimmten Treffpunkt (plus Telefonnummer, bitte!). Oft wird sie Ihnen aber erstmal nur die Nummer geben. Lassen Sie sie die Nummer in Ihr Handy eintippen, oder tippen Sie sie selbst ein und rufen Sie die Nummer kurz an. Zum einen können Sie ihr so Ihre eigene Nummer übermitteln, zum anderen

Ihr erstes Treffen mit der Frau endet mit einem greifbaren Resultat.

kann man so ganz einfach testen, ob die Telefonnummer stimmt. Vergessen Sie dabei nicht: Ziel des Spiels ist es nicht, die Telefonnummer der Frau zu bekommen, sondern Sex mit ihr zu haben. Verknüpfen Sie deshalb den Abschluss wenn immer es geht mit einem konkreten Plan für ein Wiedersehen. Die Telefonnummer dient dann nur zur Rückbestätigung und Feinabstimmung. Machen Sie es sich nicht zur Gewohnheit, nur eine Nummer „abzugreifen" und zu verschwinden. Nummern, die ohne die nötige Vertrauensbasis herausgegeben werden, sind nicht sehr viel wert.

Vergessen Sie neben diesen „geschäftsmäßigen" Basics das Wichtigste nicht: Die Begegnung muss **emotional positiv** enden, am besten natürlich mit einem Kuss. Ein Kuss kann eine Million Varianten haben, und an der Qualität des Abschiedskusses können Sie sehr gut ablesen, wie viel oder wenig Strecke des Weges Sie noch vor sich haben. Doch auch falls es nur ein Kuss auf die Wange ist, heißt das nicht, dass nichts daraus wird. Sie sind einfach noch nicht weit genug und müssen dann beim nächsten Treffen die Phase 3 nochmal ganz von Anfang an starten.

Das Wichtigste: Die Begegnung muss emotional positiv enden.

Timing. Beenden Sie das Treffen dann, wenn die emotionale Spannung und das energetische Level zwischen Ihnen und der Frau am höchsten ist – selbst wenn Sie noch ein wenig Zeit haben. Wenn es am schönsten ist, sollte man gehen!

SMS-Nachspiel. Ein Mittel, das sich bei mir sehr bewährt hat: Schicken Sie der Frau kurz nach dem Treffen noch eine neckische – oder auch anmachende oder intime (je nach dem Stand Ihrer Beziehung) – Botschaft per SMS. Wenn Sie antwortet, bitte keine weitere SMS hinterher, das war‘s erstmal.

Manche Frauen törnt eine versexte SMS richtig an.

Anruf. Rechnen Sie nicht mit ihrem Anruf, das kommt äußerst selten vor. Sie sind wieder an der Reihe. Ein wenig Zeit sollten Sie schon vergehen lassen, ein voller Tag ist das Minimum. Aber **wann** Sie anrufen, ist eigentlich nicht so entscheidend, sondern **wie**. Für das Telefonat gelten die gleichen Regeln wie für die persönliche Interaktion: Seien Sie überlegen, humorvoll, necken Sie sie. Veralbern Sie sie, seien Sie cocky & funny. Leiten Sie das Gespräch nicht umständlich ein („Kannst Du dich erinnern …“), sondern machen Sie unvermittelt da weiter, wo Sie zuvor aufgehört hatten. Reden Sie so selbstverständlich mit ihr, als wäre das Ihr tausendster Anruf, nicht Ihr erster.

Seien Sie auch auf **Tests** gefasst. Frauen lassen kaum eine Gelegenheit ungenutzt, um Sie zu testen, und dieser Anruf ist eine gute. Ein Beispiel:

Tom und Sarah haben sich gerade erst kennengelernt, zufällig beim Joggen im Park. Zwei Tage später ruft er sie zum ersten Mal an. Das Telefonat verläuft neckisch und humorvoll. Tom ist auf einem guten Weg, er überlegt sich, dass es schön wäre, sie wiederzusehen. Er sagt: „Samstagnachmittag gehe ich ins Kunstmuseum, da ist eine neue Ausstellung von Soundso. Das interessiert mich. Bist du dabei?" Darauf sie: „Fällt dir nichts Langweiligeres für einen sonnigen Samstagnachmittag ein?"

Das ist der Test, den Tom jetzt eigentlich gar nicht mehr erwartet hatte, der aber unweigerlich kommen musste. Er kann jetzt einiges falsch machen.

- Er könnte sagen: „Du hast ja so Recht. Lass uns lieber einen Spaziergang im Park machen." Falsch. Er hat sich von der kleinen Finte der Frau einschüchtern lassen und gibt klein bei.
- Auch schlimm: Er könnte anfangen, mit der Frau zu streiten. „Hör mal, ich versteh dich wirklich nicht. Dieser Maler Soundso ist ein Genie. Man muss das einfach gesehen haben." Mag ja sein – aber eine Beziehung zu Sarah kann er jetzt in den Wind schreiben.
- Oder aber er kontert Sarahs Einwand sportlich, genau das will sie, genau deshalb hat sie ihn gepiesackt: „Hey, ich dachte, ich biete dir mal ein Kontrastprogramm zum Joggen. Aber macht nichts. Ich hol dich dann anschließend mit meiner Harley ab und wir fahren um den See." Sie wird lachen. Das Ganze wird natürlich doppelt gut, wenn Tom tatsächlich eine Harley (und sie keine Motorradphobie) hat, aber das muss überhaupt nicht sein. Ein Fahrrad tut es auch.

Zugegeben, ein Gang durchs Kunstmuseum kann durchaus auch etwas Spannendes sein, aber es gibt eine Menge mehr spaß- und körperbetonte Aktivitäten, mit denen Sie eine Frau beim zweiten oder dritten Date erheitern und erhitzen können. Also, überlegen Sie sich etwas Gutes, **bevor** Sie zum Telefon greifen.

Rückruf. Sie geht nicht ans Telefon und der Anrufbeantworter springt an. Es ist keine besonders gute Strategie, die Frau um einen Rückruf zu bitten. Behalten Sie lieber die Zügel in der Hand. Legen Sie auf und versuchen Sie es später nochmal. Auch falls Sie sie erwischen und sie sagt: „Es geht jetzt nicht, ruf mich um 16 Uhr an", sollten Sie das ignorieren. Rufen Sie sie genau dann an, wenn es Ihnen am besten in den Kram passt, nicht zur verordneten Zeit. Und bitte: Keine SMS mit Bitte um Rückruf oder Ähnliches. Seien Sie unbesorgt, nach einer Weile wird Sie sich erreichbar machen, oder sich selbst melden.

Bitten Sie nicht um Rückruf, sondern behalten Sie die Zügel in der Hand.

Grundsätzlich gilt: Machen Sie das nächste Treffen nicht vom Zufall abhängig. Planen Sie ein wenig, wählen Sie eine Location, überlegen Sie sich eine Unternehmung. Machen Sie Ihren Spaß aber nicht von der Frau abhängig. Laden Sie sie ein, **mit Ihnen** und durch Sie Spaß zu haben.

Instrumente für *Phase 4: Timing; SMS-Nachspiel; Planung; cocky & funny-Verhalten; das Telefon nicht als Mittel der Kommunikation mit einer einzigen, sondern mit vielen Frauen.*

5.5 Phase 5: Isolation, Vorspiel, Sex

Besser als die Zeitbrücke, die Phase 4 uns abverlangt, ist der direkte Übergang zu Phase 5: Isolation, Vorspiel, Sex. Das ist normalerweise mit zumindest einem Ortswechsel verbunden. Denn es geht ja schwerlich in dem Club oder Kaufhaus, in dem Sie die Frau kennengelernt haben, und (in der Regel) auch nicht bei einem romantischen Nachmittagsspaziergang am darauffolgenden Tag. Eine Verführung verlangt im Mindestfall einen Ortswechsel, meistens sind es einige, die allesamt während Phase 3 stattfinden. Spätestens der letzte Ortswechsel isoliert die Frau von ihrer Gruppe (falls vorhanden). Am Ende landen Sie in einer Wohlfühl-Location für weiteren Vertrauensaufbau, die im besten Fall nicht allzu weit von einer Sex-Location entfernt ist. Auf Deutsch: Wohnzimmer – Schlafzimmer.

Es ist ein Märchen, dass Frauen nicht schnell zum Sex bereit wären. Es hängt nur davon ab, ob Sie alle bisherigen Phasen gekonnt gespielt und sie in die richtige Stimmung gebracht haben. (Nur männliche Opfer und „gute Jungs“ lassen sich mit Dutzenden von Treffen ohne Sex abspeisen. Die Frauen, die das tun, wollen nicht diesen Mann, sondern verfolgen meist ein ganz anderes Ziel.) Deshalb haben Sie eigentlich leichtes Spiel. Das ist eine der Kernbotschaften dieses Buches, die Sie hier und an anderen Stellen immer wieder lesen: Sex mit einer fast fremden Frau ist keine Sen-

Es ist ein Märchen, dass Frauen nicht schnell zum Sex bereit wären.

sation und kein Zauberkunststück, sondern eine natürliche und folgerichtige Zuspitzung des emotionalen Bündnisses, das Sie in den vergangenen Stunden geschaffen haben. Wenn Sie es richtig gemacht haben, hat die Frau gar keine andere Wahl. Leidenschaft, Lust und Hingabe sind keine bewussten Entscheidungen, sondern kommen aus dem Instinkt. Wenn Sie in den vergangenen sechs, sieben Stunden die richtigen Saiten zum Schwingen gebracht haben, können Sie jetzt genüsslich der Musik lauschen. Allerdings gibt es auch jetzt in der letzten Phase ein paar Dinge zu beachten. Das Wichtigste: Sie müssen es der Frau leicht machen.

Leidenschaft, Lust und Hingabe sind keine bewussten Entscheidungen, sondern kommen aus dem Instinkt.

Verantwortung

Nehmen Sie der Frau die Verantwortung für alles, was gleich geschieht, ab. Liefern Sie ihr Ausreden, warum es so kommen musste. Fädeln Sie es so ein, dass es „einfach so passiert", anstatt die Frau offensiv und verbal mit Sex zu konfrontieren. (Das geht auch, aber nur mit sexuell sehr offensiven Frauen.) Bedenken Sie, dass Sie die Frau noch nicht wirklich gut kennen, machen Sie es ihr deshalb einfach – und sich selbst auch. Letztlich geht es darum, die genetische Programmierung auszunutzen (ein „qualifizierter Partner" mit offensichtlich guten Genen ist greifbar) und die gesellschaftlichen Normen zu überlisten

(„kein Mensch muss erfahren, was hier passiert, nicht einmal ich selbst weiß es ja") – und zwar gemeinsam mit der Frau. Sie will das auch. Sie möchte aber, dass das unausgesprochen bleibt. Sie sollten nicht einmal darüber nachdenken. Sie beide konstruieren jetzt ein Szenario, bei dem es am Ende „einfach so passiert". Der Klassiker aller Hoppla-warum-haben-wir-denn-jetzt-plötzlich-Sex-Fragen lautet: „Na, noch ein Kaffee oben?" Sie können den Satz tausendfach variieren – er bedeutet immer dasselbe.

Konsistenz

Ein Fehler, den viele (vor allem jüngere) Männer machen: Sobald sie die Frau tatsächlich „greifbar" haben, sobald Küsse und Neckereien übergehen ins Vorspiel, verändern sie sich. Aus Unsicherheit werden sie ruppig oder barsch, oder das Gegenteil: unsicher und zögerlich. Das ist ein Fehler, mit dem Sie es noch in letzter Minute vermasseln können. Bleiben Sie also genau in Ihrem Rahmen, in Ihrem „Frame", wie die Verführungskunst sagt. Den Rahmen, den Sie der Frau auch in den vorangegangenen Stunden präsentiert haben. Liefern Sie dem instinktiven Unbewussten der Frau genau das Paket, das es angefordert hat. Das schreibt sich so leicht und ist doch nicht ganz so einfach. Denn es ist eben eine dynamische Interaktion, in der wir uns befinden, und wir sind keine Sozialroboter, haben auch unsere Zweifel und Stimmungen. Aber keine

Liefern Sie genau das Paket, das die Frau angefordert hat.

Sorge, je mehr Frauen Sie kennenlernen, je häufiger Sie das Spiel spielen, umso leichter wird es Ihnen fallen, ganz selbstverständlich in Ihrem Frame zu bleiben. Um es nochmal zu verdeutlichen: James Bond, der eine Schöne ins Bett zieht, damit sie sich endgültig hingibt, ist genau der James Bond, den Sie zuvor an der Bar kennengelernt hat. Er zappelt nicht rum, und genauso wenig blafft er die Süße an. Wenn Sie ein Anfänger sind: Achten Sie von der ersten Sekunde, in der Sie die Frau kennenlernen, bis (mindestens) zum Frühstück am nächsten Morgen darauf, in Ihrem Frame zu bleiben. Wenn Sie schon weiter sind, werden Sie automatisch so sein und darüber nicht mehr nachdenken müssen.

Küssen

Küssen schaltet die Geschlechtsorgane zumindest auf Phase „gelb". Verwenden Sie einige Aufmerksamkeit darauf, gut darin zu sein. Eine Frau beschreibt es so: „Erst mit seinen Küssen bringt er meinen Motor so richtig in Schwung!" Küssen aktiviert Hormoncocktails, die durch den Körper jagen und die Lustzellen im Gehirn kitzeln. Achten Sie darauf, wie die Frau Sie küsst und küssen Sie so ähnlich zurück. Und dabei zeigen Sie der Frau, dass Sie ihr die volle Aufmerksamkeit schenken. Und das sollte bei einer so aufregenden neuen Flamme doch nicht schwerfallen, oder? Und sagen Sie ihr genau jetzt, dass sie einen schönen Körper hat.

Küssen aktiviert Hormoncocktails, die durch den Körper jagen.

Last Minute Resistance

Bei den meisten Frauen gibt es kurz vor dem Sex nochmal einen natürlichen Punkt des Widerstands, den die Verführungskunst „Last Minute Resistance" nennt, also so viel wie „Widerstand in letzter Minute". Je nach Frau ist die Hemmschwelle dafür unterschiedlich oder auch gar nicht vorhanden. Das Ausziehen des Slips, weil auch verbunden mit einer kleinen störenden Unterbrechung, ist hierfür aber ein „gefährlicher" Moment. LMR ist – wie so viele andere Situationen in Ihrer Interaktion vorher – ein ganz natürlicher Schutzmechanismus der Frau, der sie davor bewahren soll, ihr rares Erbmaterial vom Falschen überfluten zu lassen. Innerlich kommen jetzt nochmal alle unbewussten und bewussten Hinderungsgründe hoch. Gehen Sie in dem Fall ein klein wenig auf Distanz, lassen Sie der Frau etwas Luft. Gehen Sie vielleicht in die Küche und holen Sie etwas zu trinken. Seien Sie auf keinen Fall sauer und machen Sie anschließend genau da weiter, wo Sie vorher waren. Die Frau will, dass Sie ihre LMR spielerisch überwinden.

Am besten vermeiden Sie den Widerstand in letzter Minute, indem Sie der Frau gerade jetzt die **emotionale Sicherheit** geben, die sie so dringend braucht. Wenn Sie in Ihre Arme sinkt, will Sie geborgen sein, sie will das absolute Gefühl. Sie muss sich sicher sein, wenigstens für den Moment, das Richtige, das Notwendige zu tun. Selbst wenn das Ganze rational offensichtlich auf

Eine Frau, die in Ihre Arme sinkt, will das absolute Gefühl.

einen One-Night-Stand hinausläuft (aus welchen Gründen auch immer), ändert das gar nichts. Emotional sind Sie jetzt der Partner fürs Leben, und so sollten Sie sich benehmen. Lassen Sie Zweifel gar nicht erst aufkommen. Wiederholen Sie die schönen Dinge, die Sie ihr zuvor gesagt haben, schauen Sie ihr in die Augen und sagen Sie ihr, dass Sie einfach hin und weg sind von ihr. Küssen Sie sie, umarmen Sie sie, nehmen Sie sie.

Sex

Schlafen Sie mit jeder Frau wie mit der Liebe Ihres Lebens. Vielleicht ist sie es. Was ich damit sagen will: Lassen Sie sich darauf ein, lassen Sie sich fallen, lassen Sie sich gehen, tauchen Sie ein in diese Frau, als ob es die einzige und letzte auf diesem Planeten wäre. Je mehr Sie den Mann, den Krieger in Ihnen spürt, umso mehr wird sie selbst zur Königin erblühen. Jede Beziehung beginnt mit Sex. Beschneiden Sie Ihre Möglichkeiten nicht schon in der ersten Nacht, wer weiß, was sich daraus entwickelt. Lieben Sie jede Frau, mit der Sie schlafen.

Beim Sex will die Königin den Krieger spüren.

Wählen Sie beim ersten Mal eher eine konventionelle Stellung, also von vorne. So können Sie der Frau weiterhin Ihre volle Aufmerksamkeit schenken, ihr in die Augen sehen, sie küssen und ihre Brüste liebkosen. Erregung ist ansteckend. Geben Sie sich bloß nicht allzu viel Mühe, die Frau „glücklich“ zu machen. Das ist jetzt ein Moment, den Sie genießen können, lassen Sie sich gehen! Ihre Partnerin wird umso erregter werden, je mehr Sie erregt sind, je mehr sie Ihre Stärke fühlt, je mehr Sie Mann sind. Wie es jetzt weitergeht, hängt wirklich sehr von Ihrer Erfahrung ab. Vielleicht wechseln Sie die Stellung (Sie können die Stellung während eines Akts zwei-, dreimal wechseln, aber übertreiben Sie es nicht. Bloße Bettgymnastik wirkt abtörnend). Gehen Sie in Ihre Lieblingsstellung und kommen Sie. Die Frau wird entweder mit Ihnen gemeinsam so weit sein, oder sehnsüchtig auf die zweite Runde warten. Sie werden sie dann in die höchste Umlaufbahn befördern, die sie je erreicht hat. Und das sollten Sie jetzt wirklich tun, denn wir reden hier nicht von einseitigem Vergnügen. Bringen Sie die Frau in Ihren Armen zum Glühen!

Bringen Sie die Frau in Ihren Armen zum Glühen.

Zusammenfassend die **Instrumente** *für Phase 5: Vorausschauende Wahl der Location; Verantwortung übernehmen; Ausreden und Alibis zur Verfügung stellen; es „einfach so" passieren lassen; konsistent sein; Küssen als Initialzündung; LMR durch emotionale Sicherheit überwinden; nicht nur Sex mit der Frau haben, sondern sie lieben.*

5.6 Typische Fehler im Ablauf

Die Phasen 1 bis 5 sind der Königsweg des Verführers. Zwar mag es auch manchmal Abkürzungen und Schleichwege geben, aber in 95 Prozent der Fälle fliegen Sie aus dem Spiel, wenn Sie die Phasen nicht einhalten. Brennen Sie sich deshalb diesen Ablauf ins Gehirn ein. Naturtalente unter den Verführen verwenden ihn ohnehin, ohne es zu wissen oder sich darum zu kümmern. Aber ein tieferes Verständnis schadet auch ihnen nicht. Es wird ihnen auch helfen, herauszufinden, was schiefgelaufen ist, wenn der Abend nicht wie erwartet verläuft. Oft war ein Timing- oder Ablauffehler die Ursache. Einige typische Fehler:

Unmittelbar zu Phase 5 (Intimitäten ...) springen. Im Normalfall völlig deplatziert und sinnlos. Junge Burschen versuchen das dennoch immer wieder gerne. Die Frau kennt Sie nicht und weiß nichts von Ihnen. Warum sollte sie sich auf Körperlichkeiten einlassen? Es gibt Ausnahmen: sexuell extrem aufgeladene Situationen (Sexkino, Sexclubs) oder Gelegenheiten mit stark heruntergesetzten gesellschaftlichen Hemmschwellen (Karneval, ähnliche Massenveranstaltungen) in Kombination mit Alkohol.

Mit Phase 3 (Emotionen) beginnen. Eine Frau wird sich nur zäh und widerwillig auf ein emotionales Gespräch mit Ihnen einlassen, wenn das Interesse fehlt. Sie haben es versäumt, in Phase 2 Anziehung zu erzeugen. Sie sind ein netter Kerl, aber auch ein Langweiler, den sie bald wieder loswerden will.

In Phase 3 steckenbleiben. Das passiert insbesondere sehr schüchternen Männern, die sonst eigentlich ganz prima Typen sind. Was Ihnen aufgrund Ihrer Zurückhaltung nicht gelingt, ist der Frau zu vermitteln, dass sie Sie sexuell anspricht. Dass Sie also nicht nur ein Mann sind, der ihre Gefühle teilen kann, sondern auch das Bett mit ihr teilen will. Diese Männer werden von Frauen schnell unter „Freund" abgebucht – was soviel heißt wie „Freundin" –, und sind damit sexuell aus dem Spiel.

Phase 3 zu kurz halten oder überspringen. Phase 3 ist der Kernbereich der Verführung, nimmt die meiste Zeit ein und dient dem Vertrauensaufbau. Wenn es Ihnen nicht gelingt, ein emotionales Bündnis zu dieser Frau herzustellen, wird sie auch nicht mit Ihnen ins Bett gehen. Planen Sie Location-Wechsel und zur Not auch Zeitbrücken ein.

Schlechtes Timing für Phase 5. Solange Sie sich nicht in der Nähe einer Verführ-Location befinden, sollten Sie sexuell nicht zu weit gehen, also in Richtung Vorspiel. Bremsen Sie lieber etwas, halten Sie die Frau zurück, sagen Sie: „Besser nicht hier … lass uns lieber …" Falls Sie zu heftig werden, aber dann nicht abschließen können und sich vertagen müssen, ist das keine optimale Ausgangsposition für ein nächstes Treffen. Es kann sein, dass die Frau bis dahin das Geschehene bereut und nichts mehr davon wissen will. Insbesondere, wenn Phase 3 recht kurz war.

5.7 Die Richtige wählen

Ich stehe – warum weiß nur Gott – auf schwarzhaarige Frauen, mittellanges Haar, eher glatt als Locken, dunkle feurige Augen, sportlich, aber mit fraulicher Figur und ansehnlichem Hintern. Bei Ihnen ist es vielleicht völlig anders, darum ist jede Frau auf diesem Planeten eine Traumfrau für irgendeinen Mann, die Natur hat das schon geschickt eingerichtet.

Aber: Ob blond, ob braun – wenn Sie die Techniken und Methoden dieses Buches verinnerlicht haben, können Sie jede Frau erobern. Tun Sie es jedoch mit Bedacht. Es geht uns ja nicht um das Abhaken von Strichlisten, wir suchen das Besondere. Andererseits müssen Sie üben, um sich zu perfektionieren, wählen Sie deshalb auch gelegentlich Frauen als willkürliche Ziele aus, auch wenn Sie gar kein erstes sexuelles Interesse verspüren. Es wird nämlich vielleicht etwas Merkwürdiges passieren: Sie werden unerwartet etwas völlig Neues, Aufregendes entdecken, indem Sie von Ihrem gewohnten Suchraster abweichen (sagen wir, den Zauber einer Rothaarigen zum Beispiel). Halten Sie also nicht allzu sehr an Ihrem „Typ“ fest, seien Sie offen und gehen Sie jede Beziehung unbefangen an, dann brauchen Sie auch keine Skrupel zu haben, die Frau jetzt nur zu „Übungszwecken“ zu benutzen. Wer weiß, vielleicht benutzt sie ja Sie …

Weichen Sie auch mal von Ihrem gewohnten Suchraster ab.

Je mehr Erfahrung Sie haben, umso selektiver können Sie werden. Sie unterhalten sich gern mit allen Frauen. Aber die Frauen, mit denen Sie schlafen wollen, sind die Schönsten, die Aufregendsten und die Erotischsten. Mit der richtigen Einstellung und dem perfekten Timing

können Sie auch das Supermodel haben, das sich in Ihre Stadt verirrt hat. Sie ist auch nur eine Frau. Und Sie sind ein Mann. Punkt.
Auch was langfristige Beziehungen betrifft: Die Techniken der Verführungskunst erhöhen Ihre Chancen deutlich, erstens Ihrer Frau fürs Leben überhaupt nahezukommen (Sex), und sie zweitens auch zu behalten. Vieles, was Sie in Kapitel 3 („Mann sein") gelesen haben, ist gleichzeitig enorm stabilisierend für eine funktionierende Dauerbeziehung. Und alles, was Sie als Verführer können, hilft Ihnen auch in einer langandauernden Partnerschaft. Denn die ist in Wirklichkeit eine fortgesetzte Verführung. Wenn sie das nicht mehr ist, ist sie in Gefahr zu zerbrechen oder existiert nur noch aus Konvention.

Es werden Ihnen also allerhand Frauen begegnen. Im Hinblick auf ernstzunehmende, dauerhafte Beziehungen achten Sie darauf, Ihre Zeit vorwiegend mit in sich ruhenden Frauen mit gutem Selbstwertgefühl zu verbringen, Typ starke-sanfte Frau. Diese Frau ist kein Anhängsel ihres Partners, sondern sein Gleichgewicht, sein weibliches Pendant. Ihre Stärke schöpft sie aus einer gefestigten Persönlichkeit und einem großen Selbstbewusstsein. Ihr weibliches Selbstverständnis ist aktiv-feminin, sie sieht sich als „Frau an seiner Seite", die ihm helfen kann, genauso, wie sie ihn

Je besser Sie werden, umso besser werden die Frauen, die Sie umgeben.

kritisieren kann. Oder ihn verwöhnen. Diese Frauen binden sich häufig an begehrte Männer mit hohem Status, großer Ausstrahlung und Selbstbewusstsein. Je weiter Sie fortschreiten, umso zuverlässiger werden Sie von Frauen dieses Typs umgeben sein. Problemfrauen sammeln dagegen Problemmänner auf.

5.8 Ein Spiel in der Echtwelt

Das Spiel findet in der Echtwelt statt, nicht am Computer, nicht in diesem Buch. Wenn Sie Ihr Spiel verbessern wollen, müssen Sie rausgehen. Sprechen Sie Frauen an, wann immer sich die Gelegenheit ergibt. Nur durch Übung werden Sie die evolutionär bedingte Überlegenheit von Frauen in einer Flirtsituation ausgleichen. Die wenigsten von uns können jeden Tag „auf die Piste" gehen, sich sozusagen in „beutereiche" Reviere begeben, aber das ist auch gar nicht nötig. Sie können sich Frauen immer und überall annähern. Gehen Sie aber nicht raus als Jäger auf der Suche nach Beute, sondern als Mann, der den Duft der Frauen atmet, weil er die weibliche Energie als Essenz zum Leben braucht.

Vereinfacht wird das Kennenlernen, wenn Sie nicht immer den gleichen Ritualen folgen: Gehen Sie nicht immer ins gleiche Café, kaufen Sie mal woanders ein, holen Sie sich Ihren Snack mal in einem anderen Bistro oder in einer anderen Sandwich-Bar. Schon ein paar Schritte raus aus dem gewohnten Stadtviertel können Wunder bewirken. So viele schöne Frauen, die Sie noch nie gesehen haben!

Nehmen Sie sich vor, jeden Tag mindestens fünf fremde Frauen anzusprechen. Das sind 150 im Monat oder 1 800 im Jahr! Nicht schlecht, oder? Aber Sie müssen es tun. Bald wird Ihr Notizbuch mit interessanten Telefonnummern gespickt sein, und Sie werden erstaunt sein, was sich daraus alles entwickelt hat – sofern Sie einige wichtige Grundsätze beachten, die Sie hier in diesem Buch erfahren.

Für den Anfang: Sprechen Sie jeden Tag mindestens fünf fremde Frauen an.

6 In sechs Stunden zum Sex

Sex nach sechs Stunden ist kein Spezialfall, sondern die Normalität. Dieses Buch ist ein Handbuch für jeden Mann. Aber insbesondere ist es für Männer, die sich ein wenig zu weit von dieser Normalität entfernt haben.

Für eine gekonnte Verführung gilt: zügig, aber nicht hektisch, schnell, aber nicht überstürzt. Eine Verführung ist kein 100-Meter-Sprint, und schon gar kein Marathonlauf. Eher so etwas wie ein 800-Meter-Lauf: Man muss schnell sein, aber man braucht auch taktisches Geschick. Man muss sich die Kräfte richtig einteilen und im entscheidenden Moment Gas geben. Wenn Sie nun gerade beim Lesen das Gefühl haben, Sie befinden sich auf einem 5 000-Meter-Kurs, der vielleicht sogar in einen Marathon ausartet: Brechen Sie ab und sparen Sie Ihre Kräfte. Eine Frau, die heiß auf Sie ist, braucht nicht länger als sechs, sieben Stunden. Falls sie jetzt aber noch nicht heiß auf Sie ist – warum sollte sie es jemals werden?

Wie im wirklichen Leben. Es ist ein wenig problematisch, konkrete Beispiele einer Verführung aufzuschreiben. Die Gefahr besteht, dass Sie sich zu sehr an Details festhalten

oder bestimmte Einzelaktionen herausgreifen, die nur im Kontext Sinn machen. Bedenken Sie: Es gibt eine Million verschiedene Treppen, die Sie zum Ziel führen. Nur – die Stufenelemente sind immer die gleichen. Und darauf kommt es an.
Hier also zwei kurze Praxisbeispiele: Nennen wir die Protagonisten der Neutralität halber Andreas und Stefanie sowie Boris und Marlene. Ich straffe die Abläufe und verzichte auf die Wiedergabe von Details und Flirtsprüchen – das hatten wir bereits. Achten Sie auf die Zeitangaben, die Location-Wechsel und/oder Zeitsprünge und die Phasen der Interaktion.

Beispiel 1: Mann und Frau begegnen sich alleine

Samstag, 14.30 Uhr, großes Kaufhaus in der Münchner Innenstadt. Andreas sieht Stefanie (sieht toll aus) in der Haushaltswarenabteilung und spricht sie an: „Sag mal, wo gibt es hier Teelöffel?" (harmloser Einstieg). Sie versucht es zu erklären, führt ihn dann hin (Phase 1). Er schaut sie von oben bis unten an (Dominanzgeste) und geht vom Smalltalk über zu cocky & funny. Er bringt sie zum Lachen, sie scherzen, sie fragt neugierig, ob es keine Frau in seinem Leben gäbe, die Teelöffel kauft. Er ignoriert die Frage und bittet sie stattdessen, ihn beim Einkauf zu beraten. Er fragt, wie sie heißt, stellt aber sonst keine persönlichen Fragen.

(Es folgt weitere Konversation mit cocky & funny und etwas Humor. Dann ist die Location ausgereizt, Andreas möchte sich aber von der Schönen noch nicht trennen.) Er sagt: „Ich will noch in eine kleine Galerie hier um die Ecke schauen. Raus aus dem Trubel. Gefällt dir, glaube ich. Kommst du mit?“ Sie ist einverstanden (Phase 2).

Location-Wechsel. Kleine Fotogalerie, gleich um die Ecke vom Kaufhaus, in einer versteckten Nebenstraße. Sie sehen sich die Bilder von amerikanischen Künstlern aus den Dreißigerjahren an und aktuelle Sachen aus Asien und Afrika. Sie ist ein wenig beeindruckt: „Hätte nicht erwartet, hier, zwischen Souvenirläden für Touristen, so einen interessanten Laden zu finden.“ Er erzählt, wie er die Galerie entdeckt hat, dann sprechen sie ein wenig über die Fotos, dazwischen neckt er sie. Erste Berührungen, als sie über ein Bild lachen (Phase 2).

Die Interaktion ist an dieser Stelle ausgereizt. Er merkt, dass sie genug vom Trubel in der Innenstadt hat, außerdem schleppt sie noch immer ihre neu gekauften Schuhe mit sich herum. Andererseits wäre es zu schade, hier nicht zügig weiterzumachen, an einem herrlichen Samstag im Sommer. Zumindest ein kurzer Ausflug mit dem Fahrrad in den Englischen Garten sollte doch heute drin sein. Sie ist von der Idee angetan. Sie verabreden sich für 17.15 Uhr am Brunnen vor der Uni, um gemeinsam loszuziehen. Es folgt eine kurze Zeitbrücke. Jetzt ist es 15.35 Uhr. **Bisher sind 1 Stunde und 5 Minuten vergangen.**

17.15 Uhr, Universität. Zeit, um zwei Äpfel, etwas zu trinken und ein Decke einzupacken, ist immer. Es muss ja kein Picknick sein. Er ist pünktlich am Treffpunkt, sie nicht. Da keine Frau zur Stelle ist, mit der er inzwischen plaudern kann, schnappt er sich eine Zeitung und setzt sich in die Sonne. Fünf Minuten später ist sie da. Sie wirkt etwas gehetzt und nervös, fast als würde sie das Treffen bereuen. Er ist freundlich und zielsicher, nimmt ihr die Entscheidung ab. „Komm, lass uns erst mal zum Seehaus fahren, was trinken."

17.30 Uhr, Seehaus. Sie beruhigt sich, entspannt sich langsam, gleichzeitig beginnt sie ihn zu testen und auszufragen. Viele Frauen tendieren dazu, gleich immer eine Bestandsaufnahme aller persönlichen Verhältnisse zu machen. Andreas bleibt vage, die Frau muss erst noch etwas mehr in ihn investieren, um auch mehr über ihn zu erfahren. Stattdessen unterhält er sie mit allgemeinen Themen und lässt sie von sich reden. Sie studiert Architektur, muss auch schon mal auf Baustellen. Interessant, was frau da so alles erlebt …

Wir sind noch in Phase 2, aber der Übergang zu Phase 3 bahnt sich an. Andreas schlägt vor, in den ruhigen Nordteil des Englischen Gartens zu fahren. Nach einer Weile steigen sie ab, schieben ihre Fahrräder und gehen langsam und beschaulich im Halbschatten nebeneinander her. Sie sind mitten in der Stadt, aber im Umkreis von 500 Metern ist kein Mensch zu sehen. Phase 3 kann sich hier wunderbar entfalten.

18.15 Uhr, Nordteil Englischer Garten. Angesichts der Natur, die sie umgibt, kommt Andreas auf eine Wanderung in Wales zu sprechen, die er einmal allein gemacht hat, sieben Tage durch Wälder, über Hügel, allein mit der Natur, … Es ist ein Teaser, er will Stefanie dazu bringen auch etwas zu erzählen, sich zu öffnen. Es wird emotional (Phase 3). Sie reden über Träume: Sie erzählt von ihrem Lieblingstraum – einem Haus am Meer. Er lässt sie reden, in die Vorstellung eintauchen. „Wie könnte das sein?“, „Wie fühlst du dich dort?“ Sie ist erregt, glüht fast beim Reden. Das Tolle: Zufällig ist die Fantasie vom Haus am Meer gar nicht so weit von seiner eigenen entfernt. Er kann sie problemlos bestätigen, sie spinnen zusammen weiter. An einem schattigen Platz machen sie Pause, setzen sich auf die Decke, schweigen ein wenig, essen die Äpfel. Er steht auf, um sich den merkwürdigen Ast eines Baumes in der Nähe anzusehen. Sie kommt ihm hinterher, er dreht sich um, sie kommt weiter auf ihn zu, er umarmt sie, sie wehrt sich nicht, Kuss. **19.30 Uhr.**

Theoretisch könnte er, wenn er die Sache forciert, jetzt schon zum Sex kommen, aber das wäre ein nicht besonders solides Spiel, es könnte sein, dass sie es hinterher bereut, und dann bliebe es bei einem Quickie in der Natur. Man kann mehr daraus machen. Außerdem haben beide Hunger.

Er sagt: „Lass uns noch was essen, da ist ein netter kleiner Studenten-Biergarten bei mir um die Ecke.“ Unter der

Bedingung, dass sie auch etwas „Gesundes“ bekommt, ist sie einverstanden.

Location-Wechsel. 20.30 Uhr, Biergarten. Sie sind Mitten in Phase 3, Emotionen, Berührungen, Küsse, soweit es die Location erlaubt. Er sagt, dass er sie sehr aufregend findet, dass er sie wirklich mag. Er vertieft die emotionale Bindung und gibt ihr Sicherheit. Sie erzählt von sich, von ihrem Ex, von ihrem Studium. Er lässt sie ein wenig an seiner Arbeit teilhaben. Gleichzeitig testet sie ihn zwischendurch auf verschiedene Arten. Er reagiert mit ignorieren oder push & pull. Sie ist erregt, sie fühlt langsam, dass sie mit diesem Kerl Sex haben muss, bevor er ihr durch die Lappen geht. **22 Uhr**, Essen und Getränke sind abgeräumt. Er schlägt vor: „Komm, bring mich noch nach Hause. Kannst auch noch einen Kaffee haben.“ Sie lächelt und nickt. **Location-Wechsel. 22.45 Uhr**, in seiner Wohnung. Das Vorspiel fällt kurz aus, sie haben Sex. **Die gemeinsam verbrachte Zeit bis hierher: 6 Stunden, 15 Minuten.**

Beispiel 2: Lösen aus der Gruppe

Donnerstag, 19.35 Uhr, Hamburg, eine gehobene Studentenkneipe im Univiertel. Essen, Trinken, im Hintergrund nicht zu laute Livemusik. Gruppen von Frauen und Männern sitzen an Tischen und sind am Tresen und an Stehtischen im Raum verteilt. Boris sieht Marlene, in einer Gruppe von zwei weiteren Frauen und einem Mann an einem Tisch stehen. Im Vorbeigehen hält er kurz an und spricht die Frau links von Marlene an: „Habt ihr vorhin auch diesen Knall gehört? Das klang, als wäre in der Küche eine Magnumflasche Champagner geplatzt." Das Ansprechen ist vermittelt reaktiv, reagiert auf den Knall. Er spricht bewusst nicht seine Zielperson direkt an, sieht sie nicht einmal an. Marlene mischt sich ein: „Meinst du wirklich, das war Champagner? Ich glaube, die haben hier nur Sekt ..." Er dreht kurz den Kopf zu ihr und lächelt, wendet sich dann wieder der anderen Frau zu und redet weiter. Boris' Verhalten bezweckt zweierlei: Er verleitet Marlene dazu, ihren Schutzschild herunterzunehmen und er macht sie gleichzeitig neugierig, reizt sie. Da sie mit Abstand die Schönste in der Runde ist, fragt sie sich: „Warum spricht der nicht mit mir?" Boris macht währenddessen allerhand gleichzeitig, er lotet die Gruppendynamik aus: Wer gehört zu wem? Wie gut kennen sie sich? Er spricht inzwischen mit allen Mitgliedern der Gruppe, erzählt dann eine kurze Story über einen Bekannten, der tatsächlich Champagnerflaschen in allen Größen sammelt – und sie mit Gummibärchen befüllt. Marlene lässt er weiterhin ein wenig links liegen, für jedes Lächeln, das sie ihm schenkt, wendet er sich ihr aber etwas mehr zu (Ende Phase 1).

20.30 Uhr, kleiner Ortswechsel. Eine der Frauen verlässt die Runde, die anderen gehen an die Bar, Boris jetzt neben Marlene, nebenan unterhält sich das andere Pärchen. Zuallererst will Marlene Spaß haben, darum unterhält er sie mit ein paar launigen Geschichten. Ihre typischen „Wer bist du?-, Was arbeitest du?-, Wo wohnst du?"-Fragen lässt er abperlen und antwortet cocky & funny: „Ich komme aus einer deutschen Enklave in Afrika, und mein Vater hat mich gezwungen, hier an der Uni zu studieren." Sie glaubt es zunächst wirklich, fragt dann: „Und was sollst du studieren?" Er: „Die deutschen Frauen, damit ich den heimischen Harem übernehmen kann …" Sie lacht und boxt ihn in den Arm. Und so weiter … Es gibt so viele interessante Dinge, über die sich zwei Menschen an einer Bar unterhalten können. Machen Sie was daraus, es sind keine Grenzen gesetzt. Nur nicht immer: „Ich, ich, ich." Zuhören und lachen, und die Augen der Frau zum Funkeln bringen (Übergang von Phase 2 zu Phase 3).

22.45 Uhr, beiden wird es allmählich zu stickig und zu eng hier. Das andere Pärchen hat sich inzwischen verabschiedet. Es folgt für Boris und Marlene ein schöner und romantischer **Location-Wechsel**. Die Außenalster ist nicht weit, nur ein kurzer Fußweg. Er: „Komm, lass uns hingehen, die Beine vertreten und frische Luft schnappen." Der Vorschlag gefällt ihr, sie folgt. Es ist Herbst, aber eine laue Nacht. Sie schlendern am Ufer entlang. Er erzählt von einem Urlaub in der Südsee, lässt sie ihre eigenen Erlebnisse dazupacken. Er zeigt ihr die Sterne, sein Lieblingssternbild, das man so klar sehen kann heute. (Falls Sie es noch nicht gemerkt haben: Wir befinden uns mitten in Phase 3.) Er badet sie in Emotionen, zwischendurch testet sie ihn kaum merklich, aber kontinuierlich. Er führt sie zu einer versteckten Parkbank, die fast unter den Ästen eines mächtigen Ahornbaums verschwindet. Tagsüber sitzen hier lesende Studienrätinnen, manchmal auch ein einsamer Kiffer, der sich in der Mittagspause seines nüchternen Jobs verträumt einen Joint reinzieht. Jetzt aber gehört ihnen der schöne Platz mit Blick über die nächtliche Stadt, deren Lichter sich in der Alster spiegeln, ganz alleine. Sie schweigen, schauen, er nimmt sie in den Arm. Ein Kuss, Küsse, und noch mehr Küsse. Sie knutschen plötzlich.

23.55 Uhr, die beiden schlendern zurück. Sie erzählt, dass sie bald nach Ekuador fahren möchte. Sie arbeitet als Verkäuferin in einem Schmuckgeschäft, interessiert sich aber wahnsinnig für die süd- und mittelamerikanische Kultur. Vielleicht möchte sie „auf ihre alten Tage" (sie ist 28) noch Völkerkunde studieren, sagt sie. Er sagt: „Das trifft sich ja prima. Vor ein paar Jahren war ich in Mexiko. Da gibt es tolle Maya-Ruinen. Magst du meine Fotos noch sehen? Ich habe auf der Reise tolle Bilder gemacht." Sie grinst verschmitzt: „Warum nicht." Seine Wohnung ist nicht weit entfernt.

0.35 Uhr, in seiner Wohnung. Sie sitzen auf dem Sofa, er hat ihr einen Rotwein hingestellt und pro forma die Fotosammlung herausgezogen. Klar, die Bilder sind jetzt nur noch ein Alibi. Die Entscheidung, mit ihm schlafen zu wollen, ist schon gefallen. Trotzdem sagt sie jetzt: „Hör mal, ich hab einen Freund!" (Das kann ein kleiner Test sein oder die Wahrheit, egal.) Er zieht sie ran und sagt: „Hör mal, ich habe eine Freundin, und die halte ich gerade im Arm!" Sie lässt sich weiter von ihm küssen, die Bilder fallen unbeachtet zu Boden. **0.55 Uhr**: Er zieht sie zum Bett, sie leistet nur noch symbolischen Widerstand und gibt sich genüsslich hin. Marlene hat es Boris nicht sehr schwer gemacht. **Die gemeinsam verbrachte Zeit bis hierher: 5 Stunden, 20 Minuten.**

Besonders das zweite Beispiel mag Ihnen erscheinen, als sei das alles viel zu leicht gegangen, als habe Marlene nur darauf gewartet, dass der Abend so verläuft. Ja und nein. Es hätte auch ganz anders kommen können. In beiden Beispielen gab die Frau dem Mann tausend Gelegenheiten, sich zu disqualifizieren und selbst aus dem Rennen zu nehmen. Die ganze Flirt-Interaktion war gespickt von kleinen Tests und Prüfungen. Das Kunststück des Mannes ist, dass er sämtliche Tests unbeschadet überstanden hat und elegant von einem Level zum nächsten gelangte. Alles sieht letztlich so einfach aus, weil es tatsächlich einfach ist, wenn Sie keine Fehler machen.

Wie Sie weibliche Tests auskontern, wie Sie selbst auftreten sollten und viele andere kleine Erfolgsgeheimnisse haben Sie in den vorangegangenen Kapiteln gelesen. Wenn Sie das alles konsequent umsetzen, wird es wirklich spielerisch einfach. Trotzdem wird es immer Grenzen geben. Sie können jede Frau haben, ja. Aber nur, wenn sie dafür wenigstens ein Stück weit offen ist. Wir Menschen haben aber oft genug gute Gründe, in Ruhe gelassen zu werden: Trauer, Sorgen, Schmerz und tausend andere Dinge. Das ist normal. Wenn Sie mit einer Frau nicht flirten können, können Sie sich immer noch nett mit ihr unterhalten und ihr ein gutes Gefühl geben, sie wird sich vielleicht irgendwann daran erinnern. Und inzwischen kümmern Sie sich um all die anderen einsamen Ladys Ihrer Stadt.

In beiden vorangegangenen Beispielen kommt es noch am selben Tag zum Sex. Das ist ein, sagen wir, optimaler Verlauf. Aber es gibt natürlich auch viele Fälle, in denen Sie Zeitbrücken in Kauf nehmen müssen. Das Sex-nach-Sechs-Stunden-Schema kann sich auch über zwei Wochen hinziehen: ein erstes kurzes Treffen mit Austausch der Telefonnummern, ein Wiederverabreden im Café oder Park, ein Abendessen, dazwischen ein paar Telefonate (Telefonzeit zählt mit), ein, zwei Stunden auf dem Sofa, und – ja genau: Sex. Wenn Sie zwischendurch keine Fehler machen und immer in Ihrem Frame bleiben, wie es in der Sprache der Pickup Artists heißt, sich also in Ihrem Alpha-Rahmen bewegen, wird es zwangsläufig zum Sex kommen.

Weitere Varianten und Beispiele schreibe ich jedoch jetzt nicht auf. Sondern ich hätte sie gern von Ihnen. Schicken Sie mir eine E-Mail und erzählen Sie mir, wie Ihr erstes bewusstes Sex-nach-sechs-Stunden-Erlebnis war. Schreiben Sie an: autor@sex6h.com

7 Ekstase, Orgasmus, Routine und Monotonie

Hat es Sie etwa erwischt? Es fängt mit einem großen Liebesrausch an, die biologischen Ursachen haben wir im ersten Kapitel erwähnt. Aber es ist natürlich mehr als Biologie: Liebe, Magie oder irgendein anderer Zauber. Oder zumindest malen wir uns das aus.

7.1 Im Reich der Sinne

Eine tiefe sexuelle Beziehung kann Sie tatsächlich an einen magischen Punkt bringen. Während Sie verschmelzen, öffnet sich ein Korridor des Lichts, der Weisheit und der Tiefe, der Sie erschüttert und berührt. Sie glauben, Sie haben gerade gemeinsam Gott gespürt, oder ihn gerade zusammen erschaffen. Naja, so in der Art jedenfalls.

Aber das ist kaum beim ersten oder zweiten Sex mit einem Partner zu erwarten. Muss auch nicht sein, einfach nur Sex zu haben ist auch schön genug. Sex ist die Kraft, die Sie zusammengeführt hat, und so sollte es sein und bleiben. Sex zwischen Mann und Frau ist unser Bindungselexier. Das Reich der Sinne ist der andere, der ekstatische, der lustvolle, der verschwitzte Pol – im Gegensatz zur coolen,

Nur einfach Sex zu haben ist auch schön.

nüchternen und funktionierenden Außenwelt –, den wir gegenseitig an uns entdecken und eröffnen können.

Der Orgasmus ist das einzige Mysterium, das Sie täglich am eigenen Leibe erleben können. Einige fernöstliche Denkschulen verbinden damit sogar die Auflösung der Ich-Grenzen, das Einswerden mit dem Universum und den Göttern, ein „Bad des Körpers im Qi“, der unendlichen Lebensenergie. Wie auch immer: Sie müssen kein Weiser aus dem Morgenland sein, um bereits festgestellt zu haben, wie eruptiv, befreiend und auch berührend es sein kann.
Physiologisch laufen dabei extrem komplizierte Vorgänge ab, an denen Hormone, schnelle Botenstoffe (Neurotransmitter) und Nervenbahnen beteiligt sind. Während die Geschlechtsorgane die nötige sexuelle Hitze erzeugen, passiert der Orgasmus schließlich als neuronales Feuerwerk im Gehirn und bündelt gleichzeitig die sensorischen Empfindungen, die von den Geschlechtsorganen geliefert werden. Für diesen magischen Moment ist das wertende und beurteilende Großhirn außer Gefecht gesetzt – eine Befreiung von den Fesseln des Geistes. Ein Urerlebnis, triebhaft, tierisch und instinktgesteuert. Und eben unheimlich befriedigend, weil körperliche und geistige Spannungen gleichzeitig abgebaut werden und das Ganze so extrem gut „schmeckt“.

Wer gern Sex hat, überlebt

Aus evolutionsbiologischer Sicht ist der Orgasmus die Belohnung für das Fortpflanzungsbemühen: Nur wenn die sexuelle Interaktion möglichst gern und häufig wiederholt wird, ist der Fortbestand der Art gesichert. Außerdem begünstigen angenehme intime Erlebnisse eine partnerschaftliche Bindung, denn sie laden zur Wiederholung ein. Und eine Paarbindung – zumindest auf Zeit – war und ist die beste Voraussetzung für das Aufpäppeln des Nachwuchses. Aus Sicht der Evolutionsbiologie ist der Orgasmus daher auch ein wichtiges Selektionsinstrument: Die orgasmusfähigsten Individuen hatten bessere Fortpflanzungschancen. Noch aus einem zweiten, rein körperlichen Grund: Beim weiblichen Orgasmus taucht der Muttermund durch die rhythmischen Kontraktionen des Unterleibs wie ein Stempel in die Samenflüssigkeit und saugt sie regelrecht ein.

Das Liebesspiel ist ein **Spiel** und eine **Kunst**, keine Wissenschaft. Gehen Sie mit Kreativität zu Werke – und je nach Ihrer Erfahrung auch mit Raffinesse. Genießen Sie das Spiel, genießen Sie den Weg. Umso sicherer kommen Sie ans Ziel, umso stärker wird der Orgasmus für Sie **beide**. Nichts erregt so sehr wie die Erregung des Partners zu spüren. Je weiter Sie kommen, umso mehr lassen Sie sich gehen, umso mehr werden Sie Instinktwesen, umso mehr schaltet das Gehirn ab. Es gibt Situationen, das wissen wir ja schon, in denen eine Frau den Krieger in Ihnen spüren will. Und das ist besonders beim Sex der Fall. Der Weg zum **großartigen Orgasmus** führt über die gegenseitige Auflösung: Der Mann löst sich auf in die Entspannung, die Freiheit und die Leere, die Frau löst sich auf in der Hingabe, der Annahme und der Fülle.

7.2 Die Schwingungen des Unbewussten

Jede Beziehung folgt ihren ganz eigenen Gesetzmäßigkeiten. Es gibt immer mindestens zwei individuelle Dinge, die zwei Menschen anziehen. Zwei spezielle Gründe, die nur für dieses Paar gelten. Es sind die Schwingungen des Unbewussten, die in einem bestimmten Moment – oder für einen ganzen Lebensabschnitt – im Gleichklang sind, die unbewussten Verhaltensmuster, die aus irgendeinem Grund zueinander passen und sich ergänzen. Kleine psychische Defekte und Schwächen, die wir alle mitbringen, und die uns eigentlich belasten, können plötzlich, als Liebescocktail mit einem anderen Menschen gemixt, gerührt und geschüttelt, etwas Neues, Positives, Überraschendes ergeben. So wie im Chemieversuch: Zwei harmlose, unscheinbare Stoffe werden zusammengebracht, reagieren. Aus Backpulver und Zitronensäure entsteht ein Feuerwerk. Für den erfahrenen Verführer ist das die eine Seite der Matrix, in der er sich bewegt. Denn er hat gelernt, die Seele seines

Gegenübers zu scannen und sich mit den unbewussten Wünschen der Frau in Gleichklang zu bringen.
Auf der anderen Seite gibt es Gesetzmäßigkeiten und vorhersehbare Abläufe, die für jedes Paar gelten. Vom Kennenlernen bis hin zur eisernen Hochzeit. Dies ist die zweite, einfacher zu beherrschende Seite der Matrix: scheinbar verschlüsselte Zeichen, die sich nach einer Weile mühelos lesen und deuten lassen.

7.3 Monotonie in der Südsee

Erinnern Sie sich noch an dieses Lied der Gruppe „Ideal" aus den Achtzigern, das so harmlos, ruhig und fast langweilig dahinplätschert? Es drückt perfekt die Stimmung aus, die entsteht, wenn ein Tag wie der andere verläuft, wenn alles vorhersehbar und unspektakulär ist. In einer Beziehung, die bereits einige Jahre andauert, geschieht Ähnliches. Monotonie stellt sich ein, Langeweile, im schlimmsten Fall Unzufriedenheit und der Gedanke: „Ich muss hier weg!"

Glück hat die Tendenz, sich unsichtbar zu machen.

Es liegt in der Natur des Menschen, Neuland zu entdecken, nicht stillzustehen, nach dem unbekannten Land hinter dem Horizont zu suchen. Die Neugierde, der Tatendrang, die Suche nach dem Besseren ist eine großartige Eigenschaft des Menschen. Ohne diese Fähigkeit hätten wir unsere Zivilisation nicht zu Stande gebracht. Gleichzeitig ist es die größte Gefährdung für das Doppelsystem Mann/ Frau. Die meisten Beziehungen scheitern, weil die Partner sich in unterschiedlichem Tempo nach vorne bewegen. Der Gleichklang, der zufällig für eine gewisse Zeit vorhanden war, fühlt sich plötzlich schräg an. Man kommt aus dem Tritt, verliert sich.

Was wollen wir in einer Partnerschaft? Sagen wir kurz und knapp: Glück – als Oberbegriff und Resultat von allem, was wir uns erhoffen und erträumen. Unglücke, Unfälle, Schicksalsschläge aller Art prasseln auf uns ein. Sie sind unübersehbar und unüberhörbar. Sie krachen und dröhnen und tun weh. Glück aber hat die Tendenz, sich unsichtbar zu machen. Wenn kein Unglück passiert, haben wir Glück, wenn wir in Ruhe und ungefährdet leben, haben wir Glück. Wenn wir mit Sex und Lust und Liebe unser Leben mit jemandem teilen können, haben wir Glück.

Nur irgendwann tun wir dem Glück Unrecht und langweilen uns. Wir fühlen Monotonie und wollen zu neuen Ufern. Wir brauchen das Prickeln und gelegentlich einen Adrenalinkick, sonst fehlt uns was (bilden wir uns ein). Die Schuld für die Abwesenheit von Aufregung geben wir unserem Partner und denken: Mit einem anderen könnte es doch viel spannender sein. Für eine Weile stimmt das auch. Sie können sich also trennen, oder die Tendenz zur Monotonisierung und des Beziehungsverfalls durchbrechen.

Unternehmen Sie etwas gegen Monotonie und Beziehungsverfall.

Denken Sie, wenn Sie über Monotonie nachgrübeln, daran, was ein Weitgereister, ich glaube, der amerikanische Schriftsteller James A. Michener war es, über die Südsee sagte: „Jeder Tag hier ist wie der andere – und jeder Tag ist ein guter Tag."
Die Kunst von Paaren, die es über eine **lange Wegstrecke** zusammen schaffen, ist es, den Gleichklang mit dem Partner da zu erhalten, wo er für die Beziehung wichtig ist, sich aber in anderen Punkten zu differenzieren, abzugrenzen. Kurz: Die Beteiligten führen drei Leben – ein gemeinsames und zwei getrennte.
Diese beiden „Eigenleben" bringen ständig neue Impulse in die Beziehung, in das größere Ganze. Partner, die in der Lage sind, diese Impulse wechselseitig aufzugreifen und für ihre Beziehung fruchtbar zu machen, gelangen auf eine neue Ebene der Partnerschaft: dahin, wo das Ganze mehr ist als die Summe der einzelnen Teile. Die „Einzelleben" der Partner sind die Ecksteine. Darüber können sie sich ihre gemeinsame Liebeslaube oder Villa einrichten, je nach Geschmack. Bei der Innengestaltung sind weder architektonische noch moralische Grenzen gesetzt.

Eine Verführung und eine dauerhafte Beziehung unterscheiden sich weniger als Sie denken. **Die Mechanismen zwischen Mann und Frau greifen ab der ersten Sekunde, in der sexuelles Interesse entsteht. Was danach kommt, ist nur der Fortsetzungsroman.**

Ein Wort zum Schluss

Eine Erfahrung, die ich in meinem Leben gemacht habe, kennen Sie sicher auch: Wenn es mir gut geht, habe ich nicht die geringsten Schwierigkeiten, eine Frau kennenzulernen. Ich habe eine Freundin, und, wenn ich will, noch eine und noch eine. Die Frauen sind eine unbegrenzte Ressource, ein endlos langes Regal von Schokolade im Supermarkt. Ich brauche nur zuzugreifen.

In den – zum Glück – wenigen Phasen in meinem Leben, in denen es mir schlecht ging, wollte dagegen gar nichts klappen. Ich hatte keine Freundin, nicht mal eine halbe, und kam nicht mal in die Nähe einer Bettkante.

Das alles verstehe ich viel besser, seit ich angefangen habe, mich mit den Themen dieses Buches zu beschäftigen. Frauen sind keine Samariter, sie sammeln uns nicht auf, wenn wir wertlos und kaputt am Wegrand liegen. Sie wollen uns stark sehen. Und das ist völlig okay so. Wir sehen uns ja schließlich auch nicht bewusst nach für uns hässlichen und zweitklassigen Frauen um. Wir wollen die Schönste und die Erotischste. Nur Frauen, die selbst Probleme haben, sammeln Problemfälle auf.

Arbeiten Sie deshalb zunächst an Ihrem „Inner Game“, der Entwicklung Ihrer Persönlichkeit, bringen Sie Ihr Leben in Ordnung, vergewissern Sie sich, was Sie eigentlich für ein Kerl sind. Lesen Sie, falls Sie die Hinweise vergessen haben, nochmal Kapitel 3, „Mann sein“. Wenn Sie das verinnerlicht haben, wird Ihr „Outer Game“, also Ihr Verhalten und Ihre Strategien, zur Selbstverständlichkeit, und alles, was Sie noch hinzufügen können, sind einige Routinen und Techniken von echten Profis.

Kennern der PickUp-Szene wird aufgefallen sein, dass ich als Freidenker keiner bestimmten Gruppe oder eingeschworenen Ideologie anhänge – auch nicht der *„Seduction Community“*. Das aufgeblähte Geheim-Kauderwelsch mancher selbsternannter PickUp-Artists erscheint mir manchmal nur noch lächerlich. Der Kern dessen, um was es geht, lässt sich nämlich mit recht einfachen Worten ausdrücken, und normalerweise braucht man dafür weder Video-Seminare noch Kurse, die einem das Geld aus der Tasche ziehen. Und wer allzu viel Theorie betreibt und neue Worthülsen erfindet, verliert möglicherweise das Schöne aus dem Blick, um das sich die Sache dreht: Frauen.
Auch im Internet stößt man immer häufiger auf ziemlich alberne und lächerliche Seiten, die sich dem Thema Verführungskunst widmen. Besonders in den USA wird das Thema teilweise bereits so kommerzialisiert, dass es jede Basis und jeden Gehalt verloren hat. – All das ändert aber nichts an der grundsätzlichen Richtigkeit der Konzepte, die als erste amerikanische Autoren wie Mystery oder David DeAngelo entworfen haben.
Bei vielem Schrott, der auf dem Markt ist, ist Umsicht bei der Auswahl der Quellen angebracht. Als weiterführende

Lektüre kann ich Ihnen die Bücher dieser Autoren empfehlen: David Deida („Der Weg des wahren Mannes", weit mehr als PickUp), Thomas Obrecht alias Lodovico Satana (Der Wiener Autor schrieb mit „Lob des Sexismus" den ersten deutschsprachigen „Klassiker" zum Thema), Oliver Kuhn („Der perfekte Verführer", guter Überblick, wenn auch einige absurde „Tipps"), „Mystery" Erik von Markovik (US-Guru), Bas Kast („Die Liebe: und wie sich Leidenschaft erklärt", wissenschaftliche Hintergründe), Christian Schuldt („Der Code des Herzens" – Für alle, die etwas über die Liebe erfahren möchten) und Osho („Beziehungsdrama oder Liebesabenteuer", Philosophisches). Und einen recht guten Überblick über die „Seduction Community" finden Sie hier: http://de.wikipedia.org/wiki/Seduction_community

Aber tausendmal besser als die Theorie ist die Praxis: Gehen Sie raus und vereinigen Sie sich mit dem unendlichen Weibe. **Frauen** sind die Mutter Natur, die Erde und der Schoß, in dem wir uns verströmen sollen. Weibliche Energie umgibt uns überall, seit der Geburt. Und je mehr weibliche Energie ein Mann atmen kann, umso männlicher wird er. Es ist das Gesetz von Yin und Yang, die Anziehung der Gegensätze. Eine Frau, eine wirkliche, starke, weibliche Frau, ein Weib, ein Vollweib, wenn Sie wollen, ist der heilige Altar, auf dem wir unser Bestes opfern.

Tun Sie es mit Hingabe und mit Spaß!

Kommentiertes Literaturverzeichnis

Bakos, Susan Crain, Sex-Geheimnisse für den ultimativen Lust-Trip, Goldmann Verlag 2003.

Erfrischend zu lesendes Sex-Buch einer sehr erfahrenen Autorin.

Bateson, Gregory, Ökologie des Geistes, Suhrkamp Taschenbuch 1985.

Der universelle Denker Bateson hat den Begriff des Double Bind, der in Kapitel 4 eine Rolle spielt, geprägt.

Braun, Roman, NLP, eine Einführung: Kommunikation als Führungsinstrument, Redline Wirtschaftsverlag 2007.

Ein guter Einstieg für alle, die sich näher mit den Methoden und Techniken des NLP beschäftigen möchten.

Cook, Michael, A brief history of the human race, Norton Paperback 2005.

Ein sehr inspirierender Blick zurück in die Zeit. Leider noch nicht auf Deutsch.

DeAngelo, David, Double your dating. What every man should know about how to be successful with women, e-book, www.doubleyourdating.com.

Klassiker mit gutem Überblick, viel Erfahrung und untrüglichem Gespür dafür, „was geht" und „was nicht geht".

Deida, David, Der Weg des wahren Mannes, Verlag J. Kamphausen 2006.

Zu Recht sehr erfolgreicher Autor, der mit seinem fast schon poetischen Schreibstil tiefere Einblicke in das Mann-Frau-Gefüge gibt als jeder andere.

Deißler, Nina, Flirten, humboldt 2010.
Sehr lebenskluges Buch, das das Thema Flirten ohne den „Pickup-Ansatz“ angeht, aber zu ganz ähnlichen Ergebnissen kommt.

Fischer, Armin, Frauen. Eine Bedienungsanleitung, die selbst Männer verstehen, humboldt 2010.
Alles, was Sie schon immer wissen wollten …

Hantel-Quitmann, Wolfgang, Liebesaffären: Zur Psychologie leidenschaftlicher Beziehungen, Psychosozial-Verlag 2005.
Beweis, dass auch Psychologen gute Bücher schreiben können. Fundiertes Werk eines Therapeuten und Partnerpsychologen, das über Pickup hinausgeht.

Jeffries, Ross, How to get the woman you desire in bed, Jeffries Publishing 1998.
Klassiker der Pickup-Literatur, der als erster die Methoden des Neurolinguistischen Programmierens auf Verführsituationen übertrug.

Kast, Bas, Die Liebe und wie sich Leidenschaft erklärt, Fischer-Taschenbuch 2006.
Locker zu lesende Zusammenstellung (fast) aller derzeit greifbarer wissenschaftlicher Studien rund ums Kennenlernen, Verführung, Liebe und Partnerschaft.

Kuhn, Oliver, Der perfekte Verführer, Knaur Taschenbuch 2007.
Guter Überblick über Entwicklung und Hintergrund sowie über die Methoden und Tricks der „Pickup Artists“.

„Mystery“/von Markovik, Erik, The Mystery Method – How to get beautiful women into bed, St. Martins Press 2007.
Umfangreicher Klassiker, sehr fundiert, aber teilweise auch recht theoretisch.

Osho, Beziehungsdrama oder Liebesabenteuer, Innenwelt Verlag 2003.
Augen öffnender spiritueller Ratgeber in Beziehungsfragen und Liebesdingen, im Miniformat.

Satana, Lodovico/Obrecht, Thomas, Lob des Sexismus. Frauen verstehen, verführen und behalten, Book on Demand GmbH 2006.
Provokanter Titel, aber sehr profundes und analytisch glasklares Buch über die Mann-Frau-Interaktion.

Schindler, Susa, Geschlechterrollen. Welche biologischen Einflüsse beeinflussen unser Verhalten, Online-Projekt, http://netzwerk.wisis.de/projekte/7.htm, 2003, aktualisiert 2006.
Sehr gute Online-Dokumentation.

Schuldt, Christian, Der Code des Herzens. Liebe und Sex in den Zeiten maximaler Möglichkeiten, Eichborn 2004
Eines der besten Bücher über das Phänomen der Liebe.

Strauss, Neil, Die perfekte Masche: Bekenntnisse eines Aufreißers, Ullstein 2007.
Guter Schreiber, der weniger Handlungsanweisungen gibt, sondern den Leser seine eigene Wandlung vom frustrierten Kerl zum Pickup Artist nachvollziehen lässt.

West, Anne/George, Nina, Der Venus-Effekt: Spielregeln für Liebe, Sex und andere lustvolle Kleinigkeiten, Knaur 2006.
Fraulicher Rundumschlag, in dem alles enthalten ist rund ums Thema Liebe, Sex, Beziehung. Ein Plädoyer für eine entstaubte Emanzipation.

Dank an die großartigen Frauen, Lehrerinnen und Liebespartnerinnen in meinem Leben.

Kontakt

Website zum Buch: www.sex6h.com
Website des Autors: www.textundtext.de
E-Mail: autor@sex6h.com

Armin Fischer

Frauen

Eine Bedienungsanleitung, die selbst Männer verstehen

2. Auflage

168 Seiten
12,5 x 18,0 cm, Broschur
ISBN 978-3-86910-473-7
€ 9,95

Auf welche Männer stehen Frauen wirklich? Warum sprechen Frauen über Probleme, anstatt sie zu lösen? Wie hat man mehr und besseren Sex? Der Autor gibt Antworten auf die wichtigsten Fragen eines Mannes. Das Ergebnis ist ehrlich. Es ist amüsant und schockierend. Es ist Gold wert.

„Der Ratgeber erklärt, wie Männer es sich auch garantiert nicht mit der Liebsten verscherzen." B.Z. am Sonntag

„Ehrliche Antworten auf die wichtigsten Frauenfragen eines Mannes gibt [...] Armin Fischer in ‚Frauen'. Auch für Frauen sehr unterhaltsam."
Junge Familie

„Frauen-Versteher? Bei Frauen und Männern prallen zwei Welten aufeinander? Ja, aber nur weil die Jungs so gar nicht kapieren wollen, wie das weibliche Geschlecht tickt. Abhilfe schafft ‚Frauen' überraschend und sehr amüsant." neue woche